Bernd Alexander Forster

Anpassungsdruck und Anpassungsstrategien des grenznahen Handwerks angesichts veränderter Wettbewerbsbedingungen im Zuge der EU-Erweiterung 2004

Herbert Utz Verlag · München

Wirtschaft und Raum

Eine Reihe der Münchener Universitätsschriften

herausgegeben von

Prof. Dr. Hans-Dieter Haas
Universität München

Band 15

D 19

Zugl.: Diss., München, Univ., 2007

Bibliografische Information Der Deutschen Bibliothek:
Die Deutsche Bibliothek verzeichnet diese Publikation
in der Deutschen Nationalbibliografie;
detaillierte bibliografische Daten sind im Internet über
http://dnb.ddb.de abrufbar.

Dieses Werk ist urheberrechtlich geschützt.
Die dadurch begründeten Rechte, insbesondere die
der Übersetzung, des Nachdrucks, der Entnahme von
Abbildungen, der Wiedergabe auf fotomechanischem
oder ähnlichem Wege und der Speicherung in Daten-
verarbeitungsanlagen bleiben – auch bei nur auszugs-
weiser Verwendung – vorbehalten.

Copyright © Herbert Utz Verlag GmbH · 2007

ISBN 978-3-8316-0696-2

Printed in Germany

Herbert Utz Verlag GmbH, München
089-277791-00 · www.utz.de

Vorwort

Bei der Anfertigung der vorliegenden Arbeit bin ich von einer Vielzahl von Personen unterstützt worden, denen mein besonderer Dank gebührt. An erster Stelle ist hierbei mein Doktorvater, Herr Prof. Dr. Hans-Dieter Haas, zu nennen, der diese Arbeit fachlich begleitet und mir dabei stets die nötige akademische Freiheit zugestanden hat. Herrn Prof. Dr. Hubert Job danke ich für die freundliche Übernahme des Korreferates.

Als empirische Basis dieser Arbeit dienten zahlreiche Interviews mit handwerklichen Betriebsinhabern und Experten aus den verschiedenen Handwerksorganisationen. Mein Dank gilt daher zunächst den ostbayerischen Handwerkern, die bereit waren, mit mir ausführlich die Situation ihres Betriebes zu diskutieren und dafür ihre wertvolle (Unternehmer-)Zeit geopfert haben. Stellvertretend für viele, die mich innerhalb der Handwerksorganisation bei meiner Forschungstätigkeit unterstützt haben, möchte ich Frau Dr. Isolde Schäfer und Hern Johann Würf von der Handwerkskammer Niederbayern-Oberpfalz in Regensburg sowie Herrn Günter Wagner und Herrn Thomas Koller von der Handwerkskammer für Oberfranken in Bayreuth danken.

Auch Frau Katharina Paulick, Herr Björn Gehrmann, Herr Andreas Weese, Herr Daniel Ramge und Herr Dr. Dieter Schlesinger haben durch kritische Durchsicht des Manuskripts bzw. Hilfestellung bei den Korrekturarbeiten ihren Beitrag zum Gelingen dieser Arbeit geleistet. Mein herzlicher Dank gilt zudem Herrn Heinz Sladkowski für die graphische Gestaltung der vorliegenden Arbeit und Frau Claudia Miller für die Transkription der durchgeführten Interviews.

Abschließend möchte ich meinen Eltern und meiner Freundin Veronika für Rückhalt, Unterstützung und Geduld in angespannten und arbeitsreichen Phasen ganz besonders danken. Ohne sie wäre der Abschluss der vorliegenden Arbeit nicht möglich gewesen.

München, im Oktober 2006   Bernd Alexander Forster

INHALT

GELEITWORT DES HERAUSGEBERS III
VORWORT V
ABBILDUNGSVERZEICHNIS XI
TABELLENVERZEICHNIS XII
KARTENVERZEICHNIS XII
ABKÜRZUNGSVERZEICHNIS XIII

1   EINFÜHRUNG 1
   1.1   Zielsetzung und Aufbau der Untersuchung 2
       1.1.1   Problemstellung und Zielsetzung 2
       1.1.2   Aufbau der Untersuchung 3
   1.2   Abgrenzung und Charakterisierung des Untersuchungsgegenstands „Handwerk" 4
       1.2.1   Definition und Strukturmerkmale des Handwerks 4
       1.2.2   Bedeutung und Strukturwandel des Handwerks 9

2   ANPASSUNGSDRUCK FÜR GRENZNAHE UNTERNEHMEN DURCH VERÄNDERTE WETTBEWERBSBEDINGUNGEN IM ZUGE DER EU-ERWEITERUNG 15
   2.1   Anpassungsdruck für das Handwerk in den Grenzregionen zu den neuen EU-Mitgliedsstaaten 15
       2.1.1   Das Handwerk in den Grenzregionen 15
       2.1.2   Änderung der rechtlichen Rahmenbedingungen im Zuge der Marktintegration der Länder Mittel- und Osteuropas 17
       2.1.3   Differenzierung der Betroffenheit des grenznahen Handwerks von den veränderten Rahmenbedingungen im Zuge der EU-Erweiterung 22
   2.2   Stand der Forschung zu den Auswirkungen der EU-Erweiterung auf grenznahe Unternehmen 29
       2.2.1   Makroökonomisch orientierte Studien zu den Auswirkungen der EU-Erweiterung auf grenznahe Unternehmen 30
       2.2.2   Handwerkswissenschaftliche Studien zur Betroffenheit grenznaher Unternehmen von den Auswirkungen der EU-Erweiterung 36
   2.3   Zusammenfassung und Zwischenfazit 41

Anpassungsdruck und Anpassungsstrategien des grenznahen Handwerks angesichts veränderter Wettbewerbsbedingungen im Zuge der EU-Erweiterung 2004

3 VERHALTENS- UND HANDLUNGSORIENTIERTE BETRACHTUNG DER
 ANPASSUNGSSTRATEGIEN GRENZNAHER HANDWERKSBETRIEBE 44
3.1 Das Entscheidungsmodell der verhaltens- und handlungstheoretischen Wirtschaftsgeographie als Grundlage einer Analyse unternehmerischer Entscheidungen 44
3.2 Die Strategieentwicklung in kleinbetrieblich strukturierten Unternehmen 50
 3.2.1 Strategiebegriff und Sichtweisen innerbetrieblicher Strategieentwicklung 51
 3.2.2 Der strategische Entscheidungsprozess in kleinbetrieblich strukturierten Unternehmen 58
  3.2.2.1 Binnen- und Außenperspektive des Unternehmens als Ausgangspunkt des strategischen Entscheidungsprozesses 58
  3.2.2.2 Informationsverhalten als Schlüsseldeterminante des strategischen Entscheidungsprozesses 63
  3.2.2.3 Bedeutung des Unternehmers als strategischer Entscheidungsträger 67
  3.2.2.4 Hemmnisse kleinbetrieblicher Strategieentwicklung 73
3.3 Möglichkeiten der strategischen Anpassung grenznaher Handwerksbetriebe angesichts der Auswirkungen der EU-Erweiterung 74
 3.3.1 Grundlagen strategischer Ausrichtung 75
 3.3.2 Strategiefelder zur Behebung handwerkstypischer Defizite 81
  3.3.2.1 Stärkere Marktorientierung 82
  3.3.2.2 Verbesserte Unternehmens- und Personalführung 86
  3.3.2.3 Ausbau grenzüberschreitender Geschäftstätigkeit 89
  3.3.2.4 Stärkere Kooperationstätigkeit 92
3.4 Konkretisierung des theoretischen Bezugsrahmens und Herleitung der Forschungsfragen 96

4 METHODIK, UNTERSUCHUNGSRAUM UND DATENGRUNDLAGE
 DER EMPIRISCHEN UNTERSUCHUNG 99
4.1 Qualitative Fallstudien als methodischer Zugang zum Untersuchungsgegenstand 99
4.2 Abgrenzung und Darstellung des Untersuchungsraums Ostbayern 103
 4.2.1 Betroffenheit Ostbayerns von der EU-Erweiterung 103
 4.2.2 Wirtschafts- und Handwerksstruktur in Ostbayern und Tschechien 105
 4.2.3 Auswahl der untersuchten Handwerksbereiche und Differenzierung ihrer grenzräumlichen Betroffenheit 111
4.3 Darstellung des Untersuchungssamples 115

Inhalt

4.4	Datenerhebung und Datenauswertung	119
4.4.1	Erhebungsinstrumente der qualitativen Fallstudienuntersuchung	119
4.4.2	Qualitative Inhaltsanalyse als Auswertungsverfahren	121

5 ANPASSUNGSDRUCK UND ANPASSUNGSSTRATEGIEN DES OSTBAYERISCHEN HANDWERKS ... 125

5.1	Einflussfaktoren handwerklicher Wahrnehmungs- und Anpassungsmuster	125
5.1.1	Betriebscharakteristika und Betriebstypen	126
5.1.2	Unternehmerpersönlichkeit und Unternehmertypen	129
5.1.3	Entscheidungsverhalten im Unternehmen	136
5.1.4	Informationsverhalten im Unternehmen	138
5.1.5	Zusammenfassung der Einflussfaktoren handwerklicher Wahrnehmungs- und Anpassungsmuster	140
5.2	Ausprägungen und Bestimmungsgründe der Wahrnehmung von Wettbewerbssituation und Anpassungsdruck	141
5.2.1	Ausprägungen der Wahrnehmung veränderter Wettbewerbsbedingungen	142
5.2.1.1	Wahrnehmung angebotsseitiger Veränderungen	142
5.2.1.2	Wahrnehmung nachfrageseitiger Veränderungen	150
5.2.1.3	Wahrnehmung sonstiger Veränderungen	155
5.2.2	Bestimmungsgründe der Wahrnehmung von Wettbewerbssituation und Anpassungsdruck	157
5.3	Ausprägungen und Bestimmungsgründe handwerklicher Anpassungsstrategien	162
5.3.1	Strategieentwicklung und strategische Grundausrichtung	163
5.3.1.1	Strategieentwicklung des grenznahen Handwerks	163
5.3.1.2	Strategische Grundausrichtung des grenznahen Handwerks	165
5.3.2	Konkrete Strategieansätze zur Behebung handwerkstypische Defizite	171
5.3.2.1	Marktorientierung des grenznahen Handwerks	171
5.3.2.2	Unternehmens- und Personalführung des grenznahen Handwerks	176
5.3.2.3	Grenzüberschreitende Geschäftstätigkeit des grenznahen Handwerks	180
5.3.2.4	Kooperationstätigkeit des grenznahen Handwerks	186

5.4		Implikationen der empirischen Ergebnisse	188
	5.4.1	Zusammenfassung wesentlicher Muster strategischer Anpassung	189
	5.4.2	Ansatzpunkte zur Stärkung der Wettbewerbsfähigkeit des Handwerks im Grenzraum	193
6		FAZIT UND AUSBLICK	198
LITERATUR			201
ANHANG			225
		Anhang 1: Leitfaden der Experteninterviews	226
		Anhang 2: Leitfaden der Handwerkerinterviews	228

ABBILDUNGSVERZEICHNIS

Abbildung 1: Gang der Untersuchung 4
Abbildung 2: Schema des Verhaltensablaufs 47
Abbildung 3: Analyseschema unternehmerischer Anpassungshandlungen 50
Abbildung 4: SWOT-Analyse 54
Abbildung 5: Emergente und deliberate Strategieverläufe 56
Abbildung 6: Binnen- und Außenperspektive des grenznahen Handwerks 63
Abbildung 7: Unternehmertypen nach KIRSCH 70
Abbildung 8: STRATOS-Unternehmertypen 71
Abbildung 9: Strategiematrix nach ANSOFF 76
Abbildung 10: Wettbewerbsstrategien nach PORTER 79
Abbildung 11: Weiterentwicklung der Wettbewerbsstrategien nach PORTER 80
Abbildung 12: Polarisierung der Märkte 84
Abbildung 13: Erweitertes Analyseschema unternehmerischer Anpassungshandlungen des grenznahen Handwerks 97
Abbildung 14: Phasen einer Fallstudienuntersuchung 100
Abbildung 15: Vergleichende Betrachtung des Pro-Kopf-Einkommens in Ostbayern 107
Abbildung 16: Entwicklung von Beschäftigtenzahl und Umsatz im ostbayerischen Handwerk 108
Abbildung 17: Entwicklung von BIP und BIP-Wachstum in Tschechien 109

Anpassungsdruck und Anpassungsstrategien des grenznahen Handwerks angesichts veränderter Wettbewerbsbedingungen im Zuge der EU-Erweiterung 2004

TABELLENVERZEICHNIS

Tabelle 1: Stand und Entwicklung der Betriebszahl nach Gewerbegruppen 10

Tabelle 2: Chronologischer Überblick über makroökonomisch orientierte Studien 35

Tabelle 3: Chronologischer Überblick über handwerkswissenschaftliche Studien 42

Tabelle 4: Bedeutung des Handwerks für den Untersuchungsraum Ostbayern 107

Tabelle 5: Vergleichende Betrachtung der tschechischen Wirtschaftsindikatoren ... 110

Tabelle 6: Vergleich der Wirtschafts- und Strukturdaten innerhalb Tschechiens 111

Tabelle 7: Verteilung der untersuchten Betriebe nach Handwerksgruppen und Gewerken 116

Tabelle 8: Verteilung der untersuchten Betriebe nach Betriebsgrößenklassen 117

Tabelle 9: Charakteristika verschiedener Handwerkstypen 190

KARTENVERZEICHNIS

Karte 1: Arbeitslosenquoten der bayerischen Arbeitsamtsbezirke 106

Karte 2: Verteilung der Standorte der untersuchten Handwerksbetriebe 117

ABKÜRZUNGSVERZEICHNIS

AG	Aktiengesellschaft
ARGE 28	Arbeitsgemeinschaft der 28 Wirtschaftskammern entlang der Grenze zu den mittel- und osteuropäischen EU-Beitrittsländern
BIP	Bruttoinlandsprodukt
BMAS	Bundesministerium für Arbeit und Soziales
BMBF	Bundesministerium für Bildung und Forschung
BMWA	Bundesministerium für Wirtschaft und Arbeit
BMWi	Bundesministerium für Wirtschaft und Technologie
BWA	Betriebswirtschaftliche Auswertung
bzgl.	bezüglich
bzw.	beziehungsweise
ca.	circa
CZK	tschechische Kronen
EU	Europäische Union
GA	Gemeinschaftsaufgabe „Verbesserung der regionalen Wirtschaftsstruktur"
GbR	Gesellschaft bürgerlichen Rechts
ggf.	gegebenenfalls
GmbH	Gesellschaft mit beschränkter Haftung
GuV	Gewinn und Verlust
HWK	Handwerkskammer
HwO	Handwerksordnung
i.H.v.	in Höhe von
ifo	Institut für Wirtschafsforschung
IHK	Industrie- und Handelskammer
INTERSTRATOS	Internationalization of Strategic Orientations of Small and Medium European Enterprises
Km	Kilometer

KfW	Kreditanstalt für Wiederaufbau
Kfz	Kraftfahrzeug
KMU	kleine und mittlere Unternehmen
LFI	Ludwig-Fröhler-Institut für Handwerkswissenschaften
Mio.	Millionen
MOEL	mittel- und osteuropäische Länder
Mrd.	Milliarden
NAFTA	North American Free Trade Agreement
NUTS	Nomenclature des unités territoriales statistiques (Systematik der Gebietseinheiten für die Statistik)
o.ä.	oder ähnliche(s)
RWI	Rheinisch-Westfälisches Institut für Wirtschaftsforschung
sfh	Seminar für Handwerkswesen
sog.	so genannte
StMWIVT	Bayerisches Staatsministerium für Wirtschaft, Infrastruktur, Verkehr und Technologie
StMWVT	Bayerisches Staatsministerium für Wirtschaft, Verkehr und Technologie
STRATOS	Strategic Orientation of Small and Medium Sized Enterprises
SWOT	Strengths, Weaknesses, Opportunities, Threats
u.ä.	und ähnliche(s)
usw.	und so weiter
v.a.	vor allem
vgl.	vergleiche
VR	Volksrepublik
WIFO	Österreichisches Institut für Wirtschaftsforschung
z.B.	zum Beispiel
ZDH	Zentralverband des Deutschen Handwerks

1 EINFÜHRUNG

Am 01.05.2004 wurde die Europäische Union (EU) um die acht mittel- und osteuropäischen Länder Estland, Lettland, Litauen, Polen, Tschechische Republik, Slowakische Republik, Ungarn und Slowenien sowie die beiden Mittelmeerländer Malta und Zypern erweitert. Die bislang größte Erweiterungsrunde in der Geschichte der EU ließ die Anzahl der Mitgliedsstaaten auf 25 ansteigen und erhöhte die Einwohnerzahl um 75 Mio. zusätzliche EU-Bürger. Die Erweiterung brachte den Menschen in den neuen Mitgliedsstaaten und den dortigen Unternehmen – teilweise mit Einschränkungen aufgrund verschiedener Übergangsfristen – die vier Grundfreiheiten der EU: Freiheit des Warenverkehrs, Dienstleistungsfreiheit, Freiheit des Kapitalverkehrs sowie Freizügigkeit der Arbeitnehmer (vgl. POHL 2004: 4). Dies hat auch für die Menschen und Unternehmen in den bisherigen EU-Mitgliedsstaaten Auswirkungen. Gerade für die Wirtschaft in den Grenzräumen, die als Nahtstelle zwischen alten und neuen Mitgliedsstaaten vor den größten Integrationsherausforderungen stehen, hängt die künftige Entwicklung maßgeblich davon ab, wie angesichts des verschärften grenzüberschreitenden Wettbewerbs Chancen genutzt und Risiken vermieden werden.

Diese Problematik gilt in besonderem Maße für das Handwerk, das durch eine hohe Arbeitsintensität und einen regional begrenzten Absatzraum gekennzeichnet ist. Der Anpassungsdruck für grenznahe Handwerksunternehmen wird im Rahmen dieser Untersuchung für verschiedene Handwerksbereiche und Branchen differenziert herausgearbeitet. Die Arbeit zeigt auf, wie Handwerksbetriebe in den Grenzräumen die veränderten Rahmenbedingungen wahrnehmen und inwieweit sie darauf mit einer Anpassung ihrer Unternehmensstrategie reagieren. Von besonderem Interesse ist hierbei, welche betrieblichen Voraussetzungen und Weichenstellungen Anpassungsfähigkeit und Anpassungsstrategien der Handwerksunternehmen beeinflussen und inwiefern sich daraus Ansatzpunkte für eine Stärkung der Wettbewerbsfähigkeit des grenznahen Handwerks ableiten lassen.

Anpassungsdruck und Anpassungsstrategien des grenznahen Handwerks angesichts veränderter Wettbewerbsbedingungen im Zuge der EU-Erweiterung 2004

1.1 Zielsetzung und Aufbau der Untersuchung

1.1.1 Problemstellung und Zielsetzung

Handwerksbetriebe sind aufgrund ihrer lokalen Ausrichtung, der geringen Betriebsgröße und der Identität von Eigentum und Unternehmensführung weniger als andere Unternehmen in der Lage, durch Standortverlagerungen auf externe Veränderungen der Rahmenbedingungen zu reagieren. Die vorliegende Arbeit beschäftigt sich daher gezielt mit den spezifischen Reaktionsmöglichkeiten von **Handwerks**unternehmen angesichts einer veränderten Wettbewerbssituation. Dabei ist allerdings zu berücksichtigen, dass sich für das Handwerk in den Grenzräumen die Folgen der EU-Erweiterung und die Auswirkungen des generellen Strukturwandels auf den handwerksrelevanten Märkten überlagern. Eine Analyse des aus der EU-Erweiterung resultierenden Anpassungsdrucks sowie der verfolgten Anpassungsstrategien muss daher die Wirkungskräfte des allgemeinen Strukturwandels in eine Gesamtbetrachtung miteinbeziehen.

In den Wirtschaftswissenschaften werden die Auswirkungen der EU-Erweiterung auf die Wettbewerbssituation der Unternehmen in den Alt-Mitgliedsstaaten intensiv diskutiert. Dabei konzentriert sich die bisherige Forschung auf makroökonomische, quantitative Untersuchungen oder standardisierte Unternehmerbefragungen in bestimmten (Grenz-)Regionen. Qualitativ ausgerichtete Analysen hingegen, die die Auswirkungen der EU-Erweiterung vor dem Hintergrund des allgemeinen Strukturwandels im Handwerk untersuchen und dabei die innerbetrieblichen Wahrnehmungs- und Entscheidungsprozesse entsprechend berücksichtigen, fehlen bislang.

Das Ziel dieser Arbeit ist daher, im Rahmen einer qualitativen Herangehensweise Existenz- bzw. Tendenzaussagen zur Wahrnehmung und Anpassung des grenznahen Handwerks herauszuarbeiten. Die Fragestellung wird auf Grundlage einer verhaltens- bzw. handlungstheoretischen Betrachtungsweise untersucht, um die Besonderheiten von Wahrnehmung, Entscheidungsverhalten und strategischer Ausrichtung kleinbetrieblich geprägter Unternehmen zu erfassen. Hierfür wurden insgesamt 28 grenznahe Handwerksbetriebe besucht und die Ergebnisse von Unternehmerbefragung und Betriebsbesichtigung ausgewertet. Im Mittelpunkt der Betrachtung stehen die Wechselwirkungen zwischen unternehmensspezifischen Einflussfaktoren, Unterschieden in der Wahrnehmung des Anpassungsdrucks und den strategischen Anpassungshandlungen des grenznahen Handwerks.

1 Einführung

1.1.2 Aufbau der Untersuchung

Die vorliegende Arbeit beschäftigt sich zunächst detailliert mit dem Untersuchungsgegenstand „Handwerk" und seinen Strukturmerkmalen. Von besonderer Bedeutung ist dabei die Herausarbeitung des allgemeinen Strukturwandels im Handwerk, der auch im Rahmen der empirischen Untersuchung der Auswirkungen der EU-Erweiterung mitberücksichtigt werden muss (Kapitel 1.2). Anschließend wird der Anpassungsdruck für grenznahe Unternehmen, der aus den veränderten Wettbewerbsbedingungen im Zuge der EU-Erweiterung resultiert, differenziert herausgearbeitet. Dabei werden insbesondere die konkreten Änderungen der rechtlichen Rahmenbedingungen detailliert erläutert. Es folgt ein Überblick über den Stand der Forschung zu den Auswirkungen der EU-Erweiterung auf grenznahe Unternehmen (Kapitel 2).

Als Grundlage des theoretischen Bezugsrahmens der vorliegenden Arbeit dient ein Analyseschema unternehmerischer Anpassungshandlungen, das auf verhaltens- und handlungsorientierten Ansätzen der Wirtschaftsgeographie basiert. Da sich die Untersuchung bewusst auf die Anpassungsstrategien des (überwiegend) kleinbetrieblichen Handwerks beschränkt, werden nachfolgend die Besonderheiten von Strategiegenese und strategischem Entscheidungsprozess in kleinbetrieblich strukturierten Unternehmen analysiert. Ein Überblick über die Grundlagen strategischer Ausrichtung und die Herausarbeitung konkreter Strategieempfehlungen zur Behebung handwerkstypischer Defizite beschließen Kapitel 3.

Aufbauend auf die theoretischen Überlegungen zu den Anpassungsstrategien kleinbetrieblich strukturierter Unternehmen wird anschließend erläutert, welche Vorteile ein qualitativer Zugang zum Untersuchungsgegenstand bietet. Die empirische Untersuchung wird exemplarisch auf den betroffenen ostbayerischen Grenzraum eingeschränkt. Zudem wird die Auswahl der betrachteten Handwerksbereiche sowie der untersuchten Betriebe begründet (Kapitel 4).

Im fünften Kapitel werden die Ergebnisse der durchgeführten Fallstudien umfassend dargestellt. Dafür werden zunächst unternehmensspezifische Einflussfaktoren untersucht und zu Mustern und Typen zusammengefasst. Im Folgenden wird analysiert, wie die handwerklichen Entscheidungsträger Wettbewerbssituation und Anpassungsdruck wahrnehmen und inwieweit unternehmensspezifische Bestimmungsgründe die Art der Wahrnehmung beeinflussen. Neben einer differenzierenden Betrachtung von Strategieentwicklung und strategischer Grundausrichtung des grenznahen Handwerks wird ferner untersucht, inwieweit die empfohlenen Strategieansätze zur Behebung handwerkstypischer Defizite von den betrachteten ostbayerischen Betrieben tatsächlich verfolgt werden. Die Zusammenfassung wesentlicher Muster strategischer Anpassung sowie die Herausarbeitung von Ansatzpunkten zur Stärkung der handwerklichen Wettbewerbsfähigkeit im Grenzraum beschließen Kapitel 5. Das nachfolgende Schlusskapitel gibt ein Fazit und einen kurzen Ausblick.

Abbildung 1 verdeutlicht den konzeptionellen Aufbau der Arbeit graphisch.

Abbildung 1: Gang der Untersuchung

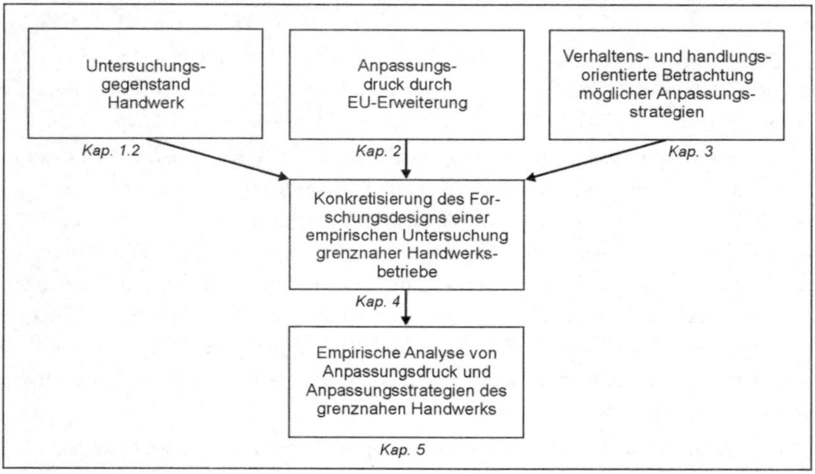

```
┌─────────────────────────────────────────────────────────────────────────┐
│  ┌──────────────┐      ┌──────────────┐      ┌──────────────────────┐   │
│  │Untersuchungs-│      │ Anpassungs-  │      │Verhaltens- und       │   │
│  │ gegenstand   │      │ druck durch  │      │handlungsorientierte  │   │
│  │  Handwerk    │      │EU-Erweiterung│      │Betrachtung möglicher │   │
│  │              │      │              │      │Anpassungsstrategien  │   │
│  └──────────────┘      └──────────────┘      └──────────────────────┘   │
│     Kap. 1.2               Kap. 2                  Kap. 3               │
│              ↘                ↓                ↙                        │
│              ┌────────────────────────────────┐                         │
│              │Konkretisierung des For-        │                         │
│              │schungsdesigns einer            │                         │
│              │empirischen Untersuchung        │                         │
│              │grenznaher Handwerks-           │                         │
│              │betriebe                        │                         │
│              └────────────────────────────────┘                         │
│                         Kap. 4                                          │
│              ┌────────────────────────────────┐                         │
│              │Empirische Analyse von          │                         │
│              │Anpassungsdruck und             │                         │
│              │Anpassungsstrategien des        │                         │
│              │grenznahen Handwerks            │                         │
│              └────────────────────────────────┘                         │
│                         Kap. 5                                          │
└─────────────────────────────────────────────────────────────────────────┘
```

Quelle: eigene Darstellung.

1.2 Abgrenzung und Charakterisierung des Untersuchungsgegenstands „Handwerk"

1.2.1 Definition und Strukturmerkmale des Handwerks

Untersuchungsgegenstand dieser Arbeit ist das Handwerk, das als älteste Form gewerblicher Tätigkeit gilt und einen sehr heterogenen, überwiegend kleinbetrieblich strukturierten Wirtschaftsbereich darstellt. Einheitliche rechtliche Grundlage der Handwerksbetriebe in Deutschland ist die Handwerksordnung (HwO), in der der Ge-

1 Einführung

setzgeber die Zugehörigkeit eines Gewerbebetriebs zum Handwerk regelt[1]. Demnach zählen diejenigen Unternehmen zum Handwerk, in denen ein Gewerbebetrieb handwerksmäßig betrieben wird und vollständig oder in wesentlichen Tätigkeiten ein Gewerbe umfasst, das in der Anlage der HwO aufgeführt ist[2]. Nach der jüngsten Novellierung der HwO vom 01.01.2004 wird in der Anlage zwischen 41 zulassungspflichtigen Handwerken (Anlage A), 53 zulassungsfreien Handwerken (Anlage B1) und 57 Gewerken des handwerksähnlichen Gewerbes (Anlage B2) unterschieden[3]. In der vorliegenden Arbeit wird dem erweiterten **Handwerksbegriff** gefolgt, gemäß dem auch das handwerksähnliche Gewerbe zum Wirtschaftsbereich „Handwerk" gerechnet wird[4].

Trotz der klaren rechtlichen Zuordnung ausgewählter Gewerbe zum Handwerk liegt aufgrund der großen Heterogenität dieses Wirtschaftsbereichs keine zufriedenstellende und einheitliche Definition vor (vgl. DÜRIG 2002: 107f.; DISPAN 2003: 15ff.). Stattdessen ist von einem dynamischen, nicht immer trennscharfen Handwerksbegriff auszugehen, der eine verhältnismäßig geringe Betriebsgröße, die Ausrichtung auf einen lokal bzw. regional begrenzten Absatzraum und eine verrichtungsorientierte, horizontale Arbeitsorganisation als charakteristisch für das Handwerk betrachtet (vgl. KNUTZEN 2002: 11; ZDROWOMYSLAW/DÜRIG 1999: 21)[5]. So wurde bei der letzten Handwerks-

---

[1] In vielen EU-Mitgliedsstaaten wird das Handwerk nicht als rechtlich eigenständiger Wirtschaftsbereich behandelt. Lediglich in Luxemburg und Österreich kommt eine Abgrenzung und Reglementierung des Handwerks zur Anwendung, die dem rechtlichen Rahmen in Deutschland vergleichbar ist (vgl. BUSCHMANN/GOLEMBIEWSKI 2003: 19).

[2] Vgl. hierzu HwO §1 Abs.2 S.1 und §18 Abs.2 sowie Anlagen A, B1 und B2. Die Abgrenzung (und damit auch die volkswirtschaftliche Erfassung) des Handwerks durch Aufzählung bestimmter Gewerbe- bzw. Berufsbezeichnungen ist allerdings mit dem Nachteil behaftet, dass im Laufe der Zeit manche Berufsfelder verschwinden, andere neu entstehen und sich Berufsinhalte mitunter deutlich verändern, ohne dass dies in der Wirtschafts- bzw. Handwerksstatistik angemessen und zeitnah Berücksichtigung findet (vgl. ZDROWOMYSLAW/DÜRIG 1999: 2f.).

[3] Während in den zulassungspflichtigen Handwerken die Eintragung in die Handwerksrolle einer Meisterprüfung oder anerkannt vergleichbaren Qualifikation bedarf, ist in den zulassungsfreien Handwerken und im handwerksähnlichen Gewerbe die selbständige Gewerbeausübung an keinerlei Qualifikationsvoraussetzungen gebunden.

[4] Zur grundsätzlichen Problematik der Regulierung des Handwerks sind die konträren Standpunkte bei FREDEBEUL-KREIN/SCHÜRFELD (1998: 106ff.) sowie KÖNIG (2003: 147ff.) anzuführen.

[5] Von einer Tätigkeit auf dem „lokalen" Absatzmarkt spricht man, wenn der Absatz der erstellten Produkte und Leistungen am Ort des Unternehmenssitzes (bzw. -hauptsitzes) erfolgt. Für das Tätigwerden auf den „regionalen" Absatzmärkten wird nachfolgend näherungsweise von einem Radius von 30 km um den Unternehmenssitz ausgegangen.

Anpassungsdruck und Anpassungsstrategien des grenznahen Handwerks angesichts veränderter Wettbewerbsbedingungen im Zuge der EU-Erweiterung 2004

zählung 1995[6] für etwa 74% aller Handwerksunternehmen eine Betriebsgröße von maximal neun Beschäftigten (inklusive Inhaber und Lehrlingen) ermittelt[7] (vgl. STATISTISCHES BUNDESAMT 1996: 17). Obwohl in vielen Handwerkszweigen auch einzelne Betriebe mit einem Personalbestand von über 100 Beschäftigten und einem überregionalen oder internationalen Absatzraum vertreten sind[8], ist insbesondere die internationale Orientierung des Handwerks im Vergleich zur Gesamtwirtschaft schwach ausgeprägt[9].

Aus der zunehmenden wechselseitigen Durchdringung handwerklicher und industrieller Arbeitsmethoden und Fertigungsweisen ergeben sich statistische Zuordnungsprobleme zwischen Handwerks- und Industrieunternehmen. Immer mehr Betriebe sind im Rahmen sog. „Mischeintragungen" sowohl Mitglied der jeweiligen Industrie- und Handelskammer (IHK) als auch der entsprechenden Handwerkskammer (HWK)[10]. Eine trennscharfe Abgrenzung ist somit weder statistisch noch inhaltlich möglich. Entsprechend bewegen sich auch die qualitativen Kriterien, die Strukturmerkmale von (zumeist kleinbetrieblichen) Handwerksunternehmen und (zumeist mittleren bzw. größeren) Industrieunternehmen beschreiben, in einem Kontinuum zwischen beiden Polen

---

[6] HEINEN/SURAC (1997: 7ff.) fassen die Ergebnisse dieser Handwerkszählung vor dem Hintergrund der volkswirtschaftlichen Gesamtentwicklung knapp und strukturiert zusammen.

[7] Der enge Zusammenhang zwischen kleinbetrieblicher Struktur und Zugehörigkeit zum Handwerk ist für die Fragestellung dieser Arbeit wesentlich und liegt der Auswahl des Untersuchungsgegenstands „Handwerk" zugrunde.

[8] So ist auf einigen handwerklichen Märkten, z.B. im Bäcker- und Gebäudereinigergewerbe, in den letzten Jahren eine zunehmende Konzentration des Umsatzes auf Großanbieter mit einem weit verzweigten Filialnetz zu beobachten. In vielen Handwerksbereichen sind einer solchen Filialisierung jedoch enge Grenzen gesetzt (vgl. MÜLLER 2000b: 193).

[9] Die Handwerkszählung von 1995 ergab einen Anteil der Auslandstätigkeit am handwerklichen Gesamtumsatz von 1,8% sowie einen Anteil von überwiegend im Ausland tätigen Betrieben von 0,23% (vgl. STATISTISCHE BUNDESAMT 1996: 77; MÜLLER 1997: 3ff.). HIEKE (2000: 52ff.) konnte im Rahmen einer Untersuchung des dem Verarbeitenden Gewerbe zugehörigen Handwerks zeigen, dass die Exportmuster des Handwerks – bei deutlich geringerer Exportintensität – weitgehend denen der jeweiligen Branche entsprechen und die Exportintensität mit zunehmender Unternehmensgröße steigt. Zur Bedeutung der einzelnen Internationalisierungsformen für das Handwerk vgl OSTENDORF (1997: 39ff.).

[10] DÜRIG (2002: 112) und KEIL (1995: 21) betonen in diesem Zusammenhang die fließenden Grenzen zwischen den Organisationssystemen der Industrie- und Handelskammern bzw. der Handwerkskammern. Zur generellen Vereinbarkeit der Pflichtmitgliedschaft in Kammern mit dem EU-Recht vgl. ausführlich DIEFENBACH (2006: 217ff.).

(vgl. MECKE 1999: 14f., MEFFERT 1997: 18; RUDOLPH 1997: 73ff.; WARKOTSCH 2004: 14ff.)[11]:

- Hinsichtlich der **Betriebsführung und Betriebsorganisation** ist für Handwerksbetriebe die personelle Einheit von Eigentümer und Betriebsleiter sowie die Zusammenführung von kaufmännischem und technischem Managementbereich charakteristisch[12]. Aufgrund der zumeist geringen Betriebsgröße sind kurze und informelle innerbetriebliche Informations- und Kommunikationswege sowie persönliche Kontakte zwischen den Mitarbeitern typisch für den Handwerksbereich.

- Im Bereich der **Produktion und Leistungserstellung** kann die Handwerkssphäre durch kleine Losgrößen, einen geringeren Grad an Arbeitsteilung, einen geringeren Kapitaleinsatz und eine höhere Arbeitsintensität der Fertigungsprozesse von der Industriesphäre abgegrenzt werden[13].

- Im **Absatz- und Beschaffungsbereich** dominieren bei Handwerksunternehmen persönlich geprägte Beziehungen zu Lieferanten und Abnehmern. Der Schwerpunkt der Absatz- und Beschaffungstätigkeit liegt auf lokal bzw. regional begrenzten Märkten[14]. Dabei ist das Leistungsangebot des Handwerks oft auf die Befriedigung individualisierter Nachfrage ausgerichtet.

In ländlichen und peripheren Räumen mit geringem Industriebesatz sind Handwerksbetriebe häufig der wichtigste Arbeitgeber. Die Bedeutung des Handwerks für die Aufrechterhaltung eines breiten Arbeitsplatzangebots in der Fläche wird angesichts des kontinuierlichen Rückgangs der Beschäftigung in der Landwirtschaft und der zunehmenden Konzentration im Einzelhandel künftig tendenziell zunehmen (vgl. DISPAN 2003: 10f.; MÜLLER 2003a: 10ff.).

Handwerksunternehmen setzen in rezessiven Phasen aufgrund der großen Bedeutung des Produktionsfaktors „Humankapital" für ihre Geschäftstätigkeit weniger Mitarbeiter frei als Unternehmen des Produzierenden Gewerbes und tragen so zu einer Abschwächung des Arbeitsplatzrückgangs bei. Allerdings gilt umgekehrt, dass in kon-

---

[11] Zum Problem der Abgrenzung kleinbetrieblicher Strukturen anhand qualitativer und quantitativer Kriterien vgl. PETERSON ET AL. (1986: 63ff.).

[12] Hieraus resultieren mitunter eine Überbetonung des operativen Geschäfts sowie das Fehlen einer vorausschauenden, planenden Strategieentwicklung. Auf die Besonderheiten der Strategieentwicklung kleinbetrieblich strukturierter (Handwerks-)Unternehmen wird in Kapitel 3.2 genauer eingegangen.

[13] NAGEL (1998: 14) betont jedoch, dass der Technologiegrad der Leistungserstellung nicht mehr das Hauptunterscheidungskriterium zwischen Handwerk und Industrie darstellt, sondern dass sich das Handwerk v.a. durch „Individualtechnik", also die auf den Kundenwunsch ausgerichtete individuelle technische Leistung, abgrenzt.

[14] Vgl. zur Bedeutung lokaler und regionaler Absatzmärkte für das Handwerk MÜLLER (2002: 6f.), der auf Grundlage einer Umfrage im rheinland-pfälzischen Handwerk davon ausgeht, dass etwa 80% des handwerklichen Umsatzes innerhalb eines Radius von 30 km um den Sitz des Betriebs erzielt werden.

Anpassungsdruck und Anpassungsstrategien des grenznahen Handwerks angesichts veränderter Wettbewerbsbedingungen im Zuge der EU-Erweiterung 2004

junkturell günstigen Phasen das Handwerk im Vergleich zur gesamtwirtschaftlichen Entwicklung nur unterdurchschnittlich wächst[15]. Aus regionalökonomischer Sicht erweist sich ein kleinbetrieblich – und damit häufig handwerklich – geprägtes Umfeld insoweit als günstig, als tendenziell mehr neue Unternehmen gegründet werden und sich handwerkliche Existenzgründer aufgrund ihres hohen technischen Qualifikationsniveaus sowie der durch die Meisterausbildung vermittelten Kenntnisse in Betriebsführung besser am Markt behaupten (vgl. RUDOLPH 1997: 86ff.)[16].

Das Handwerk erfüllt außerdem wichtige Nahversorgungsfunktionen für die privaten Haushalte sowie die gewerbliche Wirtschaft und ist ein wesentlicher Bestandteil regionaler und lokaler Wirtschaftskreisläufe. Da viele Handwerksunternehmen – im Gegensatz zu industriellen Großunternehmen – einen Großteil ihrer Vorleistungen aus der Region beziehen, generieren Nachfrageerhöhungen von Handwerksbetrieben oft zusätzliche regionale Einkommenseffekte. Diese Kreislauf- bzw. Multiplikatoreffekte auf Basis intraregionaler Verknüpfungen stellen gerade in ländlichen und peripheren Räumen einen wichtigen Beitrag zur Entwicklung der regionalen Wirtschaft dar. Hinzu kommt der Anteil des Handwerks am flächendeckenden Aufbau von Humankapital. Die Ausbildungsleistung des Handwerks geht deutlich über den eigenen Bedarf hinaus und kommt auch anderen Wirtschaftsbereichen, insbesondere der Industrie, zugute (vgl. DISPAN 2003: 10f.; MÜLLER 2003a: 10ff.)[17].

---

[15] Ein Beispiel hierfür stellt die Umsatzentwicklung des Handwerks in der zweiten Hälfte der 90er Jahre dar (vgl. KfW 2001: 6).

[16] Die hohen Anforderungen an handwerkliche Existenzgründer im Rahmen der Meisterprüfung („Großer Befähigungsnachweis") werden mitunter auch kritisch gesehen und als Marktzutrittsbarriere bezeichnet. Eine übersichtliche Darstellung der wechselseitigen Argumente zum „Großen Befähigungsnachweis" findet sich bei VAN DEN BUSCH (2001: 31f.). Den Argumenten für eine Lockerung der Zugangsvoraussetzung zum Handwerk wurde durch die Novelle zur Handwerksverordnung vom 01.01.2004 zumindest teilweise Rechnung getragen. Im Rahmen dieser Novellierung wurden 53 „zulassungsfreie" Handwerke von der Pflicht zum Erwerb des Meisterbriefes ausgenommen. Auch für die verbleibenden 41 „zulassungspflichtigen" Handwerke wurde – mit Ausnahme der Gesundheitshandwerke und des Schornsteinfegerhandwerks – die Möglichkeit der Selbständigkeit von qualifizierten Gesellen unter bestimmten Voraussetzungen eingeräumt.

[17] AX (1997: 43f.) betont in diesem Zusammenhang die Bedeutung des Handwerks für eine nachhaltige und ressourcenschonende Wirtschaftsentwicklung. DISPAN (2003: 11) verweist zusätzlich auf die Rolle des Handwerks als gesellschaftlicher Stabilisator.

1.2.2 Bedeutung und Strukturwandel des Handwerks

Das Handwerk ist nach der Industrie der größte Wirtschaftsbereich in Deutschland und hat eine entsprechende Bedeutung für die gesamte Volkswirtschaft. So umfasste das Handwerk Ende 2005 mit 4,825 Mio. Beschäftigten und über 923 000 Betrieben 12,4% aller Erwerbstätigen bzw. 26,4% aller Betriebe in Deutschland (vgl. ZDH 2006a)[18]. Die durchschnittliche Beschäftigtenzahl pro Handwerksbetrieb beträgt damit etwa fünf Mitarbeiter. Zudem bildet das Handwerk derzeit fast 480 000 Jugendliche aus, was einem Anteil von 30,7% aller Auszubildenden in Deutschland entspricht (vgl. ZDH 2006a). Hinsichtlich der Abnehmergruppen stellen private Haushalte (43,5%) und Unternehmen (41,5%) die bedeutendsten Kundengruppen des Handwerks dar, während auf den Staat – Bund, Länder, Gemeinden und andere öffentliche Einrichtungen – etwa 13,2% des Umsatzes im Handwerk entfallen. Die restlichen 1,8% werden dem handwerklichen Auslandsgeschäft zugeordnet[19]. Die Aufteilung des Handwerksumsatzes nach Wirtschaftszweigen zeigt, dass laut Handwerkszählung dem Verarbeitenden Gewerbe 26,2%, dem Baugewerbe 42,7% und dem Dienstleistungsgewerbe 31,1% zuzurechnen sind[20].

Allerdings ist die gesamtwirtschaftliche Bedeutung des Handwerks, ausgedrückt durch den Anteil der handwerklichen Wertschöpfung am gesamten deutschen Bruttoinlandsprodukt (BIP), nach einer internen Schätzung des Zentralverbands des deutschen Handwerks (ZDH) in den letzten zehn Jahren von 11,1% in 1995 auf 8,4% in 2005 gesunken[21]. Auch Gesamtbeschäftigtenzahl und Umsatz des Handwerks sind im letzten Jahrzehnt, trotz teilweise uneinheitlicher Entwicklung, insgesamt zurückgegan-

---

[18] MÜLLER (2005: 11ff.) untersucht anhand aktueller Daten des Betriebspanels des Instituts für Arbeitsmarkt- und Berufsforschung die Personalstruktur der Handwerksbeschäftigten. Charakteristisch für das Handwerk ist demnach ein überdurchschnittlicher Facharbeiter- sowie ein unterdurchschnittlicher Akademiker- und Frauenanteil.

[19] Da die letzte Handwerkszählung 1995 durchgeführt wurde, liegen zur Absatzstruktur des deutschen Handwerks keine aktuelleren Zahlen vor (vgl. STATISTISCHES BUNDESAMT 1996: 162; MÜLLER 2000a: 14ff.). Im Rahmen eines Vergleichs der Handwerkszählungen von 1977 und 1995 zeigt sich jedoch ein klarer Bedeutungszuwachs des Unternehmenssektors für den Absatz handwerklicher Leistungen (vgl. KÖNIG 1998: 15).

[20] Auch diese Daten beziehen sich auf den Stand von 1995 (vgl. KORNHARDT/KUCERA 2003: 108).

[21] Diese internen Daten wurden vom ZDH in einer E-Mail vom 24.08.2006 zur Verfügung gestellt. Ein ähnliches Bild ergibt die Gegenüberstellung der Entwicklung der Wachstumsraten des deutschen Bruttoinlandsprodukts und des Handwerksumsatzes zwischen 1990 und 2002 (vgl. KORNHARDT/KUCERA 2003: 96).

gen[22]. Die Anzahl der Betriebe ist hingegen angestiegen. Tabelle 1 zeigt anhand der Veränderungen des Betriebsbestandes der einzelnen Gewerbegruppen in den letzten zehn Jahren, wie unterschiedlich die Entwicklung innerhalb des Handwerks verlaufen ist (vgl. ZDH 2006c)[23].

Tabelle 1: Stand und Entwicklung der Betriebszahl nach Gewerbegruppen

Gewerbegruppen	Betriebszahl absolut (Stand 31.12.2005)	Anteil am gesamten Handwerk in %	Veränderungen seit 1995 in %
Bau/Ausbau	254 776	27,60	+21,04
Elektro/Metall	280 858	30,43	+2,86
Holz	99 569	10,79	+45,89
Bekleidung	50 222	5,44	+0,49
Nahrung	46 457	5,03	-26,55
Gesundheit/Reinigung	163 637	17,73	+38,95
Glas/Papier/Sonstiges	27 527	2,98	-3,02
Handwerk gesamt	923 046	100,00	+13,79

Quelle: ZDH 2006c.

Die abnehmende gesamtwirtschaftliche Bedeutung des Handwerks wird in der Handwerksforschung als Folge der wirtschaftlichen Strukturveränderungen gesehen, die unter dem Begriff der „Globalisierung" zusammengefasst werden (vgl. OSTENDORF 2000: 80; MÜLLER 2000b: 174)[24]. Trotz der Fokussierung auf regional begrenzte Absatzräume ist auch das Handwerk von der zunehmenden weltweiten Verflechtung der Volkswirtschaften und der globalen Integration der Güter-, Kapital- und Dienstleistungsmärkte betroffen. Es sind v.a. drei übergeordnete Einflussfaktoren, die für die strukturellen Veränderungen im Zuge der Globalisierung verantwortlich sind und dadurch auch die Wettbewerbssituation auf den handwerksrelevanten Märkten beeinflussen (vgl. BAMBERGER/WRONA 1997: 714f.; VON BEHR 2004: 50ff.; MÜLLER 2000b: 175f.; SCHÄTZL 2000: 126f.; SCHARRER 2000: 30ff.):

---

[22] Die Gesamtbeschäftigtenzahl des deutschen Handwerks reduzierte sich zwischen 1995 und 2005 von 6,590 Mio. auf 4,825 Mio. Beschäftigte. Im selben Zeitraum ging auch der handwerkliche Gesamtumsatz von 514,0 Mrd. € auf 456,0 Mrd. € zurück (vgl. ZDH 2006a).

[23] Die Entwicklung der Betriebszahl lässt sich über die Jahre hinweg exakt ermitteln, da der aktuelle Bestand aufgrund der Pflichtmitgliedschaft der Handwerksbetriebe stets aus der Handwerksrolle ersichtlich ist. Betrachtungen der handwerklichen Beschäftigten- und Umsatzzahlen hingegen beruhen lediglich auf Schätzungen.

[24] Zu den verschiedenen Bedeutungsdimensionen des Begriffs „Globalisierung" vgl. HAAS (2006a: 4ff.).

> **Politische Triebkräfte** wie der zunehmende Abbau von Handelshemmnissen, die Öffnung der Märkte der ehemals sozialistischen Länder Osteuropas und Zentralasiens, die Bildung und Erweiterung von Handelsblöcken sowie die zunehmende Deregulierung und Liberalisierung von bislang monopolisierten Märkten wie Energieversorgung, Telekommunikation und Transport,

> **technologische Triebkräfte** wie die geringeren Kosten der Informationsspeicherung, -verarbeitung und -übermittlung aufgrund von Verbesserungen der Informationstechnologie sowie die technischen Fortschritte im Transportwesen und, daraus resultierend, geringere Kosten der Raumüberwindung, sowie

> **marktbezogene Triebkräfte** wie die zunehmende Individualisierung der Kundenbedürfnisse und die verkürzten Produktlebenszyklen, welche steigende Aufwendungen für Forschung und Entwicklung erfordern.

Diese Faktoren führen dazu, dass die Wettbewerbsintensität auf den Märkten zunimmt, Wertschöpfungsketten sich neu formieren und vermeintlich sichere Marktpositionen in Frage gestellt werden. Auf den handwerksrelevanten Märkten sind in diesem Zusammenhang v.a. zwei Entwicklungstrends von Bedeutung (vgl. DISPAN 2003: 125f.; RAUNER/RIEDEL 2000: 10; ZDH 1998: 62ff.; HEINEN ET AL. 2005: 1).

Auf der **Angebotsseite** steht das Handwerk unter verstärktem Kostendruck, da aufgrund der Deregulierung des Handwerksbereichs, der Marktöffnung für ausländische Wettbewerber und der zunehmenden Betätigung von Industrie- und Handelsunternehmen auf handwerksrelevanten Marktsegmenten neue Wettbewerber auf zunehmend gesättigte Märkte drängen. In manchen Handwerksbereichen, etwa der Bauwirtschaft, wird das Handwerk dadurch teilweise in die Rolle eines vom gewerblichen Auftraggeber abhängigen Subunternehmers gedrängt. Auf anderen handwerksrelevanten Märkten, etwa dem Nahrungsmittelgewerbe, erobern Großanbieter, die durch industrielle bzw. industrieähnliche Fertigungsmethoden und ein flächendeckendes Filialsystem gekennzeichnet sind, immer größere Marktanteile (vgl. MÜLLER 2000b: 193). Zudem wird auch der Kunde selbst durch die Tendenz zum „Do-it-yourself" – etwa im Ausbaugewerbe – ein Wettbewerber des Handwerks (vgl. ZDROWOMYSLAW/DÜRIG 1999: 92). Aufgrund der eingeschränkten handwerklichen Internationalisierungsfähigkeit kann die geringe Dynamik und hohe Wettbewerbsintensität der heimischen Märkte nur selten durch verstärkte Geschäftstätigkeit auf ausländischen Märkten ausgeglichen werden (vgl. KÖNIG 1998: 20f.)[25].

---

[25] Derzeit werden nur 3% des Gesamtumsatzes des deutschen Handwerks auf Auslandsmärkten erzielt (vgl. ZDH 2006b: 44). Zum ungenutzten Außenwirtschaftspotenzial des deutschen Handwerks vgl. ausführlich MÜLLER (1997: 39ff.).

Anpassungsdruck und Anpassungsstrategien des grenznahen Handwerks angesichts veränderter Wettbewerbsbedingungen im Zuge der EU-Erweiterung 2004

Auf der **Nachfrageseite** sieht sich das Handwerk mit der Kundenforderung nach Komplettlösungen aus einer Hand und individuell zugeschnittenen Leistungen konfrontiert. Im Rahmen der resultierenden Neuformierung von Wertschöpfungsketten besteht teilweise die Gefahr einer Marginalisierung der Handwerksbetriebe durch Integration in hierarchische Netzwerke, die von handwerksfremden Großunternehmen dominiert werden[26]. Andererseits kann das Handwerk seine spezifischen Vorteile größerer Kundennähe und Flexibilität nutzen, um den gestiegenen Kundenanforderungen an Qualität, Einzigartigkeit, Umweltverträglichkeit und Service zu entsprechen[27]. Sofern das Handwerk an gewerbliche Abnehmer liefert, sind zudem vermehrt logistische und materialwirtschaftliche Anforderungen wie Just-in-Time-Lieferung oder Beschaffung mittels E-Business zu erfüllen.

Die aufgeführten Entwicklungstrends begünstigen den generellen Strukturwandel hin zu einer zunehmenden Tertiarisierung der Wirtschaft. Charakteristisch dafür ist aber nicht die Verdrängung des Produzierenden Gewerbes durch den Dienstleistungssektor, sondern die zunehmende dienstleistungsspezifische Durchdringung und Ergänzung der Sachgüterproduktion (vgl. GANZ 2000: 151)[28]. Während rein sachleistungsorientierte Handwerksbereiche einer starken Konkurrenz durch Großbetriebsformen ausgesetzt sind und zunehmend vom Markt verdrängt werden (vgl. MÜLLER 2000b: 179f.), sind die sog. „servo-gewerblichen Aktivitäten", die durch die innerbetriebliche Verbindung von Dienstleistungsverrichtungen und Sachgüterproduktion gekennzeichnet sind, ein überaus dynamischer Teilbereich der Gesamtwirtschaft (vgl. KÖNIG 2000: 10; MECKE 1999: 92ff.). Für die künftige Entwicklung des Handwerks sind drei Erscheinungsformen der Tertiarisierung von besonderer Bedeutung (vgl. MECKE 1999: 183ff.):

---

[26] LAGEMAN (2001: 18) sieht diese Gefahr insbesondere im Bereich der Gebäudebewirtschaftung. Durch Zusammenfassung von Handwerksleistungen, anderen gebäudenahen Dienstleistungen und Immobilienwirtschaft im Rahmen des „Facility Managements" verlieren Handwerksbetriebe vielfach den direkten Kundenkontakt und erbringen ihre Teilleistungen nur noch als Subunternehmer. Zur Definition des Begriffs „Facility Management" vgl. FREVEL/HEINEN (2000: 13). Einen Überblick über die unterschiedlichen Anbieter auf dem Markt für Facility Management-Leistungen geben KERKA/THOMZIK (2001: 36ff.).

[27] Auch die Industrie versucht jedoch, auf die veränderten Kundenpräferenzen mit einer Individualisierung des Angebots durch sog. „massenhafte Maßfertigung" (mass customization) zu reagieren. Dadurch sollen standardisierte Produkte durch Einsatz neuer Technologien und Vertriebswege im Rahmen einer „neohandwerklichen Herangehensweise" auf die Bedürfnisse der Kunden maßgeschneidert werden (vgl. ENGELBRECHT 1999: 89f.; GROS 2003: 39; AX 1997: 108ff.).

[28] Zur schwierigen Abgrenzung des Dienstleistungsbegriffs gerade für den Handwerksbereich vgl. BAUMANN ET AL. (2001: 21ff.).

➤ Die Charakterisierung der **Produktionsergebnisse** durch einen zunehmenden Dienstleistungsgehalt. Dabei ist gerade für das Handwerk kennzeichnend, dass mit immer komplexer werdenden Problemlösungsbündeln aus Sachgütern und Dienstleistungen auf die – oben angesprochene – höhere Wettbewerbsintensität auf den handwerksrelevanten Märkten reagiert wird. In diesem Zusammenhang stellt sich für Handwerksbetriebe jedoch die Frage, inwieweit die Handwerksordnung eine Ausweitung des Leistungsangebots auf angrenzende Gewerke im Rahmen eines Komplettangebots zulässt.

➤ Die Charakterisierung der **Produktionsprozesse** durch eine zunehmende Dienstleistungsintensität. Dies ist für das Handwerk, in dem traditionell die Ganzheitlichkeit der Tätigkeit im Vordergrund steht und Voraussetzung für die Lösung komplexer Kundenprobleme ist, von großer Relevanz. Der Wunsch der Kunden nach dienstleistungsintensiven Problemlösungen bedingt das Vordringen von Dienstleistungsaufgaben auch in den handwerklichen Produktionsprozessen. Aufgrund der ungenauen Erfassung und Klassifikation von Dienstsleistungsaktivitäten im Rahmen der amtlichen Statistik kann der gestiegene Dienstleistungsgehalt der handwerklichen Leistungserstellung aber nur unzureichend ermittelt werden[29].

➤ Die zunehmende **Auslagerung von Dienstleistungsaufgaben** an Dritte. Diese Externalisierung betrieblicher Funktionen kann einerseits für das Handwerk selbst eine Handlungsalternative sein, indem durch Auslagerung bzw. Ausgliederung von Randaktivitäten die Kostenstruktur verbessert wird. Zum anderen bietet sich Handwerksbetrieben durch die Neuformierung betrieblicher Wertschöpfungsketten die Möglichkeit, als Partner externalisierender Unternehmen auslagerungsfähige produktionsorientierte Dienstleistungen zu erbringen, die typisch für das handwerkliche Leistungsspektrum sind[30].

Generell bleibt festzuhalten, dass der traditionellen Stärke des Handwerks – seiner Anpassungsfähigkeit an die spezifischen Bedürfnisse des Kunden – vor dem Hintergrund des skizzierten Strukturwandels besondere Bedeutung zukommt, um dem intensivierten Wettbewerb auf den angestammten Märkten zu begegnen und neue innovati-

---

[29] Im Rahmen der amtlichen Statistik werden die Unternehmen gemäß ihrer Haupttätigkeit, also der Tätigkeit mit dem größten absoluten oder relativen Wertschöpfungsbeitrag, einer Unterklasse der Klassifikation der Wirtschaftszweige und damit mittelbar einem der drei Sektoren zugeordnet. Leistungen innerhalb des Unternehmens, die nicht dem Sektor des Umsatzschwerpunkts, sondern einem der beiden anderen Wirtschaftssektoren zuzuordnen sind, gehen als eigenständige Leistungskategorie in der Statistik verloren. Somit werden manche sektoralen Tätigkeiten über-, andere unterschätzt (vgl. MECKE 1999: 54ff.).

[30] Als Beispiele für Auslagerungsbereiche, die dem handwerklichen Leistungsangebot zuzurechnen sind, gelten insbesondere Reinigung, Wartung, Montage, Überwachung und Notfallbereitschaft. Ein Überblick über unternehmensnahe Dienstleistungen mit Handwerksbezug findet sich bei ZDROWOMYSLAW/DÜRIG (1999: 96).

Anpassungsdruck und Anpassungsstrategien des grenznahen Handwerks angesichts veränderter Wettbewerbsbedingungen im Zuge der EU-Erweiterung 2004

ve Marktfelder zu erschließen. Die beschriebenen Entwicklungen betreffen in besonderem Maße Handwerksbetriebe in den Regionen, die an die mittel- und osteuropäischen Neumitgliedsstaaten der EU grenzen, da dort durch die räumliche Nähe zu preisgünstigen Konkurrenzbetrieben ein besonderer Anpassungsdruck besteht (vgl. DEITMER 1995: 41ff.).

2 ANPASSUNGSDRUCK FÜR GRENZNAHE UNTERNEHMEN DURCH VERÄNDERTE WETTBEWERBSBEDINGUNGEN IM ZUGE DER EU-ERWEITERUNG

In Kapitel 2 wird die Problemstellung dieser Arbeit vor dem Hintergrund des aktuellen Stands der Forschung präzisiert. Hierfür ist zunächst der Anpassungsdruck für das grenznahe Handwerk, der aus den veränderten Wettbewerbsbedingungen im Zuge der EU-Erweiterung resultiert, differenziert herauszuarbeiten. Besondere Bedeutung wird dabei einer umfassenden Darstellung der veränderten rechtlichen Rahmenbedingungen beigemessen. Anschließend folgt ein Überblick über den Stand der Forschung zu den Auswirkungen der EU-Erweiterung auf grenznahe Unternehmen. Die erste Gruppe relevanter Studien verfolgt dabei einen makroökonomisch orientierten Ansatz und untersucht die Auswirkungen auf Unternehmen in Grenzräumen mittels quantitativer bzw. ökonometrischer Verfahren. Die zweite Gruppe relevanter Studien verfolgt hingegen einen handwerkswissenschaftlichen Ansatz und basiert auf großzahligen Unternehmerbefragungen zu den Auswirkungen der EU-Erweiterung.

2.1 Anpassungsdruck für das Handwerk in den Grenzregionen zu den neuen EU-Mitgliedsstaaten

2.1.1 Das Handwerk in den Grenzregionen

Durch die zunehmende Integration der Märkte der ehemals sozialistischen Staaten Mittel- und Osteuropas ist das grenznahe Handwerk von den geschilderten Auswirkungen von Strukturwandel und Globalisierung besonders betroffen, da es selbst auf seinen lokalen und regionalen Absatzmärkten einen verstärkten Wettbewerb mit kostengünstigen ausländischen Konkurrenten befürchten muss und nicht – wie Betriebe in grenzferneren Regionen – durch hohe Distanzkosten geschützt ist[31]. Dabei verfügen die Betriebe aus den mittel- und osteuropäischen Ländern (MOEL), die im Zuge der immer engeren wirtschaftlichen Verflechtung zunehmend als Konkurrenz auf den handwerksrelevanten Märkten auftreten, über Vorteile im Wettbewerb:

---

[31] Zum Begriff der Distanzkosten und seiner Verwendung zur Erklärung wirtschaftlicher Austauschbeziehungen vgl. VENABLES (2006: 740ff.).

Anpassungsdruck und Anpassungsstrategien des grenznahen Handwerks angesichts veränderter Wettbewerbsbedingungen im Zuge der EU-Erweiterung 2004

> Durch das enorme Lohngefälle zwischen Deutschland und seinen östlichen Nachbarländern können Leistungen kostengünstiger erbracht werden[32]. Gerade das Handwerk ist hiervon durch die arbeitsintensive Produktionsweise, also dem – verglichen mit industriell gefertigten Gütern – insgesamt höheren Anteil des Produktionsfaktors Arbeit an der Wertschöpfung, besonders betroffen[33].

> Aufgrund geringerer Transportkosten, attraktiver Möglichkeiten der Förderung von Unternehmensansiedlungen und -erweiterungen sowie geringerer Steuern und Sozialabgaben können zusätzliche Preisvorteile generiert und an die Kunden weitergegeben werden (vgl. KOLLER 2000: 60)

Im Rahmen dieser neuen Konkurrenzsituation wirkt sich negativ aus, dass die deutschen Grenzregionen zu den MOEL durch strukturelle Defizite geprägt sind. Sowohl in den Grenzregionen Ostdeutschlands als auch im ostbayerischen Grenzraum liegt die wirtschaftliche Leistungskraft unter dem Durchschnitt der alten Bundesländer[34]. Zudem weist der Grenzraum zu den MOEL einen unterdurchschnittlichen Besatz an wachstumsstarken Sektoren und einen überdurchschnittlichen Besatz an wachstumsschwachen Sektoren auf (vgl. ALECKE/UNTIEDT 2001b: 106f.). Dies hat für Handwerksbetriebe, die Güter und Dienstleistungen für den gewerblichen Bedarf erstellen, insofern negative Auswirkungen, als – verglichen mit Betrieben aus wirtschaftsstärkeren Regionen – die lokale bzw. regionale Absatzbasis unterentwickelt ist. Doch auch das konsumnahe Handwerk sieht sich aufgrund unterdurchschnittlicher wirtschaftlicher Leistungskraft und Bevölkerungsrückgang teilweise einer stagnierenden bzw. rückläufigen Nachfrageentwicklung gegenüber[35].

---

[32] Die niedrigeren Lohnkosten stellen generell den wichtigsten Wettbewerbsvorteil der Unternehmen in den neuen EU-Mitgliedsstaaten dar (vgl. LAMMERS 2004: 276). So betrugen kurz vor EU-Beitritt der MOEL die durchschnittlichen Arbeitskosten pro Stunde in der Industrie in Tschechien 3,9€, in Polen 4,5€ und in Deutschland 26,4€ (vgl. StMWIVT 2004: 7).

[33] Einen Überblick über die Arbeitsintensität sämtlicher Gewerke gibt die Statistik zur Kostenstruktur im Handwerk. Demnach beträgt der durchschnittliche Anteil der Personalkosten an der Gesamtleistung im Handwerk 28%. Durch einen besonders hohen Anteil der Personalkosten sind beispielsweise die Gewerke der Gebäudereiniger (74,1%), der Zahntechniker (58,6%), der Stukkateure (47,3%), der Maler und Lackierer (43,7%) und der Friseure (43,5%) gekennzeichnet (vgl. STATISTISCHES BUNDESAMT 1998: 150ff.).

[34] Der Vergleich basiert auf einer Betrachtung der Bruttowertschöpfung je Erwerbstätiger in 1996 und konstatiert für die ostdeutschen Raumordnungsregionen in Grenznähe (Vorpommern, Uckermark-Barnim, Oderland-Spree, Lausitz-Spreewald, Berlin, Oberes Elbtal/Osterzgebirge, Oberlausitz-Niederschlesien, Chemnitz-Erzgebirge, Südwestsachsen) 63% sowie für die ostbayerischen Raumordnungsregionen in Grenznähe (Oberfranken-Ost, Oberpfalz-Nord, Regensburg, Donau-Wald) 87% des westdeutschen Durchschnitts (vgl. ALECKE/UNTIEDT 2001a: 13).

[35] RUDOLPH (1997: 128 ff.) gibt einen Überblick über die grundsätzlichen Entwicklungshemmnisse von Handwerksunternehmen in ländlichen Problemregionen.

2 Anpassungsdruck für grenznahe Unternehmen durch veränderte Wettbewerbsbedingungen im Zuge der EU-Erweiterung

Allerdings ergeben sich für die Handwerksbetriebe in den deutschen Grenzräumen zu den MOEL durch die EU-Erweiterung auch Chancen, die insbesondere aus der gestiegenen Zentralität und verbesserten Infrastrukturausstattung der Grenzregionen, aus der Erschließung neuer Absatz- und Beschaffungsmärkte in den MOEL und aus Möglichkeiten einer grenzüberschreitenden Organisation ihrer Leistungserstellung resultieren (vgl. BOVING/KLETTE 2000: 15f.). Marktintegrationen auf anderen Kontinenten haben gezeigt, dass sich auch in Grenzregionen zwischen Staaten mit hohem Wirtschaftsgefälle dynamische Wachstumsregionen bilden können. Beispiele hierfür sind etwa die Entwicklung der Grenzregion zwischen den beiden ungleichen NAFTA-Partnern USA und Mexiko oder die positive Wirtschaftsentwicklung des Grenzraums zwischen der ehemaligen britischen Kronkolonie Hongkong und der angrenzenden chinesischen Provinz Guangdong[36]. In beiden Fällen konnten auch kleinbetriebliche Unternehmen maßgeblich von der positiven Wirtschaftsentwicklung profitieren.

Generell bleibt festzuhalten, dass sich auch Unternehmen mit regional begrenztem Absatzraum veränderten Wettbewerbsbedingungen im Zuge der Marktintegration der MOEL gegenüber sehen (vgl. SCHUBERT 2002: 47). Einerseits bietet die Marktintegration den Unternehmen im Grenzraum die Chance, durch grenzüberschreitende Arbeitsteilung und Intensivierung des Waren- und Dienstleistungshandels von der Grenzlage zu profitieren. Andererseits stehen gerade arbeitsintensive Wirtschaftszweige wie das Handwerk angesichts des aufgezeigten Kostengefälles vor einem besonderen Anpassungsdruck.

2.1.2 Änderung der rechtlichen Rahmenbedingungen im Zuge der Marktintegration der Länder Mittel- und Osteuropas

Für viele grenznahe Unternehmen änderten sich bereits mit Inkrafttreten der EU-Assoziationsabkommen („Europaverträge") mit Polen (Februar 1994) und der Tschechischen Republik (Februar 1995) und der damit verbundenen weitgehenden Liberalisierung des Warenverkehrs sowie der Aufhebung der Visumspflicht die Wettbewerbsbedingungen (vgl. MAYERHOFER/PALME 2001: 10). So konnten etwa bei standortbezogenen (bzw. werkstattgebundenen) handwerklichen Leistungen, bei denen sich der Nachfrager zum Anbieter begibt, Kunden in Grenznähe die Möglichkeit nutzen, Handwerksleistungen in Polen bzw. Tschechien nachzufragen (vgl. BUSCH-

---

[36] Vgl. ausführlich zur Intensivierung der Wirtschaftsbeziehungen zwischen Hongkong und Guangdong bereits im Vorfeld der politischen (Wieder-)Vereinigung TAUBE (1997: 135ff.).

Anpassungsdruck und Anpassungsstrategien des grenznahen Handwerks angesichts veränderter Wettbewerbsbedingungen im Zuge der EU-Erweiterung 2004

MANN/GOLEMBIEWSKI 2003: 54). Hiervon sind Handwerkszweige wie Friseur, Schuhmacher, Kraftfahrzeugtechniker oder Kosmetiker betroffen, in denen bisherige Kunden durch Grenzübertritt die Leistung von Konkurrenzbetrieben aus den MOEL beziehen können. Aber auch das grenznahe Produzierende Handwerk sieht sich schon seit der Verwirklichung des freien Warenverkehrs der direkten Konkurrenz durch Importe von polnischen und tschechischen Betrieben ausgesetzt (vgl. OBERHOLZNER 2002: 36). Hiervon sind insbesondere handwerkliche Zulieferer, also Handwerkszweige wie Metallbauer oder Elektromaschinenbauer, betroffen. Sofern allerdings die Handwerksprodukte eng mit ergänzenden Dienstleistungen verbunden sind, die von Betrieben aus den MOEL vor Umsetzung der Dienstleistungsfreiheit im Zuge der EU-Erweiterung nicht erbracht werden durften, relativierte sich bislang der Wettbewerbsdruck (vgl. MÜLLER/BANG 2003: 147).

Insbesondere die Erbringer von nachfragebezogenen (bzw. werkstattungebundenen) handwerklichen Leistungen, bei denen sich der Anbieter zum Nachfrager begibt, profitierten bis zum EU-Beitritt der MOEL von den zahlreichen Regulierungen, welche die grenzüberschreitende Erbringung handwerklicher Dienstleistungen in hohem Maße einschränkten. So mussten Handwerker aus den MOEL für eine Tätigkeit in Bayern einen Befähigungsnachweis erbringen bzw. eine Ausnahmebewilligung nach HwO nachweisen und konnten nur im Rahmen der bilateral mit der Bundesrepublik Deutschland ausgehandelten Werkvertragskontingente[37] „eigene" Arbeitnehmer in Deutschland einsetzen[38]. Diese Mitarbeiter mussten, beispielsweise im Baugewerbe, entsprechend den Vorgaben des Entsendegesetzes nach den am Einsatzort geltenden deutschen Tarifbedingungen bezahlt werden. Zudem durften die Arbeitnehmer nur innerhalb der im Werkvertrag festgelegten Gewerke eingesetzt werden (vgl.

---

[37] Die Regierungsvereinbarungen über die Entsendung und Beschäftigung von Arbeitnehmern ausländischer Unternehmen auf Grundlage von Werkverträgen wurden ab Ende 1988 mit den jetzigen EU-Mitgliedsstaaten Lettland, Polen, Tschechische Republik, Slowakische Republik, Ungarn und Slowenien sowie mit Rumänien, Bulgarien, der Türkei und den Nachfolgestaaten Ex-Jugoslawiens geschlossen (vgl. BUNDESANSTALT FÜR ARBEIT 2003: 1138).

[38] Dies galt bis 31.12.2003 für alle Betriebe des Vollhandwerks gemäß Anlage A der damals gültigen HwO vom 01.04.1998. Vom 01.01.2004 bis 30.04.2004 galten die Regelungen nur mehr für die zulassungspflichtigen Handwerke gemäß Anlage A der novellierten HwO. Die derzeitige Ausgestaltung seit Vollzug der EU-Erweiterung wird nachfolgend genauer erläutert.

2 Anpassungsdruck für grenznahe Unternehmen durch veränderte Wettbewerbsbedingungen im Zuge der EU-Erweiterung

SCHARR/UNTIEDT 2001: 189ff.; RECHENMACHER 2002: 114ff.; MÜLLER/BANG 2003: 140ff.)[39].
Mit dem Beitritt der zehn neuen Mitgliedsstaaten zur Europäischen Union am 01.05.2004 gilt nun grundsätzlich Dienstleistungsfreiheit. Dies bedeutet, dass gewerbliche, kaufmännische, handwerkliche oder freiberufliche Leistungen im Rahmen einzelner, inhaltlich und zeitlich begrenzter Tätigkeiten grenzüberschreitend erbracht werden können, ohne dass das Unternehmen am Ort der Leistungserbringung einen Firmensitz gründen muss (vgl. BMWA 2004: 10; BOVING 2004: 12). Allerdings wurde Deutschland und Österreich aufgrund der Verbindung von räumlicher Nähe und Lohnkostengefälle im Beitrittsvertrag die Möglichkeit eingeräumt, die Dienstleistungsfreiheit in bestimmten Bereichen bis zu sieben Jahre einzuschränken („,2+3+2-Modell")[40]. In Deutschland betrifft diese Übergangsregelung das Baugewerbe und verwandte Wirtschaftszweige[41], die Reinigung von Gebäuden, Inventar und Verkehrsmitteln und die Innendekoration. In diesen Bereichen traten mit dem Vollzug der EU-Erweiterung entsprechende Schutzklauseln zunächst für zwei Jahre in Kraft. Nach Ablauf der ersten beiden Jahre hat Deutschland zum 01.05.2006 eine einseitige förmliche Mitteilung an die EU-Kommission gerichtet und sie über die Aufrechterhaltung der Beschränkungen für weitere drei Jahre informiert. Im Falle schwerwiegender Störungen des Arbeitsmarktes kann ab 2009 die Bewilligung einer nochmaligen zweijährigen Verlängerung bei der EU-Kommission beantragt werden, ehe spätestens ab 01.05.2011 die volle Dienstleistungsfreiheit verwirklicht sein muss[42].

---

[39] Unter „Entsendung" eines Arbeitnehmers versteht man den projektbezogenen und zeitlich befristeten Einsatz des Mitarbeiters durch den Arbeitgeber in einem anderen Land im Rahmen einer grenzüberschreitenden Dienstleistungserbringung (vgl. BMWA 2004: 5).

[40] Dieselbe maximal siebenjährige Übergangsfrist gilt auch im Bereich der Arbeitnehmerfreizügigkeit. Hierbei haben alle „alten" EU-Mitgliedsstaaten das Recht, den Zugang zu ihren nationalen Arbeitsmärkten für Staatsbürger der Beitrittsländer bis maximal 2011 zu beschränken. Die Übergangsregelungen für die Dienstleistungsfreiheit flankieren und ergänzen die Beschränkung der Arbeitnehmerfreizügigkeit. Vgl. hierzu und zum Folgenden StMWIVT (2004: 3f.), BMWA (2004: 10ff.) sowie vertiefend BOVING (2004: 13ff.).

[41] Dabei umfassen die Übergangsregelungen alle Tätigkeiten, die der Errichtung, der Instandsetzung, dem Umbau oder dem Abriss von Bauwerken dienen (vgl. AUSWÄRTIGES AMT 2004: 2; DEUTSCHE HANDWERKSZEITUNG 2002: 2).

[42] Dabei wird die Wirkung der Übergangsfristen auf die wirtschaftliche Situation im deutschen Grenzraum durchaus kontrovers diskutiert. So wird kritisiert, dass der vorübergehend reduzierte Anpassungsdruck in den begünstigten Bereichen – Baugewerbe, Dienstleistungsbranche und Arbeitsmarkt für gering qualifizierte Arbeitnehmer – mit einem zusätzlichen Konkurrenzdruck für deutsche Industrieunternehmen „erkauft" werde. Dieser verschärfte Wettbewerb resultiere aus einem fortgesetzten Druck auf die Industrielöhne in den MOEL, der aus den fehlenden Möglichkeiten von Dienstleis-

Anpassungsdruck und Anpassungsstrategien des grenznahen Handwerks angesichts veränderter Wettbewerbsbedingungen im Zuge der EU-Erweiterung 2004

Während der Übergangsfrist bleiben allerdings die bisherigen Möglichkeiten zur Beschäftigung von Arbeitnehmern aus den neuen Mitgliedsstaaten im Rahmen von Saisonarbeitnehmer-, Gastarbeitnehmer-, Grenzgänger- und Werkvertragsarbeitnehmervereinbarungen grundsätzlich bestehen[43]. Es gilt der Grundsatz, dass die „alten" EU-Mitgliedsstaaten den Zugang zu ihren Arbeitsmärkten für Arbeitnehmer aus den neuen Mitgliedsstaaten nicht restriktiver handhaben dürfen als zum Zeitpunkt der Unterzeichnung des Beitrittsvertrages im April 2003 (vgl. BMWA 2004: 4 und 6f.).

Dabei erstreckt sich die Einschränkung der Tätigkeit von Arbeitnehmern aus den Beitrittsstaaten auf die aufgeführten Ausnahmebereiche, in denen die grenzüberschreitende Dienstleistungstätigkeit weiterhin durch die zwischenstaatlich vereinbarten Werkvertragskontingente begrenzt ist. Die Entsendung ausländischer Mitarbeiter in den Nicht-Ausnahmebereichen setzt hingegen lediglich einen genau definierten Werkvertrag voraus, in dem u.a. das konkrete Werkergebnis und die eigenverantwortliche Organisation durch den ausländischen Werkunternehmer zu bestimmen sind. Die Beschäftigung in Deutschland im Rahmen eines Werkvertrages unterliegt zwar grundsätzlich den Bedingungen des Arbeits- und Sozialrechts im Heimatland des beauftragten Unternehmens, allerdings sind in besonders lohnkostensensiblen Dienstleistungsbranchen (z.B. Baubranche, Elektrohandwerk, Dachdeckerhandwerk) die nach dem Arbeitnehmer-Entsendegesetz vorgeschriebenen Mindestbedingungen allgemeinverbindlicher Tarifverträge zu beachten, wodurch die (Lohn-)Kostenvorteile ausländischer Anbieter reduziert werden[44].

---

tungsexporten oder einer Beschäftigung auf den Arbeitsmärkten der „Alt-EU" folgt und eine rasche und verträgliche Anpassung eher erschwert. Vgl. hierzu etwa RAGNITZ (2004: 285f.), der folgerichtig fordert, die Übergangsfristen nicht voll auszuschöpfen. Die seit über zwei Jahren diskutierte EU-Richtlinie zur Öffnung der Dienstleistungsmärkte, die noch in 2006 vom Europäischen Parlament verabschiedet werden soll, wird die Übergangsfristen zur Dienstleistungsfreiheit nicht beeinflussen, sondern lediglich das Verbot der Diskriminierung grenzüberschreitender Dienstleister durch nationale Regelungen festschreiben. Zur generellen Abschätzung der Auswirkungen einer EU-Dienstleistungsrichtlinie auf Branchen wie Bauhauptgewerbe oder Gebäudereinigung vgl. ausführlich NERB ET AL. (2006: 144ff.).

[43] Einen aktuellen Überblick über Voraussetzungen und Ausgestaltungen der Beschäftigung von Arbeitnehmern aus den MOEL im Rahmen von Werkverträgen gibt BUNDESAGENTUR FÜR ARBEIT (2006a: 5ff.).

[44] Allerdings ist die Kontrolle der Einhaltung dieser Bestimmungen insbesondere im Baugewerbe aufgrund ständig wechselnder Einsatzorte und Arbeitsgruppen, fließender Grenzen zur „Nachbarschaftshilfe" und unzureichender Kontrollkapazitäten nur eingeschränkt möglich (vgl. MÜLLER/BANG 2002: 146f.).

2 Anpassungsdruck für grenznahe Unternehmen durch veränderte Wettbewerbsbedingungen im Zuge der EU-Erweiterung

Selbständige aus den MOEL können hingegen ihre Leistung seit dem 01.05.2004 ohne Einschränkungen anbieten und hierfür – auch in den Ausnahmebereichen – sog. „Schlüsselpersonal" (insbesondere Führungskräfte) einsetzen, sofern sie die berufs- und gewerberechtlichen Bestimmungen erfüllen. Dafür müssen Handwerker aus den MOEL, die in Deutschland eine handwerkliche Dienstleistung erbringen oder sich niederlassen wollen, eine gleichwertige Qualifikation nachweisen[45]. Dieser Nachweis erfolgt in der Regel durch Bestätigung einer sechsjährigen selbständigen Tätigkeit bzw. einer abhängigen Beschäftigung als Betriebsleiter im jeweiligen Handwerk oder durch ein im Herkunftsland erworbenes, als gleichwertig anerkanntes Prüfungszeugnis[46].

Neben der Umsetzung der Dienstleistungsfreiheit haben auch die Vollendung der Zollunion sowie die Übernahme des „acquis communitaire", des Gemeinschaftsrechts der EU, durch die neuen Mitgliedsstaaten die Wettbewerbsbedingungen für grenznahe Handwerksbetriebe verändert[47]. Durch die vollständige Beseitigung der bislang verbliebenen nicht-tarifären Handelshemmnisse wie Zertifizierungsvorschriften, Kennzeichnungserfordernisse u.ä. und den Wegfall der Warenkontrollen an den Grenzen werden Zeitaufwand und Transportkosten grenzüberschreitender Tätigkeiten reduziert. Damit wird auch der „Dienstleistungstourismus" nach Polen und Tschechien erleichtert, so dass zunehmend Friseurleistungen, Kfz-Reparaturen u.ä. jenseits der Grenze nachgefragt werden. Aufgrund der gestiegenen Rechts- und Investitionssicherheit in den MOEL und der weitreichenden Möglichkeiten zur Förderung gewerblicher Investitionen wurde zudem die grenzüberschreitende Investitionstätigkeit des Verarbeitenden Gewerbes angeregt, wovon auch handwerkliche Zulieferer im Grenzraum betroffen sind.

Allerdings sind die skizzierten Auswirkungen nicht stichtagbezogen zu sehen und insoweit zu relativieren, als es sich um einen kontinuierlichen Prozess handelt, der lange vor dem Beitrittsdatum 01.05.2004 in Gang gesetzt wurde und sich auch nach diesem Stichtag nur schrittweise vollzieht. Der direkt aus dem EU-Beitritt der MOEL resultierende Anpassungsdruck wird insbesondere durch die Übergangsfristen zur

---

[45] Dies gilt jedoch nur für die zulassungspflichtigen Handwerke gemäß Anlage A der novellierten HwO.

[46] Dies gilt in allen Handwerken mit Ausnahme der Gesundheitshandwerke und des Schornsteinfegerhandwerks.

[47] Vgl. hierzu und zum Folgenden MAYERHOFER/PALME (2001: 4f.). Einen Überblick über die 31 Unterkapitel des „acquis communitaire" gibt DANYLOW (2002: 4).

Anpassungsdruck und Anpassungsstrategien des grenznahen Handwerks angesichts veränderter Wettbewerbsbedingungen im Zuge der EU-Erweiterung 2004

Dienstleistungsfreiheit und die anhaltend positive Wirtschaftsentwicklung auf den jeweiligen Heimatmärkten relativiert, so dass viele mittel- und osteuropäische Betriebe (noch) von einem Markteintritt in Deutschland absehen[48]. Mittelfristig ist jedoch im Zuge einer stärkeren Verflechtung der grenznahen Wirtschaftsräume mit spürbaren Auswirkungen für die dortigen Unternehmen zu rechnen.

2.1.3 Differenzierung der Betroffenheit des grenznahen Handwerks von den veränderten Rahmenbedingungen im Zuge der EU-Erweiterung

Die Betroffenheit grenznaher Handwerksbetriebe von den veränderten Wettbewerbsbedingungen konkretisiert sich anhand der Chancen und Risiken, in Anbetracht der neuen Situation Marktanteile im In- und Ausland hinzuzugewinnen bzw. zu verlieren. Dafür sind folgende Kriterien von wesentlicher Bedeutung (vgl. OBERHOLZNER 2002: 36f.; MÜLLER 2002: 5ff.; ALECKE ET AL. 2001: 162f. und 169ff.; GERSTENBERGER ET AL. 2004: 101f.):

> der **Leistungsgegenstand** der handwerklichen Leistung, da das Produzierende Handwerk aufgrund des bereits seit Jahren liberalisierten Warenhandels weniger stark von den skizzierten Änderungen betroffen ist als das Dienstleistungshandwerk[49],

> die **Werkstattgebundenheit** der handwerklichen Leistung, wobei hier auch der Schutz durch Übergangsregelungen bei der Umsetzung der Dienstleistungsfreiheit zu berücksichtigen ist,

> die **Arbeits- bzw. Lohnkostenintensität** der handwerklichen Leistung, da in Handwerken mit hohem Personalkostenanteil[50] die preisbezogenen Wettbe-

---

[48] Ein Indiz für das derzeit noch zurückhaltende Tätigwerden von polnischen und tschechischen Betrieben in Deutschland sind die seit 2001 tendenziell rückläufigen Ausschöpfungsquoten der Werkvertragskontingente, die zwischen Deutschland und Polen bzw. Tschechien vereinbart wurden. Während die Ausschöpfungsquote für Polen zwischen Oktober 2001 und September 2006 von 95% auf 73% zurückging, sank sie für Tschechien im gleichen Zeitraum sogar von 50% auf 14% (vgl. BUNDESAGENTUR FÜR ARBEIT 2006b).

[49] Die in Kapitel 1.2.2 angesprochene zunehmende Dienstleistungsintensität handwerklicher Produktionsprozesse erschwert jedoch die Abgrenzung zwischen Dienstleistungshandwerk und Produzierendem Handwerk.

[50] Vgl. hierzu nochmals die Kostenstrukturstatistik im Handwerk in STATISTISCHES BUNDESAMT (1998: 150ff.).

2 Anpassungsdruck für grenznahe Unternehmen durch veränderte Wettbewerbsbedingungen im Zuge der EU-Erweiterung

werbsnachteile gegenüber Konkurrenten aus den MOEL besonderen Einfluss haben[51], sowie

> die **Überlagerung des Absatzraums**, die von der tatsächlichen Grenznähe des Betriebsstandorts und der Größe des Absatzraums des betrachteten Handwerksbetriebs abhängt.

Die Betrachtung der Auswirkungen der veränderten Rahmenbedingungen durch den EU-Beitritt der MOEL kann nur sehr eingeschränkt anhand der von der Handwerksordnung vorgenommenen Einteilung nach **Gewerbegruppen** erfolgen (vgl. DISPAN 2003: 30ff.)[52]. Diese fasst Gewerbezweige in Kategorien zusammen, die in ihrer Leistungsart und Kundenstruktur sehr unterschiedlich sind. Für eine angemessene Differenzierung des Anpassungsdrucks scheint daher die Kategorisierung in **Handwerksgruppen**, die von der Handwerksorganisation geschaffen wurde, um homogenere Untergruppen für Analysen und Untersuchungen zu bilden, besser geeignet[53]. Das Handwerk gliedert sich demnach in

> das Bauhauptgewerbe (z.B. Maurer und Betonbauer, Zimmerer, Straßenbauer usw.),

> die Ausbauhandwerke (z.B. Maler und Lackierer, Elektrotechniker, Tischler usw.),

> die Investitionsgüterhandwerke (z.B. Feinwerkmechaniker, Elektromaschinenbauer usw.),

> die Kfz-Handwerke (z.B. Kraftfahrzeugtechniker, Zweiradmechaniker usw.),

> die Nahrungsmittelhandwerke (z.B. Bäcker, Fleischer usw.),

> die Dienstleistungshandwerke (z.B. Friseure, Gebäudereiniger, Schuhmacher usw.) und

> die Handwerke für den persönlichen Bedarf (z.B. Uhrmacher, Goldschmiede, Kürschner usw.) (vgl. KORNHARDT/KUCERA 2003: 192; MÜLLER/BANG 2003: 250).

---

[51] Allerdings ist die Bedeutung der Lohnkostenintensität insoweit zu relativieren, als auch die Humankapitalintensität der Leistungserstellung die Wettbewerbsvor- und -nachteile des jeweiligen Unternehmens beeinflusst. Generell ist für das Handwerk von einer geringen Humankapitalintensität auszugehen, wenngleich für einzelne Gewerbezweige, etwa Zahntechniker, negative Auswirkungen aufgrund des hohen Lohnkostenanteils an der Gesamtleistung durch die hohe Humankapitalintensität der Leistungserstellung vermindert werden.

[52] Die Aufteilung des Handwerks nach Gewerbegruppen ist aus Tabelle 1 in Kapitel 1.2.2 ersichtlich.

[53] Diese Einteilung liegt in ähnlicher Form auch den regelmäßigen Veröffentlichungen der ostbayerischen Handwerkskammern zugrunde, z.B. dem vierteljährlichen Konjunkturbericht der HWK Niederbayern-Oberpfalz (vgl. HWK NIEDERBAYERN/OBERPFALZ 2006c: 10f.).

Anpassungsdruck und Anpassungsstrategien des grenznahen Handwerks angesichts veränderter Wettbewerbsbedingungen im Zuge der EU-Erweiterung 2004

Im Folgenden werden die verschiedenen Handwerksgruppen kurz charakterisiert und hinsichtlich des jeweiligen Anpassungsdrucks aufgrund der veränderten Rahmenbedingungen im Zuge der EU-Erweiterung beurteilt:

Bauhauptgewerbe und Ausbauhandwerk bewegen sich in Anbetracht der langjährigen Rezession in der deutschen Bauwirtschaft noch immer in einem schwierigen Marktumfeld. Bedingt durch das Ende der vereinigungsbedingten Sonderkonjunktur in West- und Ostdeutschland, die seit Jahren rückläufige Investitionstätigkeit der öffentlichen Hand und die besondere Konjunkturabhängigkeit des Baugewerbes ist seit Anfang der 90er Jahre ein anhaltender Konsolidierungsprozess der deutschen Bauwirtschaft im Gange, dem sich auch die Betriebe des Bau- und Ausbauhandwerks nicht entziehen können. Dabei sind die Handwerksbetriebe des Bauhauptgewerbes dadurch gekennzeichnet, dass sie sowohl kleinere Bauvorhaben im regionalen Umfeld durchführen als auch als Subunternehmer an größeren Bauvorhaben mitwirken. Die Handwerksbetriebe des Ausbaugewerbes hingegen erbringen überwiegend nichtstandardisierbare und individuelle Leistungen, wodurch kleinbetriebliche Strukturen besonders begünstigt werden (vgl. ZDROWOMYSLAW/DÜRIG 1999: 69f.).

Beide Bereiche sind aufgrund der Werkstattungebundenheit der erbrachten Leistung sowie der hohen Arbeitsintensität in vielen Gewerken – z.B. Dachdecker, Fliesen-, Platten- und Mosaikleger, Stukkateure sowie Maler und Lackierer[54] – in einer schwierigen Wettbewerbsposition gegenüber kostengünstiger ausländischer Konkurrenz. Bei vollständiger Umsetzung der Dienstleistungsfreiheit wären zahlreiche grenznahe Betriebe einem existenzbedrohenden Preiswettbewerb v.a. mit Unternehmen aus Tschechien und Polen ausgesetzt. Deshalb wurde im Beitrittsvertrag vereinbart, gerade die Bau- und Ausbauhandwerke durch Übergangsregelungen von bis zu sieben Jahren vor Konkurrenz aus den MOEL zu schützen[55]. Handwerkszweige, in denen Einzelpersonen eine Leistung regelmäßig alleine erbringen[56], stehen allerdings seit dem

---

[54] Zu den Anteilen der Personalkosten an der Gesamtleistung der aufgeführten Handwerke vgl. STATISTISCHES BUNDESAMT (1998: 152ff.).

[55] Die Übergangsregelungen zur Einschränkung der Dienstleistungsfreiheit erlauben jedoch die Ausschöpfung bestimmter Werkvertragskontingente, die zwischenstaatlich vereinbart wurden. Hier zeigt die Entwicklung der letzten Jahre allerdings, dass die Ausschöpfungsquoten dieser mit den MOEL vereinbarten Kontingente rückläufig sind. Dies deutet auf ein derzeit noch verhaltenes Interesse werkstattungebundener Gewerbebetriebe aus den MOEL an einer Tätigkeit in Deutschland hin und relativiert somit in diesem Bereich den aktuellen, nicht jedoch den künftigen Anpassungsdruck. Zur Entwicklung der Inanspruchnahme der Werkvertragskontingente vgl. nochmals BUNDESAGENTUR FÜR ARBEIT 2006b.

[56] Beispiele hierfür wären etwa Maler und Lackierer oder Elektrotechniker.

2 Anpassungsdruck für grenznahe Unternehmen durch veränderte Wettbewerbsbedingungen im Zuge der EU-Erweiterung

01.05.2004 im Wettbewerb mit Handwerkern aus den MOEL. Aufgrund der problematischen Ausgangsbedingungen muss sich das Bau- und Ausbaugewerbe spätestens ab 2011 auf einen nochmals deutlich verschärften Verdrängungswettbewerb mit polnischen und tschechischen Konkurrenzbetrieben einstellen. Es erscheint daher für viele grenznahe Betriebe von existentieller Bedeutung, die gewährten Übergangsfristen für eine entsprechende Anpassungsstrategie zu nutzen. In diesem Zusammenhang kann die hohe Nachfrage nach Bauleistungen in Polen und Tschechien grenznahen Handwerksunternehmen Marktchancen eröffnen.

Die **Investitionsgüterhandwerke** produzieren für den gewerblichen Bedarf und sind oft über Zulieferbeziehungen mit industriellen Abnehmern verbunden[57]. Das Tätigkeitsspektrum dieser Handwerksgruppe ist häufig auf hochspezialisierte Vorleistungen ausgerichtet, die in enger Zusammenarbeit mit den gewerblichen Kunden erbracht werden (vgl. ZDROWOMYSLAW/DÜRIG 1999: 70f.). Der im Zuge der Globalisierung härter gewordene Umgang nachfragestarker Abnehmer mit ihren Zulieferern setzt allerdings auch die Betriebe des Investitionsgüterhandwerks einem zunehmenden Wettbewerbsdruck aus (vgl. FIETEN ET AL. 1997: 370f.). Wichtige Abnehmerbranchen für handwerkliche Zulieferer sind beispielsweise die Automobilindustrie, die Medizintechnik oder der Maschinenbau. Trotz der hohen Qualitätsanforderungen der industriellen Abnehmer und des schon seit Jahren liberalisierten Warenhandels ist zumindest in Teilbereichen mit Auswirkungen der EU-Erweiterung auf die Wettbewerbssituation der grenznahen Investitionsgüterhandwerke zu rechnen. Mit zunehmender Verlagerung von Produktionsstätten der industriellen Abnehmer in die MOEL und Veränderungen in der Beschaffungspolitik wird auch in diesem Bereich der Wettbewerb mit den Zulieferbetrieben jenseits der Grenze zunehmen[58]. Die überdurchschnittlichen Auslandsumsätze der Investitionsgüterhandwerke weisen allerdings auf eine hohe internationale Wettbewerbsfähigkeit und damit auch auf zusätzliche Absatzmöglichkeiten in den MOEL hin[59].

---

[57] Zur schwierigen Abgrenzung des Begriffs „Zulieferer" sowie zu den typischen Merkmalen von Zulieferunternehmen vgl. DORNIEDEN (2001: 6ff.) sowie ZDROWOMYSLAW/DÜRIG (1999: 95).

[58] KÖNIG (1998: 20) sowie SCHLEEF (2001: 45f.) verweisen auf den Know-how- und Qualitätsanstieg osteuropäischer Zulieferer. Bei Volkswagen (bzw. Skoda) in Tschechien ist beispielsweise der Anteil lokaler Zulieferer schon zwischen 1991 und 2000 von 1% auf 67% gestiegen.

[59] Der Anteil der Auslandsumsätze der (weitgehend mit den Investitionsgüterhandwerken deckungsgleichen) Gruppe der „Produzierenden Handwerke für den gewerblichen Bedarf" lag schon 1995 bei 6,4% und war damit deutlich höher als der Anteil des gesamten handwerklichen Auslandsumsatzes i.H.v. damals 1,8% (vgl. MÜLLER 1997: 13ff.).

Anpassungsdruck und Anpassungsstrategien des grenznahen Handwerks angesichts veränderter Wettbewerbsbedingungen im Zuge der EU-Erweiterung 2004

Die **Kfz-Handwerke** bedienen einen umsatzstarken Gesamtmarkt, der maßgeblich durch die Weiterentwicklungen der Fahrzeugtechnik geprägt wird. Die verbesserten Technologien führen zu Qualitätsanstieg, geringerer Reparaturanfälligkeit und höherem Technisierungsgrad der Fahrzeuge, woraus eine insgesamt abnehmende Bedeutung des Werkstattgeschäfts resultiert. Durch die EU-Erweiterung ist für diese Handwerksgruppe ein moderater Anpassungsdruck zu erwarten. Das grenznahe Kraftfahrzeuggewerbe ist bereits seit der Abschaffung der Visumspflicht und der Liberalisierung des Personenverkehrs zwischen Deutschland und seinen östlichen Nachbarländern der Konkurrenz von Werkstätten jenseits der Grenze ausgesetzt. Gerade im Bereich der Kfz-Handwerke spielt dabei die Nähe des Unternehmensstandorts zum nächsten Grenzübergang eine wesentliche Rolle. So ist die Konkurrenzsituation durch tschechische oder polnische Werkstätten für einen deutschen Kfz-Handwerker in unmittelbarer Grenznähe ungleich höher als für einen Betrieb, der mehr als eine Stunde Autofahrt von der Grenze entfernt liegt. Der EU-Beitritt der MOEL trägt aufgrund des Wegfalls der Grenzkontrollen und der resultierenden Zeitersparnis zu einer weiteren Intensivierung von Grenzhandel bzw. grenzüberschreitender Dienstleistungserbringung bei und erhöht daher auch für die Kfz-Handwerke den grenzüberschreitenden Wettbewerb.

Die **Nahrungsmittelhandwerke** bedienen einen weitgehend gesättigten Markt, der durch einen stagnierenden Ausgabenanteil für Nahrungs- und Genussmittel geprägt ist. Durch veränderte Lebens- und Essgewohnheiten, eine zunehmende Konkurrenz durch Fast Food und Tiefkühlkost sowie anhaltende Konzentrationsprozesse auf der Angebotsseite haben sich hier die Wettbewerbsbedingungen generell verschärft (vgl. ZDROWOMYSLAW/DÜRIG 1999: 64). In Grenznähe stehen deutsche Bäckereien und Metzgereien schon seit Jahren im Wettbewerb mit preisgünstigen tschechischen und polnischen Betrieben, da die Kunden seit der Abschaffung der Visumspflicht und der Liberalisierung des Personenverkehrs als „Einkaufstouristen" auch jenseits der Grenze ihre Einkäufe tätigen können. Die Lage des Betriebsstandorts ist auch hier ein wichtiges Kriterium für die Differenzierung der Betroffenheit der grenznahen Nahrungsmittelhandwerker. Während Betriebe in unmittelbarer Grenznähe die Konkurrenz tschechischer bzw. polnischer Bäcker und Metzger durchaus verspüren, sind grenzferner angesiedelte Handwerker davon weniger betroffen. Somit führt die Intensivierung des Grenzhandels seit der EU-Erweiterung v.a. für Betriebe in unmittelbarer Grenznähe zu einem nochmals intensivierten Wettbewerb. Angesichts des unterdurchschnittlichen Auslandsumsatzes der Nahrungsmittelhandwerke und des Kostennachteils bei weitge-

2 Anpassungsdruck für grenznahe Unternehmen durch veränderte Wettbewerbsbedingungen im Zuge der EU-Erweiterung

hend vergleichbaren Produkten scheint ein zusätzlicher Absatz an Kunden jenseits der Grenze nur eingeschränkt in Frage zu kommen[60].

In der Gruppe der **Dienstleistungshandwerke** sind Gewerke für den gewerblichen Bedarf – etwa Gebäudereiniger – und Gewerke für den privaten Bedarf – etwa Friseure und Schuhmacher – zusammengefasst. Generell sind die überdurchschnittlich lohnkostenintensiven Dienstleistungshandwerke mit besonderen Nachteilen im Kostenwettbewerb mit Anbietern aus den MOEL konfrontiert[61]. Es ist jedoch zu beachten, dass im (zahlenmäßig bedeutsamen) werkstattungebundenen Gebäudereinigergewerbe – analog zum Baugewerbe – Übergangsfristen von bis zu sieben Jahren die grenznahen Betriebe schützen (vgl. Kapitel 2.1.2). Angesichts der ungünstigen Wettbewerbsbedingungen ist aber spätestens ab 2011 mit einem verschärften Anpassungsdruck durch Konkurrenzbetriebe aus den MOEL zu rechnen. Im Bereich der werkstattgebundenen Dienstleistungen hingegen, etwa bei Friseuren, Schuhmachern und Textilreinigern, besteht schon seit Abschaffung der Visumspflicht und der Liberalisierung des Personenverkehrs die Konkurrenzsituation zu Betrieben aus den angrenzenden MOEL. Durch die EU-Erweiterung ist auch hier mit einer weiteren Belebung des Dienstleistungstourismus zu rechnen, die v.a. Handwerksbetriebe in unmittelbarer Grenznähe betrifft.

Auch die **Handwerke für den persönlichen Bedarf** stehen wegen der Werkstattgebundenheit ihrer Leistungserbringung schon seit Liberalisierung des Personenverkehrs im Wettbewerb mit Konkurrenten aus den MOEL. Von der EU-Erweiterung sind auch in diesem Bereich handelsstimulierende Impulse zu erwarten, die insbesondere die Wettbewerbssituation der Betriebe in unmittelbarer Grenznähe beeinflussen. Allerdings ist darauf hinzuweisen, dass deutsche Handwerker, die in diesen engen Marktsegmenten tätig sind (z.B. Bogenmacher oder Geigenbauer) sich teilweise durch hohe Auslandsumsätze und internationale Wettbewerbsfähigkeit auszeichnen[62]. Möglicherweise können daher hochspezialisierte Anbieter zusätzliche Absatzmöglichkeiten in den MOEL erschließen.

Besonders in den von den Übergangsregelungen betroffenen Bereichen ist mittelfristig ein Verdrängungswettbewerb durch Markteintritt kostengünstiger Konkurrenz

---

[60] Zum Anteil des Auslandsumsatzes der Nahrungsmittelhandwerke vgl. MÜLLER (1997: 20).
[61] Vgl. zur Personalkostenintensität der aufgeführten Gewerke STATISTISCHES BUNDESAMT (1998: 172ff.).
[62] Der Anteil des Auslandsumsatzes betrug 1995 im Bogenmacherhandwerk 45,2% und im Geigenbauerhandwerk 21,5% (vgl. MÜLLER 1997: 24).

Anpassungsdruck und Anpassungsstrategien des grenznahen Handwerks angesichts veränderter Wettbewerbsbedingungen im Zuge der EU-Erweiterung 2004

aus den MOEL zu erwarten. Bauhaupt- und Ausbaugewerbe sowie werkstattunabhängige Dienstleistungen, etwa im Bereich des Gebäudereinigergewerbes, müssen spätestens nach Ablauf der maximalen Übergangsfristen von einem verstärkten Zustrom mittel- und osteuropäischer Unternehmen im Zuge einer grenzüberschreitenden Dienstleistungserbringung ausgehen, der schon jetzt einen Anpassungsdruck für die grenznahen deutschen Betriebe impliziert. Im unmittelbaren Grenzraum ist im Zuge der EU-Erweiterung auch für Betriebe aus den anderen Handwerksgruppen von einem stärkeren Wettbewerb durch intensivierten Einkaufs- und Dienstleistungstourismus und zunehmende wirtschaftliche Verflechtungen dies- und jenseits der Grenze auszugehen[63].

Zudem sehen sich gerade in den Bereichen, die von den Auswirkungen der Dienstleistungsfreiheit am meisten betroffen sind und daher durch Übergangsregelungen geschützt werden, viele Betriebe in Grenznähe mit dem Problem der Schattenwirtschaft konfrontiert[64]. Illegale Praktiken – insbesondere im Baugewerbe und im Reinigungsgewerbe – sind seit der Aufhebung der Visumspflicht vermehrt zu beobachten, können aber in Anbetracht unzureichender Kontrollkapazitäten und eingeschränkter Sanktionsmöglichkeiten nicht wirksam unterbunden werden. Dabei kann zwischen der rechtswidrigen Arbeit von Grenzgängern, der Tätigkeit von Scheinselbständigen aus den MOEL, der Beschäftigung von Werkvertragsarbeitnehmern ohne Arbeitserlaubnis und der illegalen Betätigung von Unternehmen unterschieden werden. Den Schwerpunkt der Schattenwirtschaft stellt das Tätigwerden für handwerkliche Privatkunden im Grenzraum dar. Aufgrund des Abbaus der Grenzkontrollen im Zuge des EU-Beitritts der MOEL und der verkürzten Wartezeiten an den Grenzen ist von einer weiteren Zunahme der Schattenwirtschaft, insbesondere in den nicht werkstattgebundenen Gewerbezweigen, auszugehen (vgl. MÜLLER/BANG 2003: 145ff.).

Abschließend sei nochmals betont, dass für die grenznahen Handwerksbetriebe aus der EU-Erweiterung nicht nur zusätzliche (legale und illegale) Konkurrenz auf den

---

[63] OBERHOLZNER (2002: 38f.) kommt bei der Untersuchung der Auswirkungen der EU-Erweiterung auf grenznahe österreichische Klein- und Mittelbetriebe zu einer ähnlichen Differenzierung. Demnach resultiert die „stärkste Gefährdung" u.a. für das kleinstrukturierte Bau- und Ausbaugewerbe (Zimmerei, Dachdeckerei, Tischlerei, Maler, Glaser, Fußboden- und Fliesenleger usw.) sowie den Lebensmitteleinzelhandel. Möbelherstellung, kleinere Unternehmen des Hoch- und Tiefbaus sowie Reparaturhandwerke (Kfz, Schuhmacher usw.) sieht OBERHOLZNER einer „leichten Gefährdung" ausgesetzt, wohingegen die Auswirkungen der EU-Erweiterung auf die personenbezogenen Dienstleistungshandwerke als „neutral" eingeschätzt werden.

[64] Eine aktuelle Studie beziffert das Ausmaß der Schattenwirtschaft in Deutschland im Jahr 2005 auf 345,5 Mrd. €, was 14,9% des offiziellen BIP entspricht. Der Anteil, der dabei auf Baugewerbe und Handwerk entfällt, wird mit 38% beziffert (vgl. SCHNEIDER 2006: 2 und 8f.).

2 Anpassungsdruck für grenznahe Unternehmen durch veränderte Wettbewerbsbedingungen im Zuge der EU-Erweiterung

angestammten Märkten resultiert, sondern sich auch zusätzliche Chancen auf den Wachstumsmärkten der neuen EU-Mitgliedsstaaten ergeben. Die Grenznähe, die in Teilbereichen nachteilig wirkt und die Wettbewerbssituation verschärft, kann für manche Betriebe auch zu einem Wettbewerbsvorteil werden. Viele grenznahe Handwerksbetriebe haben die sich bietenden Chancen frühzeitig erkannt und sind schon seit Jahren in Tschechien, Polen oder auf anderen mittel- und osteuropäischen Märkten erfolgreich tätig. Andere Betriebe wiederum beginnen gerade erst, sich mit den Auswirkungen der veränderten Rahmenbedingungen auf ihre Geschäftstätigkeit auseinander zu setzen.

2.2 Stand der Forschung zu den Auswirkungen der EU-Erweiterung auf grenznahe Unternehmen

In zahlreichen Studien wurde der Versuch unternommen, die wirtschaftlichen Auswirkungen der EU-Erweiterung auf die Wettbewerbssituation der Unternehmen in den Alt-Mitgliedsstaaten der EU zu analysieren. Im Rahmen dieser Untersuchungen kommt der Situation in den Grenzräumen häufig besondere Bedeutung zu. Grundsätzlich lassen sich im Rahmen der bisherigen Forschung zwei Arten von Studien unterscheiden, die für die hier behandelte Fragestellung Relevanz besitzen. Die erste Gruppe von Untersuchungen verfolgt einen übergeordneten, makroökonomisch orientierten Ansatz und versucht die Auswirkungen der EU-Erweiterung auf einen bestimmten Untersuchungsraum anhand einer quantitativen bzw. ökonometrischen Herangehensweise abzuschätzen. Dabei werden zumeist die Folgen für die gesamtwirtschaftliche Entwicklung, die regionalen Arbeitsmärkte und die Wettbewerbsfähigkeit der Wirtschaft untersucht und in diesem Zusammenhang auch Prognosen über die Auswirkungen auf die grenznahen Unternehmen getroffen. Die zweite Gruppe von relevanten Untersuchungen konzentriert sich auf Wahrnehmung, Betroffenheit und Reaktion der (Handwerks-)Unternehmen einer bestimmten grenznahen Region und untersucht auf Basis großzahliger Erhebungen mittels Fragebögen die Einschätzung der Chancen und Risiken der EU-Erweiterung durch die Unternehmer selbst. Im Folgenden werden verschiedene relevante Untersuchungen aus beiden Gruppen vorgestellt.

Anpassungsdruck und Anpassungsstrategien des grenznahen Handwerks angesichts veränderter Wettbewerbsbedingungen im Zuge der EU-Erweiterung 2004

2.2.1 Makroökonomisch orientierte Studien zu den Auswirkungen der EU-Erweiterung auf grenznahe Unternehmen

Die in diesem Kapitel erörterten Studien beschäftigen sich auf übergeordneter, makroökonomischer Ebene mit den Auswirkungen der EU-Erweiterung auf grenznahe Unternehmen. Herangehensweise und Ergebnisse sind auch für die Fragestellung der vorliegenden Arbeit von Relevanz. Sämtliche angeführten Untersuchungen stehen vor der Herausforderung, die Auswirkungen der sich graduell vollziehenden Integration der Märkte der MOEL auf die Unternehmen anhand bestimmter Indikatoren zu prognostizieren und dabei insbesondere die Risiken eines verschärften Wettbewerbs sowie die Chancen eines vergrößerten Absatzraums abzuschätzen.

Im Rahmen einer Auftragsstudie für das Bayerische Staatsministerium für Wirtschaft, Verkehr und Technologie untersuchte das ifo Institut München in 2001 die zu erwartenden Auswirkungen der EU-Osterweiterung auf Wirtschaft und Arbeitsmarkt in Bayern (vgl. ALECKE ET AL. 2001). Basierend auf einer gesamtwirtschaftlichen Betrachtung der ökonomischen Entwicklung in Bayern und in den Beitrittsstaaten wurden sowohl die Wettbewerbsfähigkeit der bayerischen Regionen als auch die Wettbewerbsfähigkeit von Verarbeitendem Gewerbe und Dienstleistungsbereich vor dem Hintergrund der EU-Erweiterung untersucht. Dabei kommt die Studie zu dem Ergebnis, dass sich insbesondere die Wettbewerbsposition der Landkreise an der bayerisch-tschechischen Grenze im Zuge der EU-Erweiterung verschlechtern wird, da diese Regionen eine verhältnismäßig ungünstige Wirtschaftsstruktur mit einem hohen Besatz wachstumsschwacher Sektoren und eine unzureichende Ausstattung mit sog. „Potenzialfaktoren" – z.B. hohe Investitionsquote, Auslandsumsatz und Patentintensität – aufweisen (vgl. ALECKE ET AL. 2001: 128f.). Auch die Untersuchung der Wirtschaftsstruktur des Verarbeitenden Gewerbes im Hinblick auf komparative Vorteile im Außenhandel und Faktorintensitäten der Produktion bestätigt den erhöhten Anpassungsdruck für den ostbayerischen Grenzraum (vgl. ALECKE ET AL. 2001: 153f.). Im Dienstleistungssektor sind die grenznahen Regionen aufgrund der geringen Distanzkosten für den Handel mit Dienstleistungen und des teilweisen Wegfalls der regionalen Marktsegmentierungen kurz- und mittelfristig einem erhöhten Anpassungsdruck auch im nahabsatzorientierten Bereich ausgesetzt (vgl. ALECKE ET AL. 2001: 166ff.). Die Untersuchung des Baugewerbes zeigt ebenfalls eine höhere Betroffenheit der Unternehmen im ostbayerischen Grenzraum. Aufgrund der geringen Distanzkosten sind v.a. Betriebe, die im bauausführenden Bereich tätig sind, von Wettbewerbsnachteilen –

2 Anpassungsdruck für grenznahe Unternehmen durch veränderte Wettbewerbsbedingungen im Zuge der EU-Erweiterung

insbesondere Lohnkostennachteilen – gegenüber tschechischen Konkurrenten betroffen. Eine ähnlich aufgebaute Studie führte das ifo Institut Dresden im Auftrag des Sächsischen Staatsministeriums für Wirtschaft und Arbeit im Jahr 2004 durch. Die Auswirkungen der EU-Erweiterung auf Wirtschaft und Arbeitsmarkt in Sachsen wurden auf Grundlage einer Wettbewerbsanalyse der sächsischen Wirtschaft untersucht und für die einzelnen Regionen differenziert betrachtet (vgl. GERSTENBERGER ET AL. 2004)[65]. Zusätzlich wurde im Rahmen einer schriftlichen Befragung in ausgewählten Branchen der sächsischen sowie der grenznahen polnischen bzw. tschechischen Wirtschaft die Sichtweise der betroffenen Unternehmer ermittelt[66]. Für das Verarbeitende Gewerbe wird in Branchen, die einen hohen Gefährdungsgrad durch Niedriglohnkonkurrenz aufweisen bzw. eine schwache Wettbewerbsposition im Handel mit den MOEL einnehmen, ein fortgesetzter Anpassungsdruck erwartet (vgl. GERSTENBERGER ET AL. 2004: 60ff.). Im Dienstleistungsbereich wird generell für diejenigen Unternehmen ein verstärkter Konkurrenzdruck vorhergesagt, die arbeitsintensiv und humankapitalarm arbeiten und nicht durch Konsumentenpräferenzen oder hohe Distanzkosten geschützt sind (vgl. GERSTENBERGER ET AL. 2004: 84ff.).

In der Studie wird zudem auf die Wettbewerbssituation sog. „sensitiver Branchen", u.a. des Handwerks, explizit eingegangen (vgl. GERSTENBERGER ET AL. 2004: 98ff.). Demnach sind insbesondere überregional tätige bzw. grenznahe Handwerksbetriebe von der veränderten Wettbewerbssituation betroffen, wobei v.a. die Lohnkostenvorteile der Betriebe aus den Beitrittsländern das Gefährdungspotenzial begründen. Die direkte Befragung der Betriebe zeigt, dass v.a. Unternehmen des Bau- und Dienstleistungshandwerks die EU-Erweiterung als wichtige Veränderung für ihr Unternehmen einschätzen, während Produktionshandwerk bzw. im Handel tätige Handwerksbetriebe die Erweiterung eher als Randereignis einstufen. Als wichtigste Erfolgsfaktoren sehen die sächsischen Handwerksbetriebe ihre Fachkompetenz, Kundenorientierung und Qualitätsarbeit. Allerdings haben über 90% der befragten sächsischen Handwerker noch nicht über geeignete Anpassungsmaßnahmen nachgedacht bzw. sehen dafür kei-

---

[65] Gerade für Sachsen hat die EU-Erweiterung besondere Relevanz, da es als einziges Bundesland an zwei neue EU-Mitgliedsstaaten grenzt.
[66] Dabei wurden im Rahmen einer anhand der Kriterien „Branchenzugehörigkeit", „Unternehmensgröße" und „Firmenstandort" geschichteten Stichprobe insgesamt 4 531 sächsische Unternehmen schriftlich befragt, von denen 1 541 (Rücklaufquote 34,0%) geantwortet haben (vgl. GERSTENBERGER ET AL. 2004: 280ff.).

ne Notwendigkeit. Als mögliche Reaktionen werden insbesondere die Fokussierung auf ein spezifisches Preis-/Qualitätssegment und die Aufnahme zusätzlicher Dienstleistungen in das eigene Leistungsspektrum genannt, während grenzüberschreitende Geschäftsbeziehungen mit den MOEL insgesamt nur eine untergeordnete Rolle spielen.

Auch eine Studie des Rheinisch-Westfälischen Instituts für Wirtschaftsforschung (RWI) Essen über die Auswirkungen der EU-Erweiterung auf kleine und mittlere Unternehmen (KMU) der Alt-Mitgliedsstaaten beschäftigt sich im Rahmen einer vertiefenden Fallstudie mit der Betroffenheit bayerischer Unternehmen (vgl. DÖHRN ET AL. 2000: 70ff.). Die Untersuchung kommt zu dem Ergebnis, dass KMU in den Alt-Mitgliedsstaaten der EU häufig in Risikobranchen tätig sind, für die aufgrund hoher Arbeitsintensität und geringer Humankapitalintensität künftig ein besonderer Anpassungsdruck zu erwarten ist. Andererseits wird festgestellt, dass gerade KMU von der Marktintegration verstärkt profitieren können, da die vor der EU-Erweiterung oft prohibitiv hohen Transaktionskosten einer Internationalisierung in Richtung Mittel- und Osteuropa reduziert werden. Dies gilt besonders für Betriebe in Grenznähe, die generell in größerem Umfang von den Auswirkungen der EU-Erweiterung betroffen sind als grenzferne KMU (vgl. DÖHRN ET AL. 2000: 49ff.). Im Rahmen der zugehörigen Fallstudie zur Situation in Bayern werden exportorientierte KMU – insbesondere im Bereich höherwertiger Güter und Leistungen – als künftige Gewinner eingeschätzt, während für grenznahe Handwerks- und Dienstleistungsunternehmen mit einfachen Technologien aufgrund hoher Lohnkosten ein verstärkter Anpassungsdruck erwartet wird (vgl. DÖHRN ET AL. 2000: 97). Allerdings liegen den Einschätzungen des RWI keine eigenen Berechnungen zugrunde, sondern sie beruhen auf der Interpretation bereits vorhandener sektor- bzw. regionalspezifischer Statistiken zu Unternehmensgröße, Außenhandel und Beschäftigtenstruktur.

Auch das transnationale Projekt „Preparity", das mit Unterstützung der Europäischen Kommission durchgeführt wurde, untersucht die wirtschaftlichen Auswirkungen der EU-Erweiterung auf die europäischen Grenzregionen zu den neuen Mitgliedsstaaten und auf die dortigen Unternehmen. Eine vom ifo Institut Dresden im Rahmen von „Preparity" durchgeführte Studie zu den Auswirkungen auf die deutschen Grenzregionen beschäftigt sich im Rahmen eines Teilprojekts mit der sektoralen Wettbewerbsfähigkeit ausgewählter Branchen in den Grenzgebieten zu den Beitrittsländern (vgl. SCHARR/UNTIEDT 2001).

2 Anpassungsdruck für grenznahe Unternehmen durch veränderte Wettbewerbsbedingungen im Zuge der EU-Erweiterung

Grundlage der Ergebnisse des hier vorgestellten Teilprojekts ist die Analyse der Faktoreinsatzproportionen von Verarbeitendem Gewerbe, Dienstleistungsbereich und Bauwirtschaft in den Grenzregionen. Demnach ergibt sich für das Verarbeitende Gewerbe in den deutschen Grenzregionen aufgrund einer Spezialisierung auf lohnkostensensible Branchen und einer überdurchschnittlichen Fertigungsorientierung ein erhöhter Anpassungsdruck (vgl. SCHARR/UNTIEDT 2001: 203f.). Im Dienstleistungsbereich führt der Wegfall bestehender Handelsbeschränkungen zu einem verstärkten internationalen Wettbewerb im grenznahen Raum, der gerade in lohnkostensensiblen Bereichen die deutschen Betriebe unter Kostendruck setzt (vgl. SCHARR/UNTIEDT 2001: 218f.). Auch für die Baubranche, die in den deutschen Grenzregionen zu den MOEL überdurchschnittlich bedeutsam ist, wird nach Einführung der Dienstleistungsfreiheit eine verschärfte Konkurrenzsituation prognostiziert, von der gerade das nahabsatzorientierte Bauhandwerk betroffen ist (vgl. SCHARR/UNTIEDT 2001: 226f.). Generell werden die Voraussetzungen für eine positive ökonomische Gestaltung der EU-Erweiterung aufgrund der vorteilhaften Wirtschaftsstruktur im bayerischen Grenzraum günstiger eingeschätzt als im ostdeutschen Grenzraum[67].

Auch in Österreich wurden im Rahmen des „Preparity"-Projekts Untersuchungen zu den Auswirkungen der EU-Erweiterung auf die dortigen Regionen an der bisherigen EU-Außengrenze durchgeführt. Eine Studie des Österreichischen Instituts für Wirtschaftsforschung (WIFO) beschäftigt sich mit der sektoralen Wettbewerbsfähigkeit von Sachgüterproduktion und Dienstleistungsbereich in den österreichischen Grenzregionen (vgl. MAYERHOFER/PALME 2001). Basierend auf Erkenntnissen der volkswirtschaftlichen Integrations- und Außenhandelstheorie werden relevante Merkmale abgeleitet, anhand derer mit Hilfe von Clusteranalysen Branchengruppen gebildet werden, die hinsichtlich integrationswirksamer Charakteristika homogen sind und ähnliche Auswirkungen der EU-Erweiterung erwarten lassen. Auf Basis von integrationsrelevanten Kriterien – u.a. Faktorintensitäten und Wettbewerbssituation auf den Absatzmärkten – wird eine Typologisierung der Wettbewerbsfähigkeit entwickelt, anhand

---

[67] Ebenfalls im Rahmen des „Preparity"-Projekts wurden in einer gesonderten Studie des ifo-Instituts Dresden die grenzüberschreitenden Wirtschaftsaktivitäten in der sächsisch-polnischen Grenzregion im Vorfeld der EU-Erweiterung untersucht. Im Rahmen einer repräsentativen Betriebsbefragung in ausgewählten Wirtschaftssektoren – Teile von Verarbeitendem Gewerbe und Baugewerbe sowie Kfz-Gewerbe, Straßengüterverkehr/Speditionen und Architektur-/Ingenieurbüros – konnte gezeigt werden, dass häufig Hemmnisse wie Informations- und Sprachdefizite sowie Schwierigkeiten bei der Kooperationspartnersuche der Aufnahme von Auslandsaktivitäten im Nachbarland entgegenstehen. Grundsätzlich schätzten die befragten Betriebe die Auswirkung der zunehmenden Marktintegration auf Umsatz- und Beschäftigungsentwicklung eher skeptisch ein (vgl. SCHARR ET AL. 2001: 63ff.).

derer Ergebnisse für die einzelnen Branchen abgeleitet werden können (vgl. MAYER-HOFER/PALME 2001: 25ff.).

Gerade im Bereich von Bauinstallation, Ausbau- und Bauhilfsgewerbe, Instandhaltung und Reparatur von Fahrzeugen sowie Reinigungsgewerbe dominieren demnach nachteilige Branchencharakteristika die Wettbewerbsposition gegenüber den Konkurrenten aus den MOEL (vgl. MAYERHOFER/PALME 2001: 82ff.). Zudem zeigt der Zusammenhang zwischen Marktradius einer Branche und ihrer Wettbewerbsposition im Rahmen der EU-Erweiterung, dass v.a. Unternehmen mit einem regional begrenzten Absatzraum durch die zunehmende Marktintegration einem besonderen internationalen Konkurrenzdruck auf ihren – bislang durch grenzbedingte Segmentierungen geschützten – heimischen Märkten ausgesetzt sind. Allerdings ist für eine Einschätzung der künftigen Wettbewerbssituation auch die – in Teilbereichen mangelhafte – Leistungsfähigkeit der Unternehmen in den Grenzräumen der MOEL zu berücksichtigen[68].

Aufgrund der makroökonomischen, quantitativen Herangehensweise können die aufgeführten Studien lediglich auf übergeordneter Ebene die Auswirkungen der EU-Erweiterung auf grenznahe Unternehmen aus den unterschiedlichen Wirtschaftsbereichen aufzeigen und die weitere Entwicklung abschätzen. Von den Spezifika (zumeist) kleinbetrieblicher Handwerksbetriebe und den resultierenden Besonderheiten der Anpassung wird dabei weitgehend abstrahiert. Die nachfolgende Tabelle 2 fasst die Untersuchungen und ihre Ergebnisse in chronologischer Reihenfolge zusammen.

---

[68] Eine ähnlich aufgebaute Untersuchung mit vergleichbaren Ergebnissen wurde von einer Forschergruppe des WIFO Instituts Wien zur Einschätzung der Auswirkungen der EU-Erweiterung auf die Wirtschaft Niederösterreichs bereits 1998 durchgeführt (vgl. MAYERHOFER ET AL. 1998). Abschließend sei auch auf die Untersuchungen von NIEBUHR 2004 sowie NIEBUHR 2005 hingewiesen, die die Auswirkungen der EU-Erweiterung auf europäische Grenzregionen anhand eines Drei-Regionen-Modells der New Economic Geography analysieren. Beide Studien kommen zu dem Ergebnis, dass Grenzregionen insgesamt stärker als Nicht-Grenzregionen von den Auswirkungen der Marktintegration profitieren. Eine differenzierte Betrachtung der Auswirkungen auf grenznahe Unternehmen unterbleibt jedoch aufgrund des hohen Abstraktionsgrads beider Untersuchungen.

2 Anpassungsdruck für grenznahe Unternehmen durch veränderte Wettbewerbsbedingungen im Zuge der EU-Erweiterung

Tabelle 2: Chronologischer Überblick über makroökonomisch orientierte Studien

Autoren / Jahr	Räumliche Dimension	Inhaltliche Dimension	Relevante Ergebnisse
DÖHRN ET AL. (RWI Essen) 2000	Bayern, Niederösterreich, Schottland, Katalonien (als Fallstudien)	Regional differenzierte Analyse der sektoralen Wettbewerbsfähigkeit von KMU auf Basis von Faktorintensitäten	Grenznahe KMU profitieren besonders von den reduzierten Transaktionskosten im Zuge der Markterweiterung; verstärkter Anpassungsdruck für grenznahe, regional orientierte KMU, die mit einfachen Technologien arbeiten
ALECKE ET AL. (ifo München) 2001	Bayern (unter besonderer Berücksichtigung des Grenzraums)	Analyse der sektoralen und regionalen Wettbewerbsfähigkeit der Wirtschaft auf Basis von komparativen Vorteilen im Außenhandel und Faktorintensitäten	Grenznahe Unternehmen in handwerksrelevanten Bereichen sind nicht durch hohe Distanzkosten geschützt und vielfach in humankapital-/sachkapitalarmen Branchen tätig und daher kurz-/mittelfristig unter erhöhtem Anpassungsdruck
SCHARR/UNTIEDT (ifo Dresden) 2001	Deutsche Grenzregionen zu den Beitrittsländern	Analyse der sektoralen und regionalen Wettbewerbsfähigkeit der Wirtschaft auf Basis von komparativen Vorteilen im Außenhandel und Faktorintensitäten	Grenznahe Unternehmen in handwerksrelevanten Bereichen – insbesondere personenbezogene Dienstleistungen und Baugewerbe – sind aufgrund geringer Humankapitalintensität kurz-/mittelfristig unter erhöhtem Anpassungsdruck
MAYERHOFER/ PALME (WIFO Wien) 2001	Österreich (unter besonderer Berücksichtigung des Grenzraums)	Analyse der sektoralen und regionalen Wettbewerbsfähigkeit der Wirtschaft auf Basis integrationsrelevanter Kriterien, z.B. Faktorintensitäten, Wettbewerbssituation auf Absatzmärkten usw.	Grenznahe Unternehmen in handwerksrelevanten Bereichen sind aufgrund ungünstiger Ausprägungen der integrationsrelevanten Kriterien vielfach in einer nachteiligen Wettbewerbssituation gegenüber Konkurrenten aus den MOEL
GERSTENBERGER ET AL. (ifo Dresden) 2004	Sachsen (unter besonderer Berücksichtigung des Grenzraums)	Analyse der sektoralen und regionalen Wettbewerbsfähigkeit der Wirtschaft auf Basis integrationsrelevanter Kriterien und des Gefährdungsgrades durch Niedriglohnkonkurrenz; zusätzlich Unternehmensbefragung ausgewählter Branchen in Sachsen sowie im grenznahen Polen und Tschechien	Grenznahe Unternehmen in handwerksrelevanten Bereichen unterliegen aufgrund der Arbeitsintensität der Leistungserstellung und dem Lohnkostengefälle kurz-/mittelfristig einem erhöhten Anpassungsdruck; geringer Stand der Vorbereitungen und geringes Bewusstsein der Betriebe

Quelle: eigene Darstellung.

2.2.2 Handwerkswissenschaftliche Studien zur Betroffenheit grenznaher Unternehmen von den Auswirkungen der EU-Erweiterung

Im Gegensatz zu den bisher dargestellten Studien, die einen übergeordneten, makroökonomischen Ansatz verfolgen, versuchen die nachfolgend aufgeführten Arbeiten, auf Grundlage von Unternehmerbefragungen die Wahrnehmung und Reaktion grenznaher Betriebe angesichts veränderter Wettbewerbsbedingungen durch die EU-Erweiterung zu untersuchen. Nachfolgend werden ausschließlich diejenigen Studien aufgeführt, die sich mit den Auswirkungen auf das Handwerk beschäftigen.

So untersucht das Seminar für Handwerkswesen (sfh) der Universität Göttingen die Auswirkungen der EU-Erweiterung auf die deutsch-polnische Euroregion Spree-Neiße-Bober (vgl. MÜLLER/BANG 2003). Grundlage der Analyse ist eine von der HWK Cottbus durchgeführte Umfrage unter 3 000 Handwerksunternehmen des Kammerbezirks, an der sich 491 Betriebe (Rücklaufquote 16,4%) beteiligten[69]. Es wurde insbesondere untersucht, wie die Veränderung der Wettbewerbssituation auf den Heimatmärkten, die Möglichkeiten grenzüberschreitender Tätigkeit sowie die Nutzung des erweiterten Arbeitskräftepotenzials eingeschätzt werden (vgl. MÜLLER/BANG 2003: 2).

Laut Umfrageergebnis fühlen sich die deutschen Handwerker über die EU-Erweiterung nicht gut informiert und sehen deutlich mehr Risiken als Chancen, insbesondere eine Zunahme der Schwarzarbeit und eine größere Konkurrenz durch Unternehmen aus den Beitrittsstaaten auf dem heimischen Markt. Allerdings hatte die große Mehrzahl der Betriebe zum Zeitpunkt der Befragung noch keinerlei Vorbereitungen auf die EU-Erweiterung unternommen (vgl. MÜLLER/BANG 2003: 108ff. und 227f.). Ebenso wollten nur wenige Unternehmen nach dem EU-Beitritt Polens im Nachbarland tätig werden. Die wichtigsten Hemmnisse hierfür sind die Sprachbarriere und der befürchtete harte Preiswettbewerb (vgl. MÜLLER/BANG 2003: 150ff.). Nur jeder zehnte Handwerker äußerte grundsätzliches Interesse, Arbeitskräfte aus Polen einzustellen. Auf Grundlage der empirischen Ergebnisse versucht die Studie, Handlungsempfehlungen an den Gesetzgeber, die überbetrieblichen Einrichtungen des Handwerks und die

---

[69] Es ist allerdings zu beachten, dass auf deutscher Seite nur etwa 37% der insgesamt mehr als 8 000 Betriebe des Kammerbezirks in die Umfrage einbezogen wurden. Zusätzlich wurden auch in Polen etwa 300 Betriebe im Rahmen von persönlichen Beratungsgesprächen, Handwerksversammlungen u.ä. befragt (vgl. MÜLLER/BANG 2003: 247ff.).

2 Anpassungsdruck für grenznahe Unternehmen durch veränderte Wettbewerbsbedingungen im Zuge der EU-Erweiterung

Betriebe abzuleiten. Dabei werden insbesondere Maßnahmen zum Zusammenwachsen der Grenzregionen, Maßnahmen zur Anpassung des Handwerks an die veränderte Wettbewerbssituation und der Ausbau unterstützender Aktivitäten der Handwerksorganisation empfohlen (vgl. MÜLLER/BANG 2003: 234ff.).

Hinsichtlich der Anpassung an die veränderten Wettbewerbsbedingungen verweist die Studie auf die Erschließung neuer Marktfelder, die Erhöhung des Dienstleistungsgehalts des Angebots, die Stärkung der Kooperationsbereitschaft und eine bessere Qualifizierung von Unternehmern und Mitarbeitern. Zudem werden mit Blick auf die Handwerksorganisation Maßnahmen wie die Vermittlung von Informationen zur EU-Erweiterung, das Aufzeigen von Kooperationsmöglichkeiten, die Ausbildung polnischer Jugendlicher bzw. die Beschäftigung polnischer Facharbeiter im ostdeutschen Handwerk sowie die Durchsetzung geeigneter Übergangsregelungen bei Arbeitnehmerfreizügigkeit, Dienstleistungsfreiheit und Umweltschutz angeregt (vgl. MÜLLER/BANG 2003: 237ff.).

Eine ähnlich aufgebaute Untersuchung führte das sfh Göttingen bereits in 2002 hinsichtlich der Auswirkungen der EU-Erweiterung auf das niedersächsische Handwerk durch[70]. Grundlage der Studie ist die Befragung der Mitglieder der 13 größten niedersächsischen Landesinnungsverbände, die etwa 85% des gesamten niedersächsischen Handwerks repräsentieren. Fast 1 200 Fragebögen konnten ausgewertet werden[71]. Die Ergebnisse zeigen ebenfalls einen mangelnden Informationsstand der Handwerker, eine Betonung der Risiken, geringe Vorbereitungen, geringes Interesse an grenzüberschreitender Tätigkeit in den MOEL sowie geringes Interesse an der Einstellung von Arbeitskräften aus den MOEL. Dies entspricht damit weitgehend den Ergebnissen der Studie im Kammerbezirk Cottbus, obwohl die Untersuchung in Niedersachsen ein Jahr eher durchgeführt wurde und eine Region in größerer räumlicher Distanz zu den MOEL betrachtet (vgl. MÜLLER/BANG 2002: 68ff.).

Eine differenzierte Darstellung der Einschätzung der unterschiedlichen Handwerksgruppen zeigt, dass insbesondere Bau- und Ausbaugewerbe sowie Gebäudereiniger eine Zunahme der Schwarzarbeit befürchten. Eine verstärkte Konkurrenz auf heimischen Märkten im Zuge der EU-Erweiterung erwarten v.a. Bau- und Ausbaugewerbe,

---

[70] Sowohl Aufbau als auch konzeptioneller Teil entsprechen weitgehend der ein Jahr später durchgeführten Untersuchung in der Euroregion Spree-Neiße-Bober (vgl. MÜLLER/BANG 2002).

[71] Das gesamte niedersächsische Handwerk umfasst mehr als 71 600 Betriebe. Eine aussagekräftige Rücklaufquote ist aufgrund des Untersuchungsdesigns jedoch nicht zu bestimmen (vgl. MÜLLER/BANG 2002: 65 und 194).

Anpassungsdruck und Anpassungsstrategien des grenznahen Handwerks angesichts veränderter Wettbewerbsbedingungen im Zuge der EU-Erweiterung 2004

Gebäudereiniger und Zahntechniker, während Kfz-Handwerke, Nahrungsmittelhandwerke, Friseure und Augenoptiker kaum Befürchtungen hinsichtlich der Wettbewerbssituation auf ihren angestammten Märkten haben (vgl. MÜLLER/BANG 2002: 74ff. und 179ff.). Im Rahmen der Studie werden wiederum Handlungsempfehlungen an Gesetzgeber, Tarifvertragsparteien und Betriebe abgeleitet, die Maßnahmen zur Herstellung gleicher Wettbewerbsbedingungen, zur erfolgreichen Gestaltung des Beitrittsprozesses, zur Anpassung des Handwerks an die veränderte Wettbewerbssituation und zur Stärkung des außenwirtschaftlichen Engagements beinhalten.

Bereits 1995 führte das sfh Göttingen gemeinsam mit dem Bundesinnungsverband des Deutschen Steinmetz-, Stein- und Holzbildhauerhandwerks eine Umfrage durch, die die Auswirkungen der Liberalisierung und Marktintegration der MOEL auf das deutsche Steinmetzhandwerk untersuchte (vgl. MÜLLER 1995: 165ff.). Hierfür wurde den insgesamt 319 grenznahen Innungsbetrieben ein Fragebogen zugesandt, der mit einer Rücklaufquote von 46,7% beantwortet wurde. Die Ergebnisse zeigten, dass sich die deutschen Betriebe nur in sehr geringem Maße durch die Konkurrenz polnischer und tschechischer Betriebe betroffen fühlten und selbst noch keinerlei Geschäftstätigkeit in Polen oder Tschechien aufgenommen hatten. Die Tätigkeit polnischer und (in geringerem Maße) tschechischer Betriebe auf dem grenznahen deutschen Markt wurde hingegen vereinzelt wahrgenommen und mitunter auch von verlorenen Aufträgen berichtet. Die Betrachtung der eigenen Wettbewerbsvorteile und -nachteile ergab das zu erwartende Bild, wonach den ausländischen Betrieben Kostenvorteile, den deutschen Betrieben Qualitäts-, Know-how- und Servicevorteile zugeschrieben wurden. Lediglich im bayerisch-tschechischen Grenzraum wurden vereinzelt Möglichkeiten zur Beschäftigung von Arbeitnehmern aus den MOEL genutzt. Die Ergebnisse zeigen insgesamt, dass zu dem damaligen frühen Zeitpunkt nur wenig Grenzaustausch erfolgte und die positiven bzw. negativen Auswirkungen von Marktöffnung und Grenzlage wenig wahrgenommen und im Rahmen der eigenen Geschäftstätigkeit kaum berücksichtigt wurden.

Eine Studie des Ludwig-Fröhler-Instituts für Handwerkswissenschaften (LFI) München untersucht auf Basis eines Fragebogens die Auswirkungen der EU-Erweiterung auf das Handwerk in Sachsen (vgl. GLASL 2002). Dabei wurde 5 166 zufällig ausgewählten sächsischen Handwerksunternehmen ein Fragebogen zugesandt, den 1 036

2 Anpassungsdruck für grenznahe Unternehmen durch veränderte Wettbewerbsbedingungen im Zuge der EU-Erweiterung

Betriebe[72] bzw. 20,0% beantworteten (vgl. GLASL 2002: 6). Wiederum werden das geringe Ausmaß an existierenden Geschäftsbeziehungen in die MOEL, der unzureichende Informations- und Vorbereitungsstand sowie die negative Einschätzung der EU-Erweiterung – insbesondere hinsichtlich Konkurrenz durch Unternehmen aus den MOEL und Zunahme der Schwarzarbeit – bestätigt. Allerdings zeigte beinahe jedes dritte der befragten Unternehmen Interesse an künftigen Geschäftsbeziehungen in die Beitrittsländer.

Auf Basis der gegebenen Antworten konnten zahlreiche Tendenzaussagen herausgearbeitet werden, die Unterschiede je nach Grenznähe, Betriebsgröße und Handwerksgruppe widerspiegeln. So sind Betriebe in unmittelbarer Grenznähe dadurch charakterisiert, dass sie ein besonderes Interesse an Informationen über Messen/Ausstellungen sowie Kooperationsmöglichkeiten haben und überdurchschnittlich häufig ihre hohen Lohn- und Betriebskosten als Wettbewerbsnachteil sehen (vgl. GLASL 2002: 14 und 21). Größere Betriebe haben überdurchschnittlich oft bereits Geschäftsbeziehungen in die MOEL aufgebaut bzw. sind an solchen interessiert. Sie beurteilen ihre Wettbewerbssituation sowohl bezüglich der Vorteile (z.B. Service, Flexibilität) als auch bezüglich der Nachteile (z.B. Lohn- und Betriebskosten) neutraler und treten bei Arbeitnehmerfreizügigkeit und Dienstleistungsfreiheit tendenziell für kürzere Übergangsfristen ein (vgl. GLASL 2002: 14 und 28f.). Dagegen betonen insbesondere die Holz- und Bauhandwerke die Schwierigkeiten bei der Erschließung des tschechischen und polnischen Marktes und sehen ihre Lohn- und Betriebskosten besonders häufig als Nachteil an (vgl. GLASL 2002: 12 und 15). Insgesamt bleibt festzuhalten, dass die Studie zwar interessante Tendenzen herausarbeitet, jedoch nicht die Hintergründe der empirisch ermittelten Zusammenhänge sowie geeignete Reaktions- und Handlungsmuster für die betroffenen Betriebe analysiert[73].

Schließlich beschäftigt sich eine Untersuchung der Universität Bayreuth auf kleinräumiger Ebene – dem ostbayerischen Grenzlandkreis Wunsiedel im Fichtelgebirge – mit den Auswirkungen der EU-Erweiterung auf das grenznahe Handwerk (vgl. JENTSCH 2001). Dabei wurden im Rahmen einer quantitativen Vollerhebung alle aus-

---

[72] Die Grundgesamtheit aller sächsischen Handwerksbetriebe umfasst laut MÜLLER/BANG (2002: 194) mehr als 51 000 Betriebe.

[73] Ergänzend sei auf drei Umfragen der IHK Dresden aus den Jahren 2000, 2001 und 2003 zum Stand der Vorbereitungen ihrer Mitgliedsunternehmen auf die EU-Erweiterung verwiesen, die zu ähnlichen Ergebnissen kommen. Ein Vergleich der drei IHK-Studien zeigt jedoch, dass die geschäftlichen Chancen und Möglichkeiten der EU-Erweiterung in der aktuellsten Umfrage positiver als zuvor gesehen werden (vgl. IHK DRESDEN 2000, IHK DRESDEN 2001 und IHK DRESDEN 2003).

bildenden Handwerksbetriebe des Landkreises schriftlich befragt, wobei 236 Betriebe (21,6%) an der Umfrage teilnahmen (vgl. JENTSCH 2001: 46). Demnach erwarten zwei Drittel der Handwerksunternehmen möglicherweise oder mit Sicherheit Auswirkungen der EU-Erweiterung auf den eigenen Betrieb, wobei wiederum die Risiken wesentlich höher als die Chancen eingeschätzt werden (vgl. JENTSCH 2001: 62ff.). Chancen sehen die Handwerker im Landkreis Wunsiedel v.a. für Kosteneinsparungen und bei der Erschließung neuer Absatzmärkte, als Risiken werden insbesondere Wettbewerbsverzerrungen und ein verstärkter Konkurrenzdruck angesehen[74].

Als wichtigste Wettbewerbsvorteile der Konkurrenzbetriebe aus den MOEL beurteilen die ostbayerischen Handwerker die niedrigen Lohnkosten und das Arbeitskräfteangebot, während bei der Qualität der Produkte und der Qualifikation der Mitarbeiter eigene Vorteile gesehen werden. Noch gering ausgeprägt sind Geschäftstätigkeiten in den MOEL (nur 9% der Betriebe) bzw. Strategien zur Vorbereitung auf die veränderten Rahmenbedingungen durch die EU-Erweiterung (nur 38% der Betriebe). Die vorwiegend genannten strategischen Maßnahmen – Rationalisierung und Verbesserung von Produkt und Leistung – sind jedoch sehr allgemein und werden vielfach unabhängig von der EU-Erweiterung verfolgt. Viele Handwerker sehen keine Notwendigkeit für eine strategische Reaktion auf die Veränderungen durch die EU-Erweiterung bzw. sind sich über ihr Vorgehen im Unklaren.

Aus den empirischen Ergebnissen werden verschiedene Handlungsmöglichkeiten abgeleitet (vgl. JENTSCH 2001: 94ff.). Demnach sollte sich die Handwerksorganisation für angemessene Übergangsregelungen einsetzen, Wirtschaftsförderung und Betriebsberatung stärken sowie die Betriebe zu Sprache und Mentalität der Nachbarländer hinführen. Auf der Ebene der Einzelbetriebe werden kurzfristig Kostensenkungsstrategien, insbesondere die Vergabe lohnintensiver Arbeiten an ausländische Partnerbetriebe im Zuge der passiven Lohnveredelung und die Beschäftigung tschechischer Arbeitnehmer, befürwortet.

---

[74] Eine aktuellere Studie zu den grenzüberschreitenden Unternehmensaktivitäten im bayerisch-tschechischen Grenzraum von MAIER/SCHLÄGER-ZIRLIK (2006), die sich allerdings nicht auf Handwerksbetriebe beschränkt, zeichnet ein anderes Bild. Darin wurden insgesamt 545 KMU, die bereits an Veranstaltungen der ostbayerischen Industrie- und Handelskammern bzw. Handwerkskammern zum Thema „Osteuropa" teilgenommen hatten, zu den Auswirkungen der EU-Erweiterung auf ihr Unternehmen befragt. Rund 40% der befragten Unternehmen konnten keine Auswirkungen feststellen, bei den restlichen Betrieben überwogen jedoch die positiven Auswirkungen. Die ungewöhnlich positive Tendenz hängt mit der Auswahl der Betriebe zusammen, die sich allesamt bereits mit den Märkten der MOEL beschäftigt hatten, und kann nicht als repräsentativ für ostbayerische KMU bzw. das ostbayerische Handwerk angesehen werden.

2 Anpassungsdruck für grenznahe Unternehmen durch veränderte Wettbewerbsbedingungen im Zuge der EU-Erweiterung

Langfristig hingegen werden Markterschließungs- bzw. Kooperationsstrategien für unabdingbar erachtet, um die internationale Wettbewerbsfähigkeit der Betriebe zu gewährleisten. Dafür werden insbesondere Messebeteiligungen, die Zusammenarbeit im Rahmen grenzüberschreitender Kooperationen und eine verstärkte Marketingorientierung als wesentlich angesehen. Die Untersuchung gibt das Stimmungsbild des Handwerks eines unmittelbar betroffenen Grenzlandkreises differenziert wieder. Allerdings bleibt weitgehend offen, welche Problemwahrnehmungs-, Verhaltens- und Strategiemuster im grenznahen Handwerk festzustellen sind und wie Anpassung bzw. strategische Neuausrichtung der Betriebe erfolgen können.

Die Tabelle 3 fasst die empirischen Studien zur Betroffenheit grenznaher Handwerksunternehmen von den Auswirkungen der EU-Erweiterung in chronologischer Reihenfolge zusammen.

2.3 Zusammenfassung und Zwischenfazit

Die aufgeführten Untersuchungen konstatieren – trotz der positiven ökonomischen Gesamtwirkungen der EU-Erweiterung – einen verstärkten Anpassungsdruck für Unternehmen im Grenzraum, insbesondere in lohnkostenintensiven und dienstleistungsorientierten Branchen. Davon sind auch wichtige Teilbereiche des Handwerks betroffen. Zusätzlich zu den wettbewerbsverschärfenden Auswirkungen des allgemeinen Strukturwandels im Handwerk – etwa eine verstärkte (Preis-) Konkurrenz durch nichthandwerkliche Billiganbieter aus dem Industrie- und Handelsbereich – ist mit vermehrter preisgünstiger Konkurrenz aus den MOEL auf handwerksrelevanten Märkten zu rechnen. Dabei ist der Anpassungsdruck für die einzelnen Handwerksgruppen bzw. Branchen in Abhängigkeit von Kriterien wie der Werkstattgebundenheit ihrer Leistung, der Arbeits- bzw. Lohnkostenintensität und der Überlagerung des Absatzraums unterschiedlich stark ausgeprägt.

Die Herausbildung bzw. Verschärfung eines Anpassungsdrucks, der aus der EU-Erweiterung resultiert, ist als Entwicklung anzusehen, die schon vor dem Beitritt der MOEL begonnen hat und mit dem Erweiterungsstichtag noch lange nicht abgeschlossen ist. Vielmehr werden sich bis zum endgültigen Auslaufen der Übergangsfristen die Prozesse und Veränderungen, die mit der Liberalisierung des Warenverkehrs und der Aufhebung der Visumspflicht schon Mitte der 90er Jahre in Gang gesetzt wurden, im Rahmen einer zunehmenden Verflechtung der Märkte weiter verstärken.

Tabelle 3: Chronologischer Überblick über handwerkswissenschaftliche Studien

Autoren / Jahr	Räumliche Dimension	Umfang der Befragung	Relevante Ergebnisse
MÜLLER (sfh Göttingen) 1995	Gesamter deutscher Grenzraum zu Polen und Tschechien	Befragung aller Steinmetze im Grenzraum (Vollerhebung unter den grenznahen Innungsbetrieben; Rücklauf 46,7%)	Geringes Konkurrenzempfinden bzgl. polnischer und tschechischer Betriebe, keine eigene Geschäftstätigkeit in MOEL, vereinzelte Wahrnehmung polnischer und tschechischer Betriebe auf dem grenznahen deutschen Markt
JENTSCH (Universität Bayreuth) 2001	Landkreis Wunsiedel im Fichtelgebirge (Ostbayern)	Befragung der Handwerker im Landkreis (Vollerhebung; Rücklauf 21,6%)	Auswirkungen werden erwartet, Betonung der Risiken (v.a. Wettbewerbsverzerrungen und verstärkter Konkurrenzdruck), kaum Geschäftsbeziehungen in die MOEL, nur teilweise Vorbereitungsmaßnahmen; Kostensenkungs- und Marktschließungsstrategien als empfohlene (Reaktions-)Maßnahmen auf betrieblicher Ebene
GLASL (LFI München) 2002	Bundesland Sachsen	Befragung zufällig ausgewählter sächsischer Handwerker (Stichprobenumfang etwa 10% des sächsischen Handwerks; Rücklauf 20,0%)	Kaum existierende Geschäftsbeziehungen in die MOEL, Interesse an künftigen Geschäftsbeziehungen, geringer Informationsstand, Betonung der Risiken (v.a. neue Konkurrenten und zunehmende Schwarzarbeit), geringer Vorbereitungsstand
MÜLLER/BANG (sfh Göttingen) 2002	Bundesland Niedersachsen	Befragung der niedersächsischen Handwerker, die in einem der 13 größten Landesinnungsverbände organisiert sind (Rücklauf: 1 198 Betriebe; Quote aufgrund des Untersuchungsdesigns nicht zu bestimmen)	geringer Informationsstand, Betonung der Risiken (v.a. zusätzliche Konkurrenz und Schwarzarbeit), geringe Vorbereitungen, geringes Interesse an Tätigkeit in MOEL; Marktschließung/erhöhter Dienstleistungsanteil des Angebots/Kooperation/ Qualifizierung als empfohlene (Reaktions-)Maßnahmen auf betrieblicher Ebene
MÜLLER/BANG (sfh Göttingen) 2003	Bezirk der HWK Cottbus und polnischer Teil der Euroregion Spree-Neiße-Bober	Befragung der Handwerker im Kammerbezirk (Stichprobenumfang etwa 37,5%; Rücklauf 16,4%)	geringer Informationsstand, Betonung der Risiken (v.a. zusätzliche Konkurrenz und Schwarzarbeit), geringe Vorbereitungen, geringes Interesse an Tätigkeit in MOEL; Marktschließung/erhöhter Dienstleistungsanteil des Angebots/Kooperation/ Qualifizierung als empfohlene (Reaktions-)Maßnahmen auf betrieblicher Ebene

Quelle: eigene Darstellung.

2 Anpassungsdruck für grenznahe Unternehmen durch veränderte Wettbewerbsbedingungen im Zuge der EU-Erweiterung

Das Beitrittsdatum 01.05.2004 ist in diesem Zusammenhang ein wichtiger Meilenstein, der aber für die meisten Betriebe im Grenzraum eher symbolische als konkrete Bedeutung besitzt. Denn anstelle einer stichtagsbezogenen Zunahme des Wettbewerbsdrucks ist vielmehr von schrittweisen – deshalb aber nicht weniger relevanten – Veränderungen des betrieblichen Umfelds zahlreicher Handwerksunternehmen auszugehen.

Die vorliegende Arbeit hat zum Ziel, zu einer Beantwortung der Frage beizutragen, ob das grenznahe Handwerk den (in wichtigen Handwerksbereichen noch bestehenden) Schutz durch Übergangsfristen für eine Anpassung der Unternehmensstrategie nutzt und wie es sich auf die veränderten Wettbewerbsbedingungen einstellt. Dafür ist auch zu berücksichtigen, inwieweit überhaupt ein Bewusstsein für die Auswirkungen der veränderten (bzw. sich verändernden) Rahmenbedingungen auf die Wettbewerbssituation im Grenzraum besteht. Eine Beantwortung dieser Fragestellung kann die bisherige Forschung – in Form makroökonomischer Studien bzw. quantitativer Befragungen auf Basis standardisierter Fragebögen – nur eingeschränkt leisten. Die empirische Untersuchung dieser Arbeit wird daher qualitativ ausgerichtet sein und auf einer verhaltens- bzw. handlungstheoretischen Perspektive basieren.

3 VERHALTENS- UND HANDLUNGSORIENTIERTE BETRACHTUNG DER ANPASSUNGSSTRATEGIEN GRENZNAHER HANDWERKSBETRIEBE

Der in Kapitel 2.1 herausgearbeitete Anpassungsdruck für das grenznahe Handwerk angesichts der veränderten Wettbewerbssituation im Zuge der EU-Erweiterung verlangt von den Unternehmen in Abhängigkeit von ihrer konkreten Betroffenheit eine (mehr oder weniger weitgehende) Anpassung bzw. Neuausrichtung der Unternehmensstrategie. Im Folgenden soll daher ein Bezugsrahmen herausgearbeitet werden, der den Besonderheiten kleinbetrieblich strukturierter Unternehmen Rechnung trägt und die Analyse innerbetrieblicher Wahrnehmungs-, Bewertungs- und Entscheidungsprozesse erlaubt.

Grundlage hierfür ist ein Analyseschema unternehmerischer Anpassungshandlungen, das aus verhaltens- bzw. handlungstheoretischen Ansätzen der Wirtschaftsgeographie abgeleitet wird. Darauf aufbauend werden die Besonderheiten von Strategiegenese und Entscheidungsprozess in kleinbetrieblich strukturierten Unternehmen herausgearbeitet. Das Analyseschema unternehmerischer Anpassungshandlungen wird zudem um Grundlagen strategischer Ausrichtung sowie um konkrete Strategieansätze zur Behebung handwerkstypischer Defizite ergänzt. Eine zusammenfassende Darstellung des theoretischen Bezugsrahmens und die Herleitung der Forschungsfragen beschließen Kapitel 3.

3.1 Das Entscheidungsmodell der verhaltens- und handlungstheoretischen Wirtschaftsgeographie als Grundlage einer Analyse unternehmerischer Entscheidungen

Wirtschaftliche Prozesse sind nicht nur an bestimmte Akteure wie Unternehmer und Arbeitskräfte gebunden, sondern auch an physische Orte geknüpft, an denen die von den Akteuren ausgehenden Prozesse des Handelns lokalisierbar sind (vgl. BATHELT/GLÜCKLER 2002: 10). Aufgrund der spezifischen Betroffenheit des **grenznahen** Handwerks von den Auswirkungen der EU-Erweiterung ist gerade die vorliegende Themenstellung ein Beispiel hierfür. Unternehmerische Aktivitäten werden durch die jeweiligen sozialen, kulturellen, politischen, technologischen und wirtschaftlichen Strukturen des räumlichen Umfelds beeinflusst, wirken umgekehrt aber auch an der Gestaltung dieser Strukturen mit. Dabei kann die Untersuchung raumrelevanter Handlungen[75] aus verschiedenen theoretischen Blickwinkeln erfolgen, denen neben unterschiedlichen Auffassungen über das Raum-Gesellschafts-Verhältnis auch ein jeweils unterschiedliches Menschenbild der ökonomisch Handelnden zugrunde liegt.

Der bis in die 80er Jahre die deutsche Wirtschaftsgeographie dominierende raumwirtschaftliche Ansatz, dessen Hauptziel die Formulierung von Raumgesetzen für ökonomische Strukturen und Prozesse ist, geht von dem aus der ökonomischen Theorie bekannten Menschenbild des „homo oeconomicus" aus. Auf Grundlage eines Entscheidungsmodells, das auf rationalem Verhalten und vollständiger Information über alle Umweltzustände beruht, werden vom wirtschaftlich handelnden Akteur nutzen- bzw. gewinnmaximierende oder kostenminimierende Entscheidungen getroffen (vgl. BATHELT/GLÜCKLER 2002: 23ff.).

In den 70er und 80er Jahren etablierte sich neben der Raumwirtschaftslehre eine sozialtheoretisch revidierte Geographie, die sowohl die Kausalrichtung, nach der räumliche Phänomene Ausgangspunkte für soziale und ökonomische Prozesse sind, als auch das Menschenbild des homo oeconomicus ablehnt (vgl. PRED 1967; PRED 1969; DOWNS 1970; HAAS ET AL. 1983)[76]. Den verschiedenen Ansätzen, die im angelsächsischen Sprachraum unter dem Begriff der „behavioral geography" zusammengefasst werden, ist gemein, dass sie räumliche Verteilungen als Randbedingungen bzw. Ergebnisse, nicht als Ausgangspunkt sozialer und ökonomischer Prozesse betrachten und das Handeln der Entscheidungsträger nur als subjektiv rational erachten. Das dieser beschränkten Rationalität zugrunde liegende Menschenbild des „satisfizers" ist durch ein räumlich und zeitlich eingeschränktes Informationsfeld, eine selektive Wahrnehmung der aus der Umwelt aufgenommenen Informationen, eine Bewertung der wahrgenommenen Informationen im Rahmen eines individuellen Präferenzsystems und die Zusammenfassung der verschiedenen Motive und Ziele zu einem individuellen An-

---

[75] Die Anpassungshandlungen grenznaher Handwerksbetriebe angesichts der veränderten Wettbewerbssituation sind als raumrelevant zu bezeichnen, da sich die Reaktion des regional bedeutsamen und auf den regionalen Markt ausgerichteten Handwerks über lokale Zuliefer-, Abnehmer-, Beschäftigungs- und Kooperationsbeziehungen unmittelbar auf den betroffenen (Grenz-) Raum auswirkt.

[76] Auch verschiedene Ansätze der Betriebswirtschaftslehre lösten sich vom Menschenbild des homo oeconomicus und gingen zu einer wirklichkeitsnäheren Betrachtungsweise über, die den Beschränkungen menschlicher Rationalität und der Motivvielfalt beim individuellen Streben nach Bedürfnisbefriedigung Rechnung trägt (vgl. HEINEN 1985: 981; SCHANZ 1990: 233).

spruchsniveau gekennzeichnet (vgl. SCHAMP 1983: 77f.). Die Gewinnmaximierung wird zugunsten einer am jeweiligen Anspruchsniveau orientierten Zielsetzung zurückgestellt, so dass Handlungsalternativen gewählt werden, die ein zufriedenstellendes (aber suboptimales) Ergebnis erbringen und mit anderen, nicht-ökonomischen Zielen kompatibel sind (vgl. BATHELT/GLÜCKLER 2002: 25). Im Mittelpunkt stehen Akteure und ihr Verhalten bzw. Handeln, insbesondere Unternehmen und deren Entscheidungsträger.

Im Rahmen der sozialtheoretisch revidierten Wirtschaftsgeographie wird mitunter zwischen dem verhaltensorientierten Ansatz und dem handlungsorientierten Ansatz unterschieden[77]. Charakteristisch für die **verhaltensorientierte** Herangehensweise ist die Verbindung des Entscheidungsverhaltens der Entscheidungsträger mit bestimmten Reizen und Stimuli unter Verwendung sog. „Stimulus-Response"-Modelle (vgl. BECK 1981: 120f.). Im Mittelpunkt der Betrachtung steht der Zusammenhang zwischen beobachtbaren Reizen aus der Umwelt (z.B. Informationen) und dem daraus resultierenden menschlichen Verhalten. Das darauf beruhende Schema von DOWNS 1970 zur Erklärung des Ablaufs menschlichen Verhaltens, das in Abbildung 2 dargestellt ist, gliedert sich in die Wahrnehmung von Informationen aus der realen Umwelt über die Sinnesorgane, ihre Einbindung in das bestehende Wertesystem, die Einordnung der bewerteten Informationen in das eigene Image und das Treffen einer Entscheidung, die ein objektiv beobachtbares Verhalten hervorruft oder die Suche nach neuen und ergänzenden Informationen[78] nach sich zieht (vgl. DOWNS 1970: 84f.).

---

[77] In vorliegender Arbeit werden die Begriffspaare „verhaltensorientiert" und „verhaltenstheoretisch" bzw. „handlungsorientiert" und „handlungstheoretisch" jeweils synonym verwendet. SCHAMP (1983: 78) unterscheidet zusätzlich zwischen dem verhaltensorientierten Ansatz, der das Entscheidungsverhalten des einzelnen Individuums betrachtet, und dem entscheidungsorientierten Ansatz, der den Entscheidungsprozess in Organisationen in den Mittelpunkt rückt. Da für die Fragestellung dieser Arbeit von einer weitgehend zentralisierten Entscheidung durch den handwerklichen Betriebsinhaber ausgegangen werden kann, wird fortan lediglich auf den verhaltensorientierten Ansatz Bezug genommen.

[78] Die Bedeutung der mitunter mehrstufigen Suche nach den notwendigen Informationen für den Entscheidungsprozess und das resultierende unternehmerische Verhalten betont auch WAGNER (1998: 130).

Abbildung 2: Schema des Verhaltensablaufs

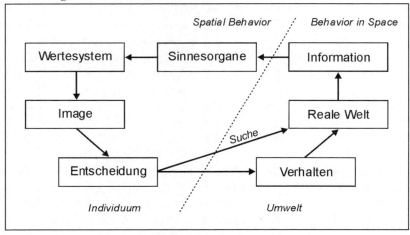

Quelle: in Anlehnung an DOWNS (1970: 85).

Auf Grundlage des skizzierten Entscheidungsmodells kann der Entscheidungs- und Verhaltensablauf in ein aktivitätsneutrales, im Inneren des Menschen ablaufendes Verhalten auf Basis selektiv wahrgenommener und individuell bewerteter Informationen („Spatial Behavior") und ein objektiv beobachtbares Verhalten mit räumlichen Auswirkungen („Behavior in Space") unterteilt werden (vgl. THOMALE 1974: 19; WIESSNER 1978: 421). Diese Unterscheidung soll die Erforschung und Erklärung des beobachtbaren Verhaltens erleichtern, indem die dem Unternehmerverhalten vorgeschalteten Wahrnehmungs-, Bewertungs- und Entscheidungsprozesse in den Mittelpunkt des Interesses gerückt werden.

Besondere Bedeutung als Teilbereich einer verhaltenstheoretischen Analyse raumrelevanter Handlungen besitzt der **wahrnehmungsorientierte** Ansatz, der die subjektiv wahrgenommene Realität als ausschlaggebend für menschliche Entscheidungsprozesse und resultierende Handlungen erachtet und mit Hilfe psychologischer Konzepte und Methoden untersucht (vgl. SCHRETTENBRUNNER 1974: 66). Die Wahrnehmung fungiert als Filter zwischen der realen Umwelt und der vom Entscheidungsträger als „real" angesehenen Umwelt, wobei allein letztere für die resultierenden Handlungen maßgeblich ist (vgl. HAAS ET AL. 1983: 10). Der Wahrnehmungsansatz der Wirtschaftsgeographie beschäftigt sich dabei nicht nur mit der Wahrnehmung räumlicher

Phänomene, sondern auch mit der Wahrnehmung von Ereignissen mit räumlichem Bezug[79]. Da menschliches Handeln auf der Rezeption und Bewertung der Wirklichkeit beruht, ist nicht die objektive Situation, sondern die subjektive Entschlüsselung der Informationen aus der Umwelt durch das menschliche Wahrnehmungsvermögen handlungsrelevant. Die Verarbeitung der selektiv wahrgenommenen Informationen basiert auf dem subjektiven Vorwissen und hängt von der jeweiligen Persönlichkeit ab. Diese wiederum wird maßgeblich von individualpsychologischen Eigenschaften wie Bedürfnissen, Erwartungen, Akzentuierung und Vertrautheit bestimmter Reizobjekte, aber auch von sozio-demographischen Determinanten wie Alter und Beruf beeinflusst (vgl. STAEHLE 1999: 197ff.).

Neobehavioristische Ansätze der Verhaltenswissenschaften, die verstärkt in die Wirtschaftswissenschaften Eingang finden, erweitern den beschriebenen „Stimulus-Response-Mechanismus" um die Komponente „menschlicher Organismus" zum „Stimulus-Organism-Response-Paradigma" (vgl. STAEHLE 1999: 154f.; NEULINGER 1992: 65f.)[80]. Im Rahmen dieser Ansätze wird davon ausgegangen, dass das Individuum die Umwelt nicht nur passiv rezipiert, sondern sich aktiv erschließt. Die bisherige „black box" zwischen Reiz und Reaktion – das Individuum – ist für eine Erklärung des Zusammenhangs zwischen Umweltstimuli und Verhalten maßgeblich. Auch für die empirische Untersuchung der vorliegenden Arbeit sind die im Handwerksbetrieb zentrale Rolle des Betriebsinhabers, seine Persönlichkeit, seine unternehmerischen Eigenschaften sowie die Wahrnehmung und Interpretation seiner Umwelt von großem Interesse[81]. In Abhängigkeit davon, ob seitens des Handwerkers die veränderten Rahmenbedingungen als Bedrohung oder als Chance begriffen werden, ist eine eher defensive und auf bloße Erhaltung des Bestehenden gerichtete oder aber eine offensive, die veränderte Situation aktiv gestaltende Reaktion zu erwarten.

---

[79] Vgl. etwa JENTSCH (2001: 5ff.), der seiner Untersuchung zu den möglichen Auswirkungen der EU-Erweiterung auf das Handwerk im Landkreis Wunsiedel im Fichtelgebirge eine wahrnehmungsgeographische Betrachtungsweise zugrunde legt.

[80] MUGLER (1998: 23ff.) betont die Bedeutung persönlichkeitsorientierter Ansätze für die Erklärung der Entwicklung von Unternehmen und verweist auf die Zusammenhänge zwischen verhaltensdeterminierenden Faktoren und resultierendem Verhalten in Abhängigkeit vom jeweiligen Individuum.

[81] Auf die Bedeutung der selektiven Wahrnehmung und der verschiedenartigen Interpretation der Wirklichkeit durch strategische Entscheidungsträger in Unternehmen verweist auch OCASIO (1997: 187ff.).

3 Verhaltens- und handlungsorientierte Betrachtung der Anpassungsstrategien grenznaher Handwerksbetriebe

Der v.a. von WERLEN und SEDLACEK vertretene **handlungstheoretische** Ansatz sozialgeographischer Forschung rückt als zentralen Theoriebegriff das „Handeln" anstelle des „Verhaltens" in den Mittelpunkt des Interesses (vgl. SEDLACEK 1998: 63ff.). Der Unterschied zwischen beiden Begrifflichkeiten ergibt sich für WERLEN daraus, dass menschliches Tätigwerden aus dem unmittelbaren Reiz-Reaktions-Bezug herausgelöst und damit als bewusst ablaufender, absichtlich auf ein Ziel hin entworfener Akt angesehen wird (vgl. WERLEN 1997: 36ff.; WERLEN 2000: 317ff.). Das menschliche Tun ist demnach, zusätzlich zur Reflexivität, auch durch Intentionalität gekennzeichnet, von einem Zweck bestimmt und wird vom Akteur selbst durch dessen Wert- und Sinnkonfigurationen gesteuert (vgl. WEICHHART 1986: 86; WERLEN 1986: 68)[82]. Für die Analyse strategischer Anpassungsmaßnahmen von Betrieben erscheint eine Einbeziehung der Perspektive der Handlungstheorie geeignet, um Handlungen von Akteuren zu untersuchen, die ihre Tätigkeiten bewusst ausführen und auf ein Ziel hin entwerfen.

Der empirischen Untersuchung dieser Arbeit liegt somit eine Perspektive zugrunde, die den verhaltenstheoretischen Ansatz um Aspekte einer wahrnehmungsorientierten sowie handlungsorientierten Herangehensweise ergänzt. Ziel ist, der Bedeutung der subjektiven Wahrnehmung der Problemsituation für die betriebliche Reaktion Rechnung zu tragen und zugleich die Handlungen von Entscheidungsträgern als Grundlage jeder Anpassungsstrategie in den Mittelpunkt der Betrachtung zu rücken.

Im Rahmen zahlreicher wirtschaftsgeographischer Untersuchungen wurde das Schema des Verhaltensablaufs von DOWNS 1970 zu dem in Abbildung 3 skizzierten Analysemodell unternehmerischer Anpassungshandlungen erweitert[83]. Dieser Bezugsrahmen wird auch der empirischen Untersuchung dieser Arbeit zugrunde gelegt, um theoretische Fundierung und empirische Umsetzbarkeit zu verbinden.

---

[82] Inwieweit in Anbetracht der obigen Ausführungen zu den neobehavioristischen Ansätzen der Verhaltenswissenschaften, die explizit auf die aktive Erschließung der Umwelt durch das Individuum und den Einfluss des menschlichen Organismus auf die resultierenden Handlungen verweisen, eine trennscharfe Abgrenzung der handlungstheoretischen von der verhaltenstheoretischen Perspektive möglich ist, soll an dieser Stelle nicht weiter diskutiert werden.

[83] Vgl. beispielsweise HAAS/FLEISCHMANN (1991: 17), HAAS (1994: 277) oder SCHARRER (2000: 94). Die einzelnen Bestandteile des Modells – etwa die Unterscheidung in interne und externe Einflussfaktoren – werden nachfolgend genauer erläutert. Der Aussage von SCHAMP (2003: 146), wonach der verhaltensgeographische Ansatz in den 70er Jahren nur ein kurzes Zwischenspiel geblieben sei, muss mit Bezug auf die oben genannten Veröffentlichungen deutlich widersprochen werden.

Abbildung 3: Analyseschema unternehmerischer Anpassungshandlungen

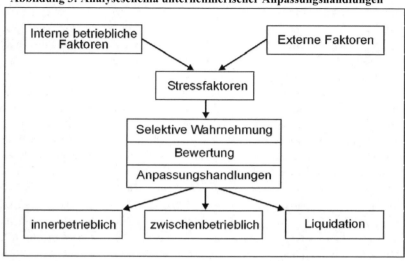

Quelle: in Anlehnung an HAAS *(1994: 277).*

Das Analyseschema wird anhand der nachfolgenden Ausführungen um Aspekte der Strategieentwicklung und strategischen Ausrichtung kleinbetrieblich strukturierter Unternehmen sowie um konkrete Ansatzpunkte zur Behebung handwerkstypischer Defizite ergänzt und an die spezifische Problemstellung angepasst.

3.2 Die Strategieentwicklung in kleinbetrieblich strukturierten Unternehmen

Angesichts zunehmend komplexer und dynamischer Markt- und Wettbewerbsprozesse sowie steigender Unsicherheit der ökonomischen Rahmenbedingungen besteht die aktuelle Herausforderung für viele Unternehmen darin, sich durch vorausschauende Ausrichtung der Unternehmensführung auf diese Veränderungen einzustellen (vgl. HERDZINA/BLESSIN 1996: 15). Gerade für Unternehmen im Grenzraum stellt die EU-Erweiterung eine wesentliche Veränderung der Rahmenbedingungen dar und verlangt die Entwicklung betrieblicher Strategien und ihre Umsetzung in konkrete unternehmerische Anpassungshandlungen, um die resultierenden Chancen zu nutzen bzw. die Ri-

3 Verhaltens- und handlungsorientierte Betrachtung der Anpassungsstrategien grenznaher Handwerksbetriebe

siken, die bis hin zur Bedrohung der Unternehmensexistenz reichen, zumindest zu begrenzen.

Im Mittelpunkt der nachfolgenden Ausführungen stehen daher die Grundlagen innerbetrieblicher Strategiegenese. Zunächst soll das Strategieverständnis der vorliegenden Arbeit konkretisiert werden, ehe auf die Besonderheiten der Strategiegenese in kleinbetrieblich strukturierten Unternehmen eingegangen wird[84]. Das Ziel dieses Unterkapitels ist dabei, obiges Analyseschema unternehmerischer Anpassungshandlungen (vgl. Abbildung 3) um die Spezifika der Strategieentwicklung kleinbetrieblich strukturierter Unternehmen zu ergänzen und dadurch Einflussfaktoren und Ausgestaltung des unternehmerischen Entscheidungsprozesses zu konkretisieren.

3.2.1 Strategiebegriff und Sichtweisen innerbetrieblicher Strategieentwicklung

Der Begriff der „Strategie", der eine lange Tradition aufweist und ursprünglich militärische Bedeutung hatte, ist sehr vielschichtig und in hohem Maße interdisziplinär geprägt[85]. MINTZBERG betont daher die Notwendigkeit verschiedener Herangehensweisen an den Strategiebegriff und unterscheidet im Rahmen seiner „5-P-Klassifizierung" fünf sich ergänzende inhaltliche Kategorien, die einzelne Bedeutungsinhalte strategischen Verhaltens in den Mittelpunkt rücken. Demnach kann – je nach Sichtweise – Strategie als Handlungsabsicht („plan"), Manöver zur Bezwingung eines Gegners („ploy"), widerspruchsfreies Verhaltensmuster („pattern"), Positionierung einer Organisation in ihrer Umwelt („position") oder Sichtweise und Interpretation der Welt („perspective") verstanden werden (vgl. MINTZBERG 1987: 11ff.; MUGLER 1993: 97). Die verschiedenen Ansätze, die jeweils unterschiedliche Aspekte betonen, stimmen darin überein, dass strategisches Denken auf der Untrennbarkeit der

---

[84] Die nachfolgenden Ausführungen zu Strategieentwicklung und Entscheidungsprozessen berücksichtigen auf Grundlage der einschlägigen KMU-Literatur die Besonderheiten kleiner und mittlerer Unternehmen. Diese sind grundsätzlich auch auf die Situation im Handwerk übertragbar, da Handwerksunternehmen in ihrer großen Mehrzahl kleinbetrieblich strukturiert sind und im Hinblick auf die Unternehmensführung die allgemeinen Charakteristika von KMU aufweisen. Handwerkstypische Besonderheiten wie die stärkere Technikprägung in Ausbildung und Betriebsführung sowie häufigere Defizite im kaufmännischen Bereich können an dieser Stelle vernachlässigt werden. Zur Abgrenzung handwerklicher Unternehmensführung von der Unternehmensführung in KMU vgl. ZDROWOMYSLAW/DÜRIG (1999: 13f.).

[85] Ein kurzer Überblick über verschiedene Abgrenzungen des Strategiebegriffs im Rahmen der Wirtschaftswissenschaften findet sich bei KUTSCHKER/SCHMID (2002: 790).

Organisation und ihrer Umwelt beruht, sich auf verschiedenen betrieblichen Ebenen vollzieht und aufgrund ständig neuer Umweltkonstellationen komplex und nichtrepetitiv ist[86].

Gerade im Hinblick auf die Unternehmenspraxis kleinbetrieblich strukturierter Unternehmen, auf die die Fragestellung dieser Arbeit ausgerichtet ist, erscheint ein ganzheitliches Strategieverständnis geboten. Dies bedeutet zum einen, dass Strategieformulierung und Strategieimplementierung als zusammengehörig begriffen werden[87]. Zum anderen ist die Unternehmung in ihrem strategischen Verhalten als Gesamtheit zu betrachten und nicht in ihre betrieblichen Funktionalbereiche zu untergliedern, um funktionsübergreifende Anpassungsmuster herauszuarbeiten.

Gerade für die Analyse von Anpassungshandlungen kleinbetrieblicher Handwerksunternehmen erscheint wesentlich, dass Strategien nicht nur als ausformulierte und schriftlich festgehaltene Pläne verstanden werden. Neben bewusst geplanten Maßnahmenbündeln sollen auch emergente, ungeplante Handlungs- und Entscheidungsmuster, die sich als Reaktionen auf Strukturen des Unternehmensumfelds ergeben, von dem dieser Arbeit zugrunde liegenden Strategieverständnis erfasst werden[88]. Der gewählte Strategiebegriff beinhaltet rationale Elemente wie Planung und Vorausschau, setzt diese aber nicht als zwingend voraus. Im Hinblick auf die Entscheidungsstrukturen in KMU erscheint dieses breite Verständnis von Strategie zielführend, um sämtliche – ggf. auch irrational wirkende – unternehmerische Handlungsweisen zu erfassen (vgl. WELTER 2003b: 31).

Sowohl die wirtschaftsgeographischen Modelle unternehmerischer Anpassungshandlungen als auch verschiedene Denkschulen des Strategischen Managements unterscheiden dabei die (unternehmens-)interne und die (unternehmens-)externe Sphäre. So betrachtet etwa die **Designschule** – die einflussreichste Denkschule auf dem Gebiet der Strategieentwicklung – die Anpassung der internen Fähigkeiten an die externen Möglichkeiten als Kernbereich strategischen Verhaltens[89]. Auf Grundlage einer Ein-

---

[86] Einen Überblick über Bereiche der Übereinstimmung verschiedener Strategiebegriffe gibt CHAFFEE (1985: 89f.).

[87] Zu den Schwierigkeiten einer Trennung von Strategieformulierung und Strategieimplementierung in Theorie und Praxis vgl. SCHMITT (1997: 3130ff.).

[88] Auf die Bedeutung emergenter Strategieentwicklung gerade in kleinbetrieblich strukturierten Unternehmen wird nachfolgend noch genauer eingegangen.

[89] Während SELZNICK 1957 in seinem Standardwerk „Leadership in Administration" insbesondere auf die Notwendigkeit verweist, innere Struktur des Unternehmens und Erwartungen des Umfelds in Ein-

3 Verhaltens- und handlungsorientierte Betrachtung der Anpassungsstrategien grenznaher Handwerksbetriebe

schätzung der internen und externen Situation sollen die Stärken und Schwächen des eigenen Unternehmens sowie die Bedrohungen und Chancen in der Umgebung herausgearbeitet und unter Berücksichtigung der Wertvorstellungen der Unternehmensleitung bzw. der ethischen Grundsätze der Gesellschaft in eine geeignete Strategie umgesetzt werden (vgl. MINTZBERG ET AL. 1999: 40f.). In Anlehnung an die Anfangsbuchstaben der vier Analysebestandteile Stärken („strengths"), Schwächen („weaknesses"), Chancen („opportunities") und Risiken („threats") spricht man von der SWOT-Analyse (vgl. KUTSCHKER/SCHMID 2002: 808)[90]. Im Mittelpunkt der Strategiegenese steht der „Strategic Fit", also das Zueinanderpassen der Ressourcen des Unternehmens und der Umfeldbedingungen (vgl. VENKATRAMAN/CAMILLUS 1984: 513ff.). Abbildung 4 gibt die Zusammenhänge graphisch wieder.

Der Unterschied zwischen dem Grundschema der Designschule und dem Analyseschema unternehmerischer Anpassungshandlungen in Anlehnung an HAAS liegt – trotz ähnlichen Aufbaus – in der Betrachtungsweise des (strategischen) Handelns des Unternehmens bzw. Entscheidungsträgers. Während im Analyseschema unternehmerischer Anpassungshandlungen das Tätigwerden betrieblicher Entscheidungsträger aufgrund subjektiv wahrgenommener und individuell bewerteter Veränderungen interner und externer Einflussfaktoren ex post analysiert wird, erfolgt im Grundschema der Designschule des Strategischen Managements eine zukunftsorientierte, normative Betrachtung, die aufzeigen will, wie Strategieentwicklung im Unternehmen vernünftigerweise ablaufen sollte, um den bestmöglichen Erfolg zu erzielen (vgl. MUGLER 1993: 106). Dafür werden die eigenen Stärken und Schwächen sowie die Chancen und Risiken des Umfelds analysiert und daraus verschiedene Strategiealternativen identifiziert, von denen dann die beste ausgewählt und umgesetzt wird.

---

klang zu bringen, betont CHANDLER 1962 in „Strategy and Structure", dass die Unternehmensstruktur immer der Unternehmensstrategie zu folgen hat und von ihr bestimmt werden sollte.

[90] Die anhaltend große Bedeutung der SWOT-Analyse für die Unternehmenspraxis auch im Handwerksbereich zeigt sich darin, dass auch Handwerkskammern im Rahmen ihrer Betriebsberatungen für eine Ersteinschätzung der betrieblichen Situation des betreffenden Unternehmens dieses Analyseinstrument einsetzen.

Abbildung 4: SWOT-Analyse

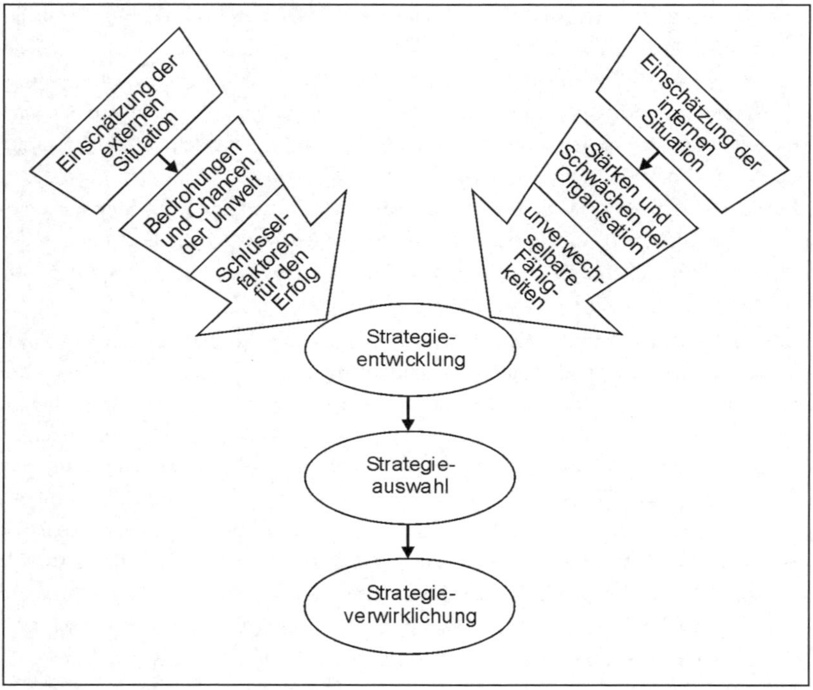

[Diagramm: Einschätzung der externen Situation → Bedrohungen und Chancen der Umwelt → Schlüsselfaktoren für den Erfolg; Einschätzung der internen Situation → Stärken und Schwächen der Organisation → unverwechselbare Fähigkeiten; beide führen zu Strategieentwicklung → Strategieauswahl → Strategieverwirklichung]

Quelle: in Anlehnung an MINTZBERG ET AL. *(1999: 41).*

Für die empirische Untersuchung strategischer Anpassungshandlungen kleinbetrieblich strukturierter Unternehmen an ein verändertes Umfeld erscheint ein verhaltens- bzw. handlungsorientiertes Analyseschema als übergeordneter Bezugsrahmen geeignet, da es dem eher deskriptiven Charakter der Untersuchung entspricht. Zudem geht das Modell der Designschule von verschiedenen Prämissen aus, die nicht mit dem weit gefassten Strategiebegriff der vorliegenden Arbeit in Einklang stehen. Die Designschule betrachtet Strategieentwicklung ausschließlich als überlegten, bewussten Prozess menschlichen Denkens, der wenig Raum für schrittweise Ansätze oder sich herausbildende Strategien lässt. Ferner wird streng zwischen Denken und Handeln, also

3 Verhaltens- und handlungsorientierte Betrachtung der Anpassungsstrategien grenznaher Handwerksbetriebe

der Formulierung von Strategien und ihrer nachgelagerten Implementierung unterschieden[91].

Das tatsächliche strategische Verhalten kann aber gerade in kleinbetrieblich strukturierten Unternehmen nicht ausschließlich als planerischer, vorausschauender und der Implementierung vorgelagerter Prozess betrachtet werden, sondern resultiert vielfach aus der Umsetzung operativer Entscheidungen, deren Abfolge bestenfalls im Rückblick eine Strategie erkennen lässt. Hierin zeigt sich ein wesentlicher Unterschied zur Strategieentwicklung in Großunternehmen, die durch den Einsatz von Stabsabteilungen, externen Beratungsunternehmen usw. gekennzeichnet ist und daher einen erheblich höheren Formalisierungsgrad aufweist.

Doch auch in Unternehmen mit höherem Formalisierungsgrad der Strategieentwicklung sind emergente – also nicht von vornherein beabsichtigte – Entscheidungs- und Handlungsmuster von Bedeutung. Die Unterscheidung in **bewusste** (oder deliberate) Strategien – also am sprichwörtlichen Reißbrett geplante und anschließend im Unternehmen umgesetzte Maßnahmenbündel – und **emergente** Strategien, die sich als Muster in einem Strom von Entscheidungen und Handlungen der Unternehmung rückblickend ergeben, geht auf MINTZBERG zurück (vgl. MINTZBERG 1978: 945)[92]. Die Emergenz von Strategien resultiert aus den Grenzen der Planbarkeit unternehmerischer Prozesse, die wiederum eine Folge der Komplexität und Unsicherheit der Umwelt, der Interdependenz unternehmerischer Entscheidungsprozesse und der begrenzten Problemlösungskapazität der Entscheidungsträger sind (vgl. KUTSCHKER/SCHMID 2002: 799f.).

Wichtiges Merkmal der Emergenz von Strategieverläufen ist das Auftauchen neuartiger Strukturen bzw. Muster sowie der Übergang zu komplexeren Ebenen im Zuge einer nicht-linearen Strategiegenese. Der Strategiebegriff wird so vom Planungsgedanken gelöst und in eine stärker prozessuale Perspektive übertragen[93]. Der heuristi-

---

[91] Einen Überblick über die einschränkenden Prämissen der Designschule gibt MINTZBERG ET AL. (1999: 43ff.).

[92] NODA/BOWER (1996: 159f.) geben einen Überblick über die Literatur zur emergenten Strategieentwicklung.

[93] Dieser Ansatz wurde im Rahmen einer eigenen Denkschule des Strategischen Managements weiterentwickelt, die die Frage nach dem tatsächlichen Entstehen von Strategien in Organisationen in den Mittelpunkt des Interesses rückt. Die so entstandene „Lernschule" betont, dass Strategieentwicklung ein sich herausbildender Prozess ist, der sich aus einer Vielzahl kleiner Handlungen und Entscheidungen unterschiedlicher Akteure ergibt. Wichtiges Merkmal dieser Denkschule ist ihr stark deskriptiver Charakter. Für einen Überblick zur „Lernschule" vgl. MINTZBERG ET AL. (1999: 203 ff.).

sche Wert des Emergenzbegriffs für die Strategieentwicklung liegt darin, dass er durch die Beschreibung neuartiger Muster und die Analyse der Phasenübergänge von Handlungen zu Handlungsstrukturen die Entwicklung individuellen unternehmerischen Handelns von einfachen hin zu komplexeren Strukturen thematisiert (vgl. WELTER 2003b: 34ff.)[94]. Die Klassifizierung von MINTZBERG 1978, die neben den realisierten, aber nicht intendierten (also emergenten) Strategien sowie den realisierten und intendierten (also bewussten) Strategien auch intendierte, aber nicht realisierte Strategien umfasst, wird in Abbildung 5 nochmals überblicksartig dargestellt.

Abbildung 5: Emergente und deliberate Strategieverläufe

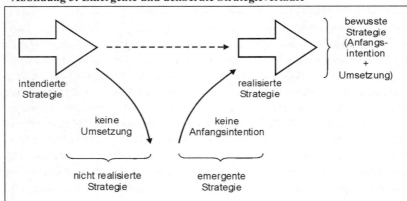

Quelle: MINTZBERG (1978: 945).

Es erscheint für die empirische Untersuchung grenznaher Handwerksbetriebe von wesentlicher Bedeutung, dass Strategien nicht nur auf formaler Analyse und expliziter Zielformulierung basieren, sondern sich auch als Folge von (möglichst konsistenten) operativen Einzelentscheidungen ergeben[95]. Dabei werden gerade die Strategieverläufe von KMU sehr unterschiedlich bewertet. Die Bandbreite der Meinungen reicht von

---

[94] Weitere mit dem Begriff „Emergenz" in Zusammenhang stehende Aspekte von Strategieverläufen sind die Selbstorganisation als möglicher Weg, Neues entstehen zu lassen, sowie die Selbstreferenz, die auf der Pfadabhängigkeit von Handlungen und Strategien sowie ihrer Beeinflussbarkeit durch Lernprozesse beruht. Vgl. zusammenfassend WELTER (2003a: 86ff.) sowie vertiefend zum Emergenzbegriff bzw. den emergentistischen Theorien STEPHAN (1999: 3ff.).

[95] Zum Misstrauen kleiner und mittlerer Unternehmen gegenüber strategischer Planung vgl. FRETER (1983: 32).

3 Verhaltens- und handlungsorientierte Betrachtung der Anpassungsstrategien grenznaher Handwerksbetriebe

Anerkennung für die „hidden champions" bis zur Konstatierung einer teilweisen Strategieunfähigkeit von KMU (vgl. SIMON 1996: 12ff. bzw. WILKENS/BRUSSIG 2003: 39).

Die empirisch beobachtbaren Handlungsweisen von KMU lassen sich dabei einem Kontinuum zwischen agierender und reagierender Strategiegenese, zwischen Gestaltung und Improvisation zuordnen, wobei der jeweilige Strategieverlauf in starkem Maße von den individuellen Lernprozessen des Unternehmers mitbestimmt wird (vgl. WELTER 2003b: 40) Im Rahmen einer **gestaltenden** Strategiegenese ist der Unternehmer auch unabhängig vom Umfeld bestrebt, die gewählte Strategie aktiv zu verbessern und weiterzuentwickeln. Dabei erfolgt die Überprüfung der jeweiligen Handlungsmuster auch hier nicht notwendigerweise als extern erkennbarer formaler Prozess, sondern mitunter intuitiv auf Grundlage des strategischen Bewusstseins des Unternehmers. Der **improvisierende** Strategiestil wird eher mit kleinbetrieblich strukturierten Unternehmen und informellen Entscheidungsstrukturen in Zusammenhang gebracht[96] und basiert auf der Erprobung und Erlernung adäquater Handlungsmuster in einem Versuchs-Irrtums-Prozess. Insbesondere KMU, die sich in einem ungewohnten bzw. unsicheren Umfeld befinden, neigen demnach zu improvisierendem bzw. reagierendem strategischen Verhalten (vgl. WELTER 2003b: 42).

Kreativ-reagierendes bzw. improvisierendes unternehmerisches Handeln kann trotz Spontaneität perspektivisch und zukunftsgerichtet sein (vgl. WELTER 2003b: 41)[97]. KIRSCH prägte hierfür den Begriff des „Durchwurstelns", der ein – mitunter sehr erfolgreiches – unternehmerisches Handeln beschreibt, das auf Fingerspitzengefühl und Intuition basiert und sich von Kurzfrist-Entscheidung zu Kurzfrist-Entscheidung vorwärts tastet (vgl. KIRSCH 1983: 153ff.).

WELTER weist jedoch darauf hin, dass in der Mehrzahl der Klein- und Mittelbetriebe eher Mischtypen der Strategiegenese anzutreffen sind und reagierende und agierende Phasen einander abwechseln können (vgl. WELTER 2003b: 42ff.). Gerade Umbruchsituationen, in denen das bisherige Instrumentarium betrieblicher und unternehmerischer Handlungsmuster nicht mehr auszureichen droht, sind tendenziell dadurch

---

[96] CHICHA ET AL. (1990 : 190f.) weisen in diesem Zusammenhang darauf hin, dass gerade in Unternehmen von geringer Größe eine besonders enge Verknüpfung zwischen strategischen und operativen Entscheidungen besteht.

[97] BARRETT (1998: 605ff.) gebraucht in diesem Zusammenhang die Jazzmusik als Metapher, um die Bedeutung von Kreativität und Improvisation für organisationale Lernprozesse und betriebliche Strategieentwicklung herauszuarbeiten.

gekennzeichnet, dass im Rahmen einer aktiveren Strategiegenese bisher gewählte Lösungen in Frage gestellt und alternative Lösungsmöglichkeiten gesucht werden[98]. Neben krisenhaften Impulsen kann der Wechsel hin zu einem agierenden strategischen Verhalten jedoch auch durch schrittweise Lernprozesse des Unternehmers ausgelöst werden. Generell gilt, dass sich Handlungsmuster bei positiver Bestätigung aus dem Unternehmensumfeld im Zeitablauf verfestigen, unabhängig davon, ob sie bewusst gewählt worden sind oder sich situativ ergeben haben.

Unabhängig von der Größe der Betriebe und der Art der Strategiegenese ist die Entwicklung unternehmerischer (Anpassungs-)Strategien stets ein multidimensionaler und vielschichtiger Prozess, der Elemente von rationaler Analyse, Intuition, Erfahrung und Emotion als wesentliche Bestandteile vereint (vgl. GRANT 2002: 27). Zudem wird der Prozess der Strategieentwicklung auch vom betrieblichen bzw. branchenspezifischen Hintergrund des Unternehmens bestimmt und kann nicht unabhängig von diesem betrachtet werden. Auf die konkreten Strategieansätze zur Stärkung der Wettbewerbsfähigkeit des grenznahen Handwerks bzw. zur Behebung handwerkstypischer Defizite wird in Kapitel 3.3.2 genauer eingegangen.

3.2.2 Der strategische Entscheidungsprozess in kleinbetrieblich strukturierten Unternehmen

3.2.2.1 Binnen- und Außenperspektive des Unternehmens als Ausgangspunkt des strategischen Entscheidungsprozesses

Die Handlungsmöglichkeiten einer betrieblichen Anpassung an veränderte Rahmenbedingungen ergeben sich – unabhängig von der Art der unternehmensinternen Strategieentwicklung – aus dem Zusammenspiel von Umweltbedingungen, also externen Einflussfaktoren, und Charakteristika des eigenen Unternehmens, also internen Einflussfaktoren. Ausgangspunkt sind dabei die wahrgenommenen Verschiebungen des Chancen-Risiken-Gefüges des Unternehmens[99]. Die Zweiteilung in eine Binnenperspektive betrieblicher Ressourcen, Fähigkeiten und Kompetenzen sowie eine Außenperspektive der Umweltbedingungen spiegelt wider, dass nur die Unterneh-

---

[98] WELTER (2003a: 104ff.) zeigt dies anhand der Strategieentwicklung von KMU, die in Ländern im Übergang von Planwirtschaft zu Marktwirtschaft tätig sind. Zu den besonderen Anforderungen an das Management von Unternehmenskrisen vgl. PÜMPIN/PRANGE (1991: 204ff.).

[99] Vgl. hierzu die Modelle unternehmerischer Anpassungshandlungen bei HAAS/FLEISCHMANN (1986: 305), HAAS (1994: 277) sowie SCHARRER (2000: 94).

mensumwelt – im Gegensatz zu den unternehmensinternen Einflussgrößen – als exogen vorgegeben betrachtet wird[100].

Externe Einflussfaktoren sind Bedingungen des Unternehmensumfelds, die vom betrieblichen Entscheidungsträger nicht direkt beeinflusst werden können[101]. Das Unternehmensumfeld ist durch die Interaktionen mit anderen Akteuren, z.B. Lieferanten, Mitarbeitern, Kapitalgebern oder Abnehmern[102], geprägt und kann in Faktoren der Makro- und Mikroumwelt unterteilt werden. Wesentliche Elemente der Makroumwelt eines Unternehmens sind (vgl. POWER ET AL. 1986: 38):

➢ **sozio-kulturelle** Umfeldbedingungen, etwa Bevölkerungstrends und ihre Auswirkungen auf Produktnachfrage, Produktgestaltung und Vertrieb,

➢ **politische** Umfeldbedingungen, etwa gesetzliche Rahmenbedingungen und ihre Auswirkungen auf die Produktionskosten, sowie

➢ **gesamtwirtschaftliche** Umfeldbedingungen, etwa veränderte Wechselkurse und ihre Auswirkungen auf die In- und Auslandsnachfrage.

Bedeutende Elemente der Mikroumwelt eines Unternehmens sind hingegen (vgl. POWER ET AL. 1986: 38):

➢ **wettbewerbliche** Umfeldbedingungen, etwa das Auftreten neuer Konkurrenten und die resultierenden Auswirkungen auf Marktanteile, Preise und Deckungsbeiträge,

➢ Umfeldbedingungen auf der **Beschaffungsseite**, etwa die Beziehungen zu Lieferanten und die resultierenden Auswirkungen auf Kosten und Verfügbarkeit von Vorprodukten, sowie

➢ Umfeldbedingungen des **Marktes**, etwa neue Produktanwendungen und ihre Auswirkungen auf Nachfrage und Kapazitätsnutzung.

---

[100] Mitunter wird in der Literatur eine gegenteilige Meinung vertreten und die Trennung in unternehmensinterne und -externe Faktoren mit der Begründung abgelehnt, dass Unternehmen fähig sind, ihre Umwelt zu beeinflussen. SEIBERT (1987: 255) etwa betont auf Grundlage einer empirischen Untersuchung der Fördertechnikindustrie, dass auch mittelgroße Unternehmen ihre situativen Rahmenbedingungen durch Innovationen u.ä. aktiv verändern können. Dem ist vor dem Hintergrund der Fragestellung dieser Arbeit nicht zuzustimmen, da für den Untersuchungsgegenstand des (kleinbetrieblich strukturierten) Handwerks eventuelle Einflussmöglichkeiten des einzelnen Betriebs auf das Unternehmensumfeld vernachlässigt werden können.

[101] Zur Bedeutung einer kontinuierlichen Umweltbeobachtung und -analyse für die Wahl einer angemessenen Wettbewerbsstrategie und den Unternehmenserfolg in kleinbetrieblich strukturierten Unternehmen vgl. ausführlich BEAL (2000: 27ff.).

[102] STAEHLE (1999: 624) spricht in diesem Zusammenhang von den vier unmittelbaren Umweltsystemen Beschaffungsmarkt, Arbeitsmarkt, Geld- und Kapitalmarkt sowie Absatzmarkt.

Für viele grenznahe Handwerksbetriebe ändern sich mit der zunehmenden wirtschaftlichen Integration der MOEL im Zuge der EU-Erweiterung zumindest mittelfristig wesentliche Umfeldbedingungen sowohl auf der Mikro- als auch auf der Makroebene. Grenzöffnung und Marktintegration haben insbesondere auf rechtliche Rahmenbedingungen, Nachfrageentwicklungen, Wettbewerbssituation und Beschaffungsmöglichkeiten im Grenzraum unmittelbare Auswirkungen[103].

Das Ausmaß der Betroffenheit des einzelnen Unternehmens hängt jedoch von verschiedenen Kriterien wie Werkstattgebundenheit, Lohnkostenintensität und Absatzraum der Leistung ab (vgl. Kapitel 2.1.3). Wesentlich für die Problemstellung dieser Arbeit ist zudem, dass die durch die EU-Erweiterung veränderten Rahmenbedingungen im Grenzraum von allgemeinen Entwicklungstrends auf handwerksrelevanten Märkten, etwa der zunehmenden Konkurrenz durch großbetriebliche Industrie- und Handelsunternehmen oder der zunehmenden Eigenerstellung durch die Kunden im Rahmen des „Do it yourself", überlagert werden (vgl. Kapitel 1.2.2).

Interne Einflussfaktoren ergeben sich aus den Rahmenbedingungen im Unternehmen selbst, insbesondere den betrieblichen Fähigkeiten und Ressourcen. Hierbei kann grundsätzlich zwischen **Leistungspotenzialen**, etwa dem Produkt- und Dienstleistungsangebot, der Art und Weise der Leistungserstellung, den Know-how-, Kooperations- und Kommunikationsmöglichkeiten, dem Personalbereich oder dem Finanzierungsbereich, und **Führungspotenzialen**, etwa der Unternehmenskultur und der Führungsstruktur, unterschieden werden (vgl. HERDZINA/BLESSIN 1996: 19f.). Eine genauere Kategorisierung, die speziell für Klein- und Mittelbetriebe entwickelt wurde, identifiziert fünf Gruppen von internen Einflussfaktoren, die das Entwicklungspotenzial des Unternehmens – und damit die Möglichkeiten einer strategischen Anpassung – bestimmen (vgl. GIBB/SCOTT 1985: 608ff.):

- das **Ressourcenpotenzial**, das insbesondere die finanzielle Ausstattung des Unternehmens, die verwendete Technologie, das Sachanlagevermögen, das im Betrieb vorhandene Humankapital sowie das Produktportfolio beinhaltet,
- das **Potenzial an Erfahrungswerten**, das die Breite der bisherigen Erfahrungen mit Produkten und Kunden, der Entwicklung neuer Produkte, der Aufbringung des nötigen Kapitals sowie der Zusammenarbeit mit externen Dienstleistern umfasst,

---

[103] Daraus resultieren für Handwerksunternehmen im Grenzraum auch positive Veränderungen der Mikro- bzw. Makroumwelt, etwa eine verstärkte Nachfrage nach qualitativ hochwertigen Handwerksleistungen in den neuen EU-Mitgliedsstaaten oder die leichtere Verfügbarkeit qualifizierter Fachkräfte aus den MOEL.

3 Verhaltens- und handlungsorientierte Betrachtung der Anpassungsstrategien grenznaher Handwerksbetriebe

➢ das **Steuerungspotenzial**, das durch die Schnelligkeit und Klarheit der Entscheidungsprozesse, die Organisationsstruktur und den Formalisierungsgrad der betrieblichen Planung gekennzeichnet ist,

➢ das **Führungspotenzial**, das die persönlichen Ziele des Unternehmers, den Einfluss der Familie, die Aufgabenverteilung in der Führung, Fähigkeit und Einstellung der Unternehmensleitung sowie die Verteilung von Eigentums- und Führungsfunktion umfasst[104], sowie

➢ das **Ideenpotenzial**, das sich aus der Anzahl der Ideen für Produktentwicklungen, dem Entwicklungsstadium dieser Ideen und der Planung zur Verwertung des Potenzials neuer Produkte zusammensetzt.

Diese Kategorisierung berücksichtigt die Bedeutung der (schwer erfassbaren) immateriellen Ressourcen des Unternehmens, die sich etwa im betrieblichen Humankapital, den Erfahrungswerten im Kunden- und Lieferantenkontakt und dem Ideenpotenzial für die Produktentwicklung konkretisieren[105]. Generell ist zu beachten, dass die internen Faktoren im Rahmen einer Analyse der betrieblichen Ausgangssituation nicht isoliert voneinander, sondern in ihrer Gesamtheit betrachtet werden sollten (vgl. SCHARRER 2000: 69). So beinhaltet die obige Kategorisierung von GIBB/SCOTT verschiedene Wechselwirkungen, etwa zwischen dem betrieblichen Ressourcenpotenzial, dem Ideenpotenzial und dem Potenzial an Erfahrungswerten im Unternehmen oder zwischen dem Steuerungspotenzial und dem Führungspotenzial.

Das grenznahe Handwerk hat für eine geeignete betriebliche Reaktion auf veränderte Rahmenbedingungen insbesondere das Ressourcenpotenzial, also die jeweilige finanzielle und personelle Ausstattung, zu berücksichtigen. Dieses bestimmt die Umsetzbarkeit möglicher (offensiver) Anpassungshandlungen, etwa in Form einer offensiven Markterschließung in Richtung MOEL. Doch auch das Führungs- und das Steuerungspotenzial, insbesondere die Fähigkeit der Unternehmensführung, angesichts strategischer Herausforderungen die (gerade im Handwerk verbreitete) Überbetonung des operativen Geschäfts zu überwinden, stellen einen wesentlichen Einflussfaktor für die Anpassungsfähigkeit des Handwerks dar. Zudem sind bei der Analyse der konkreten

---

[104] Sowohl die Einordnung von HERDZINA/BLESSIN 1996 als auch die Abgrenzung von GIBB/SCOTT 1985 verwenden den Begriff des „Führungspotenzials". Allerdings gehen HERDZINA/BLESSIN von einem weiteren Begriffsverständnis aus und verstehen unter „Führungspotenzial" auch Aspekte wie Entscheidungsprozesse und Führungsstruktur, die in der Kategorisierung von GIBB/SCOTT unter „Steuerungspotenzial" gefasst werden.

[105] Allerdings ist zu beachten, dass die Rahmenbedingungen im eigenen Unternehmen, die als interner Einflussfaktor strategischer Anpassungshandlungen wirken, auch relativ, also im Vergleich zu Konkurrenzbetrieben, zu betrachten sind. Potenziale, die auch von Vergleichsbetrieben nicht realisiert werden, können dadurch allerdings nicht aufgedeckt werden (vgl. MUGLER 1993: 143f.).

Anpassungsdruck und Anpassungsstrategien des grenznahen Handwerks angesichts veränderter Wettbewerbsbedingungen im Zuge der EU-Erweiterung 2004

Ausgangslage für die handwerklichen Entscheidungsträger weitere Besonderheiten des Handwerks zu berücksichtigen, etwa der starke Regional- und Inlandsbezug der Leistungserbringung oder die eher auf Intuition und Fingerspitzengefühl beruhende Art der Unternehmensführung (vgl. SCHWARZ 1998: 18ff.; OSTENDORF 1997: 56).

Wie die SWOT-Analyse als Hauptinstrument der Designschule des Strategischen Managements ist auch das Analyseschema unternehmerischer Anpassungshandlungen dadurch charakterisiert, dass die Einflussfaktoren der Unternehmung und ihrer Umwelt zusammengeführt werden. Die Integration von Binnenperspektive und Außenperspektive erleichtert die Analyse des betrieblichen Anpassungsdrucks und der zur Verfügung stehenden Handlungsmöglichkeiten sowie die Herausarbeitung der bestehenden Wechselwirkungen und Abhängigkeiten zwischen internen und externen Einflussfaktoren[106]. Verhaltens- bzw. handlungsorientierte Analysemodelle betonen dabei die Wahrnehmung relevanter interner und externer Einflussgrößen als „Stressfaktoren", die auf den betrieblichen Entscheidungsträger einwirken. Diese sind Ausgangspunkt der innerbetrieblichen Entscheidungsprozesse und Anpassungshandlungen[107]. Legt man ein umfassendes Verständnis des Begriffs „Stressfaktor" zugrunde, so beinhaltet dieses auch „positiven Stress" im Sinne von neu wahrgenommenen Zukunftsoptionen. Erst durch die Wahrnehmung und Bewertung unternehmensinterner und -externer Einflussfaktoren wird der betriebliche Entscheidungsträger veranlasst, seine unternehmerischen Gewohnheiten zu überdenken und entsprechend zu entscheiden bzw. zu handeln (vgl. HAAS ET AL. 1983: 9).

Abbildung 6 stellt die Zusammenhänge graphisch dar und konkretisiert die Entstehung von Stressfaktoren aus dem Zusammenspiel von Binnen- und Außenperspektive grenznaher Handwerksunternehmen.

---

[106] Es sei in diesem Zusammenhang beispielhaft auf die Wechselwirkung zwischen dem (unternehmensinternen) Ressourcenpotenzial der vorhandenen Mitarbeiter und den (unternehmensexternen) Umfeldbedingungen auf dem relevanten Arbeitsmarkt verwiesen.

[107] Der Begriff „Stressfaktor", der ursprünglich aus der Biologie bzw. den Verhaltenswissenschaften stammt, wird im Rahmen der verhaltenstheoretischen Erklärung unternehmerischen Handelns traditionell für die Bezeichnung von Einflussfaktoren verwendet, die den Unternehmer dazu veranlassen, vom gewohnten Pfad der Routineentscheidungen abzuweichen (vgl. HAAS ET AL. 1983: 9; SCHAMP 1981: 31).

Abbildung 6: Binnen- und Außenperspektive des grenznahen Handwerks

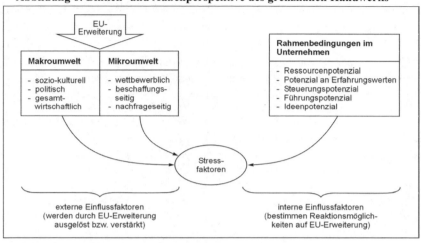

Quelle: eigene zusammenfassende Darstellung in Anlehnung an HAAS (1994: 277), POWER ET AL. (1986: 38) sowie GIBB/SCOTT (1985: 608ff.).

3.2.2.2 Informationsverhalten als Schlüsseldeterminante des strategischen Entscheidungsprozesses

Um sowohl die betrieblichen Ressourcen, Fähigkeiten und Kompetenzen als auch die Bedingungen der Unternehmensumwelt im Hinblick auf die Notwendigkeit unternehmerischer Anpassungshandlungen analysieren zu können, ist die Beschaffung und Verarbeitung entsprechender Informationen eine wesentliche Voraussetzung[108]. Allerdings sind umgekehrt zur aktiven Informationsgewinnung und -verarbeitung zunächst betriebliche Entscheidungen nötig, so dass sich Entscheidungsprozesse und Informationsverhalten wechselseitig bedingen und nicht unabhängig voneinander betrachtet werden können (vgl. NEULINGER 1992: 67). Gerade in kleinbetrieblich strukturierten Unternehmen ist häufig ein Informationsdefizit anzutreffen, das die Qualität der Entscheidungsfindung beeinträchtigt. Die rein intuitive Berücksichtigung von Erfahrungen aus der Praxis reicht nicht immer aus, um in Anbetracht veränderter Rahmenbe-

---

[108] Zur Bedeutung von Informationen als wichtigste Ressource strategischer Entscheidungen und Verhaltensweisen vgl. GRAMSS (1990: 64).

dingungen die Unternehmensentwicklung zu steuern und die Unternehmensexistenz zu sichern. Zudem stellt sich besonders in kleinbetrieblich strukturierten Unternehmen das Problem von Wahrnehmungsverzerrungen bzw. **Informationspathologien.** Dies bedeutet, dass

- Informationen nicht empfangen und aufgezeichnet,
- Informationen zwar aufgezeichnet, aber nicht weiter interpretiert, oder
- Informationen so interpretiert bzw. gefiltert werden, dass daraus falsche Schlussfolgerungen gezogen werden (vgl. KROPFBERGER 1986: 127).

Doch auch Entscheidungsträgern in Kleinbetrieben steht ein umfassendes Instrumentarium an Methoden zur Verfügung, das die Analyse der Umwelt und der internen Ausgangssituation strukturiert, den innerbetrieblichen Entscheidungsprozess unterstützt und die Qualität der Entscheidungsfindung erhöht. Wesentliche Planungsinstrumente, die auch für kleine und mittlere Unternehmen in Frage kommen, sind hierbei (vgl. HERDZINA/BLESSIN 1996: 26ff.; MUGLER 1993: 140ff.; KROPFBERGER 1986: 88f.):

- Die **Marktanalyse**, bei der die Eigenschaften abgegrenzter Märkte oder Marktsegmente, die für das Unternehmen von Interesse sind, untersucht werden. Die Analyse konzentriert sich dabei auf die Nachfrageseite und umfasst beispielsweise die Aufnahmefähigkeit des Marktes, das Marktwachstum und die Preisentwicklung. Schwierig gestaltet sich hier mitunter die Abgrenzung des relevanten Marktes.
- Die **Konkurrenzanalyse**, bei der die Daten von Wettbewerbern, die für die eigenen strategischen Entscheidungen bedeutsam sind, untersucht werden. Bestandteil der Analyse sind die gegenwärtigen Strategien der Wettbewerber, ihre Stärken und Schwächen sowie ihre Ziele. Möglicherweise kann hierbei die Auswahl relevanter Konkurrenten Probleme aufwerfen.
- Die **Branchenstrukturanalyse**, bei der der Wettbewerb innerhalb einer Branche anhand von fünf Wettbewerbskräften – Lieferanten, Abnehmern, Ersatzprodukten, potenziellen neuen Konkurrenten und Wettbewerbern in der Branche selbst – untersucht wird. Nachteile dieser Methode können sich aus einer zu einseitigen, der konkreten betrieblichen Situation nicht angemessenen Ausrichtung auf eine bestimmte Branche ergeben.
- Die **Produktlebenszyklusanalyse**, bei der anhand der jeweiligen Phasen des Lebenszyklus der vom Unternehmen hergestellten Produkte – Produktentwicklung, Markteinführung, Marktdurchdringung, Marktsättigung, Degeneration – die künftige Absatzentwicklung prognostiziert, die Notwendigkeit von Forschungs- und Entwicklungstätigkeiten abgeschätzt und die langfristige Produktplanung unterstützt wird.

- Die **Portfolio-Analyse**, bei der die Produkte oder Geschäftseinheiten eines Unternehmens anhand von zwei Haupterfolgsfaktoren – üblicherweise Marktwachstum und Marktanteil bzw. Marktattraktivität und Wettbewerbsvorteil – in einer Matrixdarstellung angeordnet werden.

- Die **Lückenanalyse**, bei der die internen Einflussfaktoren des eigenen Unternehmens – Ressourcen, Fähigkeiten und Kompetenzen – mit einer „Messlatte" verglichen werden, die sich aus (im Zeitablauf veränderlichen) Sollvorstellungen zusammensetzt. Ausgangspunkt der Lückenanalyse ist die Einschätzung, dass absolute Zahlen – z.b. über Mitarbeiter oder Patente – isoliert keine wertvollen Informationen für die strategische Entscheidungsfindung der Unternehmensleitung liefern.

- Die **Szenarioanalyse**, bei der mehrere alternative Zukunftsbilder entworfen werden, die für unterschiedlich realistisch gehalten werden und eher an qualitativen Informationen orientiert sind. Diese Methode dient insbesondere der Ergänzung der obig vorgestellten Instrumente[109].

Für die Anwendung der genannten Planungsinstrumente ist auf Daten aus unternehmensinternen und -externen Datenquellen zurückzugreifen[110]. Als **interne Datenquellen** kommen beispielsweise Kundendatenbanken, Finanzbuchhaltung, Gewinn- und Verlustrechnung und Kapazitätsplanung in Frage. Auch die Befragung eigener Mitarbeiter, die im Außen- oder Kundendienst tätig sind, oder befreundeter Geschäftspartner kann wichtige Informationen liefern. Der Vorteil der internen Informationsquellen liegt dabei insbesondere im direkten und kostengünstigen Zugriff (vgl. SCHARRER 2000: 124). Allerdings bleiben gerade in kleinbetrieblich strukturierten Unternehmen wichtige Informationen, die aus internen Quellen gewonnen werden könnten – etwa durch die Erfassung von Kundendaten oder die Dokumentation von Reklamationen, Wunschvorstellungen oder Kundenargumenten – häufig ungenutzt. Eine systematische Auswertung vorhandener Informationen über Absatzmengen, Umsätze, Deckungsbeiträge und Zahlungsfristen findet oftmals nicht statt.

---

[109] KÜPPER/DASCHMANN (1993: 8f.) konnten im Rahmen einer empirischen Untersuchung zeigen, dass mittelständische Industrieunternehmen bei der Wahl ihrer strategischen Planungsinstrumente überwiegend auf „traditionelle" Instrumente wie Umsatzplanung, Finanzplan und Bilanzanalyse vertrauen und die hier aufgeführten Instrumente nur teilweise Anwendung finden. Im eher kleinbetrieblich als mittelständisch strukturierten Handwerk ist von einer noch geringeren Verbreitung der aufgeführten Methoden auszugehen.

[110] GRAMSS (1990: 83) grenzt im Rahmen seiner Matrixdarstellung strategischer Informationsquellen nicht nur unternehmensinterne und -externe Daten voneinander ab, sondern auch Daten aus persönlichen und sachlichen Informationsquellen.

Auch **externe Datenquellen** werden häufig nicht hinreichend genutzt. Dabei stehen gerade kleinbetrieblich strukturierte Unternehmen vor dem Problem, das umfassende und teilweise unübersichtliche Informationsangebot hinsichtlich ihres Informationsbedarfs zu selektieren. Ziel ist, schnell und kostengünstig die betriebsrelevanten Informationen herauszufiltern (vgl. ZDROWOMYSLAW/DÜRIG 1999: 16). Wichtige Daten nationaler oder internationaler Informationsquellen, die Klein- und Mittelbetrieben Rückschlüsse auf die strategisch relevante Unternehmensumwelt erlauben, sind beispielsweise

➢ überbetriebliche Branchenkennzahlen, insbesondere von Instituten der Mittelstands- und Handwerksforschung[111],
➢ praxisbezogene Informationen aus branchen- bzw. gewerkespezifischen Fachzeitschriften,
➢ Nachfragedaten, insbesondere von Markt- und Meinungsforschungsinstituten,
➢ Regionaldaten, insbesondere von regionalen Wirtschaftsfördereinrichtungen,
➢ Daten über KMU-spezifische Förderprogramme, insbesondere von Wirtschaftsfördereinrichtungen, Industrie- und Handelskammern, Handwerkskammern und Euro-Info-Zentren, sowie
➢ Daten über Kooperationsmöglichkeiten, insbesondere im Rahmen der Kooperationsbörsen der Industrie- und Handelskammern bzw. Handwerkskammern (vgl. MUGLER 1993: 142f.).

Fraglich ist jedoch, ob über diese vorgefertigten Daten, die zumeist unentgeltlich oder zu einem verhältnismäßig günstigen Preis angeboten werden, der für das jeweilige Unternehmen relevante Umweltausschnitt hinreichend erfasst werden kann. In jedem Fall sind die externen Informationsquellen durch den Rückgriff auf interne Daten zu ergänzen.

Trotz des vielfältigen Angebots ist in kleinbetrieblich strukturierten Unternehmen das Informationswesen vielfach unzureichend ausgeprägt, da die personellen Ressourcen begrenzt sind und die zentrale Person im Entscheidungsprozess, der Eigentümer-Unternehmer, mit einer Vielzahl von Aufgaben betraut ist[112]. Zudem sind das räumlich und zeitlich eingeschränkte Informationsfeld, die individuell unterschiedlich ausgeprägten Informationsverarbeitungskapazitäten und die persönlichen Ziele der jeweili-

---

[111] Ein Überblick über die Einrichtungen der Handwerksforschung in Deutschland findet sich bei ZDROWOMYSLAW/DÜRIG (1999: 17ff.).

[112] Vgl. SCHMIDT (1983: 178), der für eine Konzentration des Unternehmers auf seine Hauptaufgaben plädiert und es als den schwerwiegendsten Managementfehler ansieht, sich durch die Übernahme von Routinetätigkeiten verschleißen zu lassen.

gen Entscheidungsträger zu berücksichtigen[113]. Inwieweit gezielt Informationen beschafft, mit Hilfe von Planungsinstrumenten ausgewertet und für die Entscheidungsfindung berücksichtigt werden, hängt wesentlich von der Persönlichkeit des verantwortlichen Entscheidungsträgers ab.

3.2.2.3 Bedeutung des Unternehmers als strategischer Entscheidungsträger

Die empirische Untersuchung dieser Arbeit erfolgt im Rahmen einer verhaltens- und handlungsorientierten Betrachtungsweise und rückt das unternehmerische Entscheidungsverhalten grenznaher Handwerker in den Mittelpunkt. Folglich sind die selektiven Prozesse der Wahrnehmung und Bewertung der veränderten Rahmenbedingungen durch den individuellen Entscheidungsträger von großer Bedeutung. STAEHLE konkretisiert:

> „Menschen handeln auf der Grundlage dessen, was und wie sie etwas wahrnehmen und nicht auf der Grundlage dessen, was ist. Insofern ist nicht die objektive Situation, sondern die **subjektiv wahrgenommene Situation** unmittelbar handlungsrelevant" (STAEHLE 1999: 197)[114].

Strategische Reaktionen sind damit weniger Ergebnis einer rational geplanten Entscheidungsfindung, sondern vielmehr Resultat begrenzt bzw. subjektiv rationalen, wahrnehmungsgebundenen Handelns. Inwieweit die wahrgenommenen Stimuli veränderter Umfeldbedingungen oder veränderter betrieblicher Charakteristika zu einer konkreten Anpassungshandlung führen, hängt maßgeblich von den kognitiven Prozessen und Strukturen der verantwortlichen Personen ab. Diese Prozesse sind eng mit den Persönlichkeitsmerkmalen des jeweiligen betrieblichen Entscheidungsträgers verbunden, etwa seinen Einstellungen, Werten und Normen[115]. Der Unternehmer ist für dispositive bzw. strategische Entscheidungen und deren innerbetriebliche Umsetzung maßgeblich, so dass seine Persönlichkeit für die strategische Anpassung kleinbetrieblich strukturierter Unternehmen und die Dynamik der Unternehmensentwicklung wesentliche Bedeutung besitzt (vgl. OSTENDORF 2000: 89; PLEITNER 1995b: 148; ROUTAMAA/VESALAINEN 1987: 19).

> „In the smaller enterprise, the management process is characterised by the highly personalised preferences, prejudices and attitudes of the firm´s en-

---

[113] Vgl. die Ausführungen zum Menschenbild des satisfizers in Kapitel 3.1.
[114] Hervorhebung erfolgt im Original.
[115] Vgl. BAMBERGER/WRONA (2002: 288), die die Bedeutung der Persönlichkeitsmerkmale des Unternehmensleiters für die Internationalisierungsentscheidung mittelständischer Betriebe betonen.

trepreneur, owner and/or owner-manager. The nature of managerial activity expands or contracts with the characteristics of the person fulfilling the role(s)" (JENNINGS/BEAVER 1997: 64).

Vielfach sind die spezifischen Ausprägungen der Unternehmerpersönlichkeit dafür verantwortlich, welche Wettbewerbsstrategie verfolgt wird oder wie kundenorientiert das Leistungsangebot ist[116]. Insbesondere in Phasen dynamischer Veränderungen der Rahmenbedingungen sind die unternehmerischen Einstellungen und Verhaltensweisen, etwa die persönliche Veränderungs- und Risikobereitschaft, wesentlich für die Entwicklung und Umsetzung geeigneter Anpassungsstrategien.

Der Betriebsinhaber in Klein- und Mittelbetrieben übernimmt üblicherweise drei konstitutive Rollen in einer Person: er ist Risikoträger, Kapitalgeber und Leiter (vgl. DASCHMANN 1993: 56; PLEITNER 1995a: 120ff.). Die Überschneidung von Kapitalbesitz und Geschäftsleitung führt zu einer persönlichen Erfolgs- und Risikoverantwortlichkeit, die für die Unternehmensführung von zentraler Bedeutung ist. Aufgrund der Haftung mit dem Privatvermögen ist die persönliche wirtschaftliche Existenz des Unternehmers und seiner Familie mit derjenigen des Unternehmens eng verknüpft[117]. Aufgrund der kleinbetrieblichen Struktur ergibt sich die Möglichkeit, unmittelbar und eindeutig Entscheidungen zu treffen und Handlungen ohne umfangreiche Abstimmung mit bzw. Rechtfertigung vor anderen durchzuführen[118]. Diese enge Verknüpfung zwischen Unternehmer und Unternehmen ist ein entscheidender Erfolgsfaktor kleinbetrieblich strukturierter Betriebe, stellt aber auch das größte Risiko dar, sofern der Betriebsinhaber den Anforderungen an seine Person nicht genügt (vgl. PLEITNER 1995a: 121).

---

[116] DICHTL ET AL. (1983 : 440f.) betonen die Filterfunktion der Unternehmerpersönlichkeit im Rahmen der Entscheidung über die Aufnahme einer Exporttätigkeit, indem sie auf die Verstärkung oder Abschwächung von internen und externen Exportanreizen durch das Konstrukt der „individuellen Auslandsorientierung" hinweisen. Bestandteile dieses Informationsfilters sind die psychische Distanz zu ausländischen Märkten, die Einstellung gegenüber Exporttätigkeit, subjektive Managermerkmale wie Persönlichkeit und Werthaltungen sowie objektive Managermerkmale wie Sprachkenntnisse und Bildungsniveau.

[117] Vgl. FRÖHLICH (1995: 114ff.), der die Bedeutung gewerblicher und handwerklicher Familienunternehmen herausarbeitet und dabei auch auf den Zusammenhang zwischen Familienkultur und Unternehmenskultur eingeht.

[118] JENNINGS/BEAVER (1997: 65) betonen in diesem Zusammenhang, dass die Nähe der Entscheidungsträger kleinbetrieblich strukturierter Unternehmen zu ihren Mitarbeitern weitreichende Einflussmöglichkeiten auf operative Handlungen eröffnet und damit die Umsetzung bzw. Implementierung von Anpassungsstrategien erleichtert.

3 Verhaltens- und handlungsorientierte Betrachtung der Anpassungsstrategien grenznaher Handwerksbetriebe

Aufgrund der zentralen Stellung des Unternehmers beschäftigen sich zahlreiche Untersuchungen mit einer **Typisierung** von Unternehmern anhand spezifischer Eigenschaften sowie den Auswirkungen des jeweiligen Unternehmertyps auf strategische Ausrichtung und Erfolg des Unternehmens[119]. Bereits in der Zwischenkriegsphase kategorisierte SCHUMPETER unternehmerisch handelnde Personen in vier Kategorien (vgl. SCHUMPETER 1928: 476ff.). Im Laufe der Jahrzehnte wurden die Unternehmertypisierungen kontinuierlich verfeinert bzw. erweitert[120].

Von unverändert hohem Erklärungswert ist dabei die **Kategorisierung von KIRSCH** 1983, der anhand der beiden Hauptdimensionen „Einstellung zu Spezialisierung oder Generalisierung im Produkt-/Markt-Bereich" und „Einstellung zu Veränderungen" sechs Unternehmertypen anhand ihrer strategischen Grundhaltung unterscheidet[121] (vgl. KIRSCH 1983: 157ff.; KIRSCH ET AL. 1983: 24ff.):

- ➢ den **Verteidiger**, der in seinem angestammten Geschäft eine möglichst starke Position halten möchte und dafür insbesondere auf innerbetriebliche Rationalisierungen setzt,
- ➢ den **Risikostreuer**, der als „Sonderform" des Verteidigers in verschiedenen Tätigkeitsfeldern aktiv ist, sich aber hinsichtlich Innovationen und risikoreicher Diversifizierung abwartend verhält,
- ➢ den **Prospektor**, der versucht, aktuelle Trends in neue Produkte umzusetzen, und durch innovatives Verhalten auf den unterschiedlichsten Märkten gekennzeichnet ist,
- ➢ den **Innovator**, der ebenfalls ständig auf der Suche nach Neuem ist, sich dabei aber auf Spezialprodukte und -technologien in wenigen, ausgewählten Geschäftsfeldern konzentriert,
- ➢ den **Architekten**, der – ausgehend von seinem angestammten Geschäftsfeld – analysierend und kalkulierend in andere Geschäftsbereiche vorstößt, dessen Sortiment folgerichtig in einem ständigen Wandel begriffen ist und der durch Kombination von Bestehendem und Neuem langsames, aber stetiges Wachstum zu erreichen versucht, sowie
- ➢ den **Reagierer**, der auf Grundlage von Flexibilität und Improvisation schnelle Entscheidungen trifft, auch auf die Gefahr hin, gelegentliche Fehlgriffe zu täti-

---

[119] Einen umfassenden Überblick über wichtige Untersuchungen zu Typologien von Unternehmern bzw. Inhabern/Managern von KMU gibt FILION (1999: 92f.).
[120] Vgl. für den deutschsprachigen Raum beispielsweise die Kategorisierungen von HEUSS 1965 sowie PLEITNER 1984.
[121] Die Kategorisierung von KIRSCH orientiert sich dabei an den vier Grundtypen organisationaler Anpassung, die auf MILES/SNOW (1978: 29f.) zurückgehen.

gen, und der – bis zu einer gewissen Unternehmensgröße – ohne strategische Planung auskommt. Die Kategorisierung von KIRSCH ist für die Fragestellung dieser Arbeit von Bedeutung, da die Abgrenzungsdimensionen gerade für die Unternehmensführung kleinbetrieblich strukturierter Unternehmen nach wie vor große Relevanz besitzen[122]. Abbildung 7 stellt die Unternehmertypen nach KIRSCH graphisch dar.

Abbildung 7: Unternehmertypen nach KIRSCH

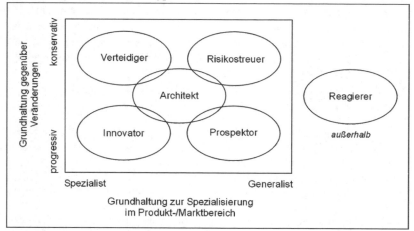

Quelle: KIRSCH ET AL. (1983: 25).

Die bedeutendsten empirischen Forschungsprojekte, die sich auf europäischer Ebene mit den Wertehaltungen von Unternehmern und dem Einfluss des Unternehmertypus auf Strategie und Erfolg von KMU beschäftigt haben, sind die 1984/85 durchgeführte Untersuchung der STRATOS-Gruppe sowie die darauf aufbauende, von 1991 bis 1995 durchgeführte INTERSTRATOS-Untersuchung[123]. Die **STRATOS-**

---

[122] So greift die handwerkswissenschaftliche Untersuchung von SCHWARZ 1998 auf die genannte Unternehmerkategorisierung nach KIRSCH zurück, um die strategische Grundhaltung von Unternehmen des Bau- und Ausbaugewerbes zu bestimmen.
[123] Einen guten Überblick über den Aufbau der Untersuchungen STRATOS („Strategic Orientation of Small and Medium Sized Enterprises") und INTERSTRATOS („Internationalization of Strategic Orientations of Small and Medium European Enterprises") geben BAMBERGER/PLEITNER (1988: 7ff.) sowie HAATHI (2002: 9ff.).

3 Verhaltens- und handlungsorientierte Betrachtung der Anpassungsstrategien grenznaher Handwerksbetriebe

Untersuchung versuchte, die Einflüsse der Wertehaltungen (als Grundlage der Unternehmerpersönlichkeit) auf die jeweiligen Ziele, das strategische Verhalten und den Unternehmenserfolg in KMU ausgewählter Branchen systematisch herauszuarbeiten[124]. Dazu wurden in acht europäischen Ländern die Unternehmensführer von 1 135 kleinen und mittelgroßen Unternehmen nach ihren Wertehaltungen befragt und im Rahmen einer Clusteranalyse in unterschiedliche Unternehmertypen eingeordnet, die sich insbesondere hinsichtlich ihres Risikoverhaltens und ihrer Veränderungsbereitschaft unterscheiden (vgl. FRÖHLICH/PICHLER 1988: 59ff. und 165f.; PICHLER 2001: 80f.). Abbildung 8 stellt die resultierenden Typen des **Allrounders**, des **Pioniers**, des **Organisators** und des **Routiniers** anhand ihrer verschiedenen Begabungen dar.

Abbildung 8: STRATOS-Unternehmertypen

		dynamisch-schöpferische Begabung	administrativ-ausführende Begabung	Charakteristika
Unternehmertypen	Allrounder	ausgeprägt	ausgeprägt	- vielseitig - reaktionsbereit - Idealtyp mittelständischen Unternehmers
	Pionier	sehr ausgeprägt	weniger ausgeprägt	- offen - risikofreudig
	Organisator	weniger ausgeprägt	sehr ausgeprägt	- effizient - anpassungsfähig - erfahren im Umgang mit Bürokratie
	Routinier	weniger ausgeprägt	weniger ausgeprägt	- zurückhaltend - Risikominimierer - auf Stetigkeit bedacht

Quelle: in Anlehnung an FRÖHLICH/PICHLER (1988: 59ff.).

Die Bedeutung des Unternehmertyps für die Strategieentscheidung und den Unternehmenserfolg von KMU konnte empirisch ebenso bestätigt werden wie die Tatsache, dass nicht die Strategien als solche den Erfolg ausmachen, sondern ihre Wahl je nach

---

[124] Die Wertehaltungen beziehen sich dabei auf die Bereiche „Unternehmerisches Selbstverständnis", „Unternehmer-Mitarbeiter-Verhältnis", „Organisationsgrundsätze", „Veränderungsbereitschaft", „Strategisches Bewusstsein" und „Verhalten gegenüber der Gesellschaft" (vgl. FRÖHLICH/PICHLER 1988: 39ff.).

Stärken und Schwächen des Betriebs bzw. der Unternehmerpersönlichkeit (vgl. FRÖH-LICH/PICHLER 1988: 165ff.). Im Rahmen des nachfolgenden Forschungsprogramms INTERSTRATOS wurden die Erkenntnisse der STRATOS-Gruppe im Hinblick auf Gesetzmäßigkeiten der Internationalisierung vertieft, indem insgesamt 11 650 Firmen ausgewählter Branchen in acht europäischen Ländern befragt wurden. Dabei untersuchte man auch die Eignung der vier oben aufgeführten Unternehmertypen für bestimmte Internationalisierungsphasen und -strategien (vgl. PICHLER/PLEITNER 2002: 59f.)[125]. Ebenfalls im Rahmen von INTERSTRATOS wurde anhand einer Faktorenanalyse eine alternative Typisierung von Unternehmern deutscher KMU traditioneller Branchen in sicherheitsorientierte, marktorientierte und stabilitätsorientierte Unternehmer erarbeitet und in Zusammenhang zu Unternehmenspolitik und -erfolg gesetzt (vgl. ZANGER/WENISCH 2002: 138ff.).

Aufgrund ihrer herausragenden Bedeutung für die Unternehmertypenforschung wurde die STRATOS-Typisierung auch für die Analyse von strategischen Entscheidungsprozessen im Handwerk herangezogen, wenngleich sich die STRATOS-Untersuchung eher auf mittelständische Unternehmen als auf handwerkliche Kleinbetriebe konzentrierte. So orientiert sich OSTENDORF bei seiner qualitativen Untersuchung des Internationalisierungsverhaltens von Handwerksbetrieben an der STRATOS-Einteilung und ordnet seine Interviewpartner den verschiedenen Unternehmertypen zu (vgl. OSTENDORF 1997: 150ff.). Obwohl demnach bei den untersuchten Handwerksbetrieben der Typus des Allrounders klar dominiert, sind auch die Unternehmertypen Pionier, Organisator und Routinier im Panel vertreten.

Die STRATOS-Kategorisierung besitzt wegen ihrer breiten empirischen Basis und ihrer Fokussierung auf KMU auch für die Fragestellung dieser Arbeit Relevanz. Welchen konkreten Erklärungswert die Zuordnung zu Unternehmertypen für die Analyse der Wahrnehmungs-, Bewertungs- und Entscheidungsprozesse grenznaher Handwerksunternehmen besitzt, wird im Rahmen der Darstellung der empirischen Ergebnisse in Kapitel 5 genauer diskutiert. Abschließend sei darauf hingewiesen, dass sich auch in der englischsprachigen Literatur verschiedene Untersuchungen finden, die auf

---

[125] PLEITNER (1996: 258ff.) erörtert, dass unterschiedliche Phasen der Entwicklung von KMU jeweils ein spezifisches unternehmerisches Eigenschaftsprofil erfordern, das bestimmte intellektuelle, charakterliche, „typisch unternehmerische", personale sowie Führungsfähigkeiten umfasst.

unterschiedlicher empirischer Basis ähnliche Unternehmertypisierungen herausarbeiten[126].

3.2.2.4 Hemmnisse kleinbetrieblicher Strategieentwicklung

Aufgrund der in Kapitel 2 geschilderten Umbruchsituation im Grenzraum, die aus der Verschärfung des Strukturwandels durch die Auswirkungen der EU-Erweiterung resultiert, erscheint strategisches Handeln der betroffenen (Handwerks-)Unternehmen besonders notwendig. Eine bewusste und planende Strategieentwicklung wird in kleinbetrieblich strukturierten Unternehmen allerdings durch verschiedene Gründe erschwert, die in engem Zusammenhang mit der Betriebsgröße stehen (vgl. MUGLER 1993: 103f.). Da der Unternehmer durch seine Integration in den operativen Arbeitsprozess und den Termindruck des Alltagsgeschäfts stark gebunden ist, unterbleibt vielfach aus Zeitmangel eine angemessene Beschäftigung mit zukunftsorientierten Führungsaufgaben. Gezielte Informationsbeschaffung zur Vorbereitung wichtiger Entscheidungen und strategisches Denken jenseits des Tagesgeschäfts kommen dabei häufig zu kurz (vgl. SCHWARZ 1998: 18).

Die zentrale Stellung des Betriebsinhabers als Planender, Ausführender und Kontrollierender begünstigt aufgrund der teilweisen Unvereinbarkeit dieser verschiedenen Rollen kognitive Dissonanzen und erschwert die Aufdeckung von Widersprüchlichkeiten. Es fällt den in operative Abläufe eingebundenen Entscheidungsträgern in Kleinbetrieben oft schwer, aus ihrem stabilitäts- und routineorientierten Denken auszubrechen, um die Position des Unternehmens kritisch zu hinterfragen und neue Handlungsalternativen zu suchen (vgl. MUGLER 1993: 103f.). Außerdem ist zu berücksichtigen, dass die Bereitschaft zu bewusster Planung und Strategieentwicklung mit dem Ausbildungsgrad zunimmt. Gerade in kleinbetrieblich strukturierten Unternehmen sind jedoch häufig Eigentümer-Unternehmer anzutreffen, die seltener als angestellte Manager eine weiterführende akademische Ausbildung aufweisen[127].

---

[126] Vgl. beispielsweise HORNADAY (1990: 27ff.) und MINER/SMITH/BRACKER (1992: 104ff.) sowie überblicksartig D'AMBOISE/MULDOWNEY (1986: 16ff.). KAURANEN (1994: S: 217ff.) schließlich kommt in seiner Studie zu dem Ergebnis, dass von den alltäglich beobachtbaren Charakterzügen der Persönlichkeit von Eigentümer-Unternehmern insbesondere der Charakterzug „Geselligkeit und Ungezwungenheit im zwischenmenschlichen Umgang" in positiver Beziehung mit dem Firmenerfolg steht.

[127] Vgl. HAAKE (1987: 83), der auch in der unzureichenden betriebswirtschaftlichen Ausrichtung vieler Ausbildungsgänge einen Grund für den Mangel an bewusster und planender Strategieentwicklung in KMU sieht.

Ferner ist darauf hinzuweisen, dass sich in Klein- und Mittelbetrieben die Anforderungen an die Unternehmensführung in unterschiedlichen betrieblichen Entwicklungsphasen rasch ändern können. Die strategische Führung kleinbetrieblich strukturierter Unternehmen wird jedoch insofern erschwert, als ein Austausch der Führungsspitze entsprechend den jeweiligen Führungsanforderungen aufgrund der zentralen Stellung des Eigentümer-Unternehmers kaum möglich ist[128].

Schließlich sind beim Informationstransfer von Forschungs- und Beratungseinrichtungen an die Entscheidungsträger klein- und kleinstbetrieblicher Unternehmen Kommunikationsschwierigkeiten und Zeitverzögerungen zu beobachten. Die Informationen und Daten sowie die vorhandenen KMU-Planungsinstrumente werden mitunter nicht hinreichend an deren spezifische Anforderungen und Bedürfnisse angepasst.

Allerdings ist die Notwendigkeit einer bewussten Strategieentwicklung unter Verwendung entsprechender Planungsinstrumente stets in Abhängigkeit von der jeweiligen Betriebsgröße[129], der Persönlichkeit des Unternehmers und der spezifischen Situation des Betriebes zu betrachten. In diesem Zusammenhang ist nochmals darauf hinzuweisen, dass sich gerade in kleinbetrieblich strukturierten Unternehmen Strategien auch ohne bewusste planerische Aktivitäten als Folge operativer Einzelentscheidungen herausbilden können[130].

3.3 Möglichkeiten der strategischen Anpassung grenznaher Handwerksbetriebe angesichts der Auswirkungen der EU-Erweiterung

Das in Kapitel 3.1 skizzierte Analyseschema unternehmerischer Anpassungshandlungen wird nachfolgend um strategische Grundausrichtungen und mögliche handwerkstypische Anpassungshandlungen erweitert. Hierfür werden zunächst mögliche strategische Ausrichtungen – bezogen auf die bearbeiteten Märkte und Leistungsfelder bzw. auf die Art des Wettbewerbsvorteils – vorgestellt. Anschließend werden aus der

---

[128] Zu den besonderen Anforderungen an das Management von rasch wachsenden Klein- und Mittelbetrieben vgl. ANDESSNER (1995: 1ff.).

[129] KIRSCH (1983: 155ff.) spricht im Hinblick auf die Betriebsgröße von der „Schwelle der Unübersichtlichkeit", die der intuitiv handelnde und improvisierende Unternehmer bei Verzicht auf eine institutionalisierende Planung nicht überschreiten sollte.

[130] Vgl. nochmals die Ausführungen zu emergenten Strategien und reagierender Strategiegenese in Kapitel 3.2.1.

3 Verhaltens- und handlungsorientierte Betrachtung der Anpassungsstrategien grenznaher Handwerksbetriebe

handwerkswissenschaftlichen Literatur vier Strategieansätze herausgearbeitet, die auf die Behebung bzw. Abminderung handwerkstypischer Defizite gerichtet sind.

3.3.1 Grundlagen strategischer Ausrichtung

Strategien zielen – je nach konkreter Unternehmenssituation – auf den Aufbau defensiver Haltepositionen oder offensiver Erfolgspositionen für den jeweiligen Betrieb (vgl. PLEITNER 1995a: 130). Hauptansatzpunkte strategischer Entscheidungen sind dabei die betrieblichen Leistungsbereiche, die zu bearbeitenden Märkte und die zur Verfügung stehenden Ressourcen (vgl. MUGLER 1993: 112). Anhand verschiedener Alternativen ist zu prüfen, wie Unternehmen ihre jeweiligen – tatsächlichen oder potenziellen – Stärken am besten dafür einsetzen können, angesichts sich verändernder Umweltbedingungen ihre unternehmerischen Ziele zu ereichen.

Grundsätzlich können betriebliche Anpassungshandlungen verschiedenen strategischen Ausrichtungen zugeordnet werden. So sind hinsichtlich des Marktverhaltens Maßnahmen im Rahmen von Angriffsstrategien von solchen abzugrenzen, die Verteidigungsstrategien zugeordnet werden. Nach der Entwicklungsrichtung bzw. dem Mitteleinsatz kann die Zugehörigkeit der Anpassungshandlungen zu Wachstums-, Stabilisierungs- und Schrumpfungsstrategien unterschieden werden (vgl. KREIKEBAUM 1997: 58).

Ein wesentliches Teilproblem strategischer Ausrichtung ist dabei stets die Frage, auf welchen Märkten das Unternehmen welche Produkte bzw. Leistungen anbietet, wie also Bewährtes weitergeführt und mit Neuem kombiniert wird (vgl. MUGLER 1993: 112ff.). Je nachdem, wie die Frage „alt" oder „neu" bei der Auswahl von Märkten und Leistungen beantwortet wird, lassen sich vier unterschiedliche strategische Alternativen im Entscheidungsfeld „Produkte – Märkte" herausarbeiten. Die resultierende Strategiematrix mit vier strategischen Stoßrichtungen, die auf ANSOFF zurückgeht, wird in Abbildung 9 dargestellt (vgl. ANSOFF 1965: 109).

Abbildung 9: Strategiematrix nach ANSOFF

		Angebot zusätzlicher Leistungen	
		nein	ja
Erschließung zusätzlicher Märkte	nein	Marktdurchdringung	Produktentwicklung
	ja	Marktentwicklung	Diversifikation

Quelle: in Anlehnung an ANSOFF (1965: 109).

Die möglichen strategischen Stoßrichtungen sind dabei hinsichtlich ihrer Eignung für Klein- und Mittelbetriebe unterschiedlich zu beurteilen (vgl. FRÖHLICH/PICHLER 1988: 105f.; OSTENDORF 1997: 58f.):

➢ Bei der **Strategie der Marktdurchdringung** konzentriert sich das Unternehmen auf den angestammten Markt, dessen Potenzial mit einem unveränderten Produkt- bzw. Leistungsprogramm besser ausgeschöpft werden soll. Trotz des defensiv wirkenden Charakters dieser Strategie zielt Marktdurchdringung auf die aktive Kunden- bzw. Umsatzakquise auf gesättigten Märkten.

➢ Bei der **Marktentwicklungsstrategie** sollen mit den bisherigen Produkten und Dienstleistungen neue Märkte bedient werden. Hierfür müssen die Vermarktungsaktivitäten auf kundengruppenspezifischer oder regionaler Ebene entsprechend ausgeweitet werden. Einen wichtigen Anwendungsbereich der Marktentwicklung gerade für kleinbetrieblich strukturierte Unternehmen stellt die Anpassung von Problemlösungen an die spezifischen Bedürfnisse zusätzlicher Kundengruppen dar, wodurch mit (weitgehend) unveränderten Leistungen neue Marktfelder erschlossen werden können (vgl. LAHNER 2004: 155).

> Bei der **Produktentwicklungsstrategie** soll mit Hilfe von Innovationen und Produktweiterentwicklungen der Marktanteil auf den angestammten Märkten erhöht werden. Kleinbetrieblich strukturierte Unternehmen können hier besonders von ihrer Flexibilität und Kundennähe profitieren, müssen dafür aber Innovationsrisiken in Kauf nehmen[131].

> Bei der **Strategie der Diversifikation** sollen mit Hilfe neuer bzw. weiterentwickelter Produkte zusätzliche Absatzmärkte erobert werden[132]. Hierbei sind die Risiken besonders ausgeprägt, da sowohl hinsichtlich der Kundenbedürfnisse und -anforderungen als auch hinsichtlich der Eigenschaften der Produkte und Leistungen Neuland betreten wird. Da die Diversifikation auch unter Ressourcengesichtspunkten die größten Anforderungen an das Unternehmen stellt, erscheint sie für kleinbetrieblich strukturierte Unternehmen weniger geeignet.

Die verschiedenen Strategievarianten schließen sich nicht wechselseitig aus, sondern können miteinander kombiniert werden. Allerdings ist zu berücksichtigen, dass gerade in kleinbetrieblich geprägten Handwerksunternehmen die dafür notwendigen Ressourcen begrenzt sind, so dass die Konzentration auf nur eine strategische Stoßrichtung sinnvoll erscheint.

Die Verfolgung einer bestimmten Produkt-Markt-Strategie steht dabei in engem Zusammenhang mit den in Kapitel 3.2.2.3 aufgeführten Unternehmertypisierungen. So erfolgt in der Einteilung nach KIRSCH 1983 die Abgrenzung der jeweiligen Unternehmertypen anhand der beiden Dimensionen „Haltung gegenüber Neuerungen im Produkt-/Markt-Bereich" und „Haltung gegenüber der Suche und Wahl von Betätigungsfeldern", die in ähnlicher Form auch der Kategorisierung der strategischen Stoßrichtungen bei ANSOFF 1965 zugrunde liegen. Auch die Unternehmertypisierung der STRATOS-Untersuchung lässt sich mit strategischen Grundhaltungen im Produkt-Markt-Bereich in Zusammenhang bringen (vgl. Kapitel 3.2.2.3). Demnach bevorzugen insbesondere Routiniers Marktdurchdringungsstrategien, während Pioniere überwiegend auf Diversifizierung setzen (vgl. FRÖHLICH/PICHLER 1988: 106ff.).

---

[131] KUCERA (2001: 6f.) betont die Bedeutung des Produkterneuerungswettbewerbs gerade für kleinbetrieblich strukturierte Unternehmen, die der Konkurrenz durch Großbetriebe ausgesetzt sind. Durch Produktinnovationen kann zusätzliche Nachfrage, v.a. im Bereich des privaten Konsums, generiert und der Kostensenkungswettbewerb mit großen Unternehmen reduziert bzw. vermieden werden.

[132] Je nach Nähe zum bisherigen Leistungsprogramm werden dabei horizontale Diversifikation, bei der die Produktentwicklungen in sachlichem Zusammenhang mit den bisherigen Produkten stehen, vertikale Diversifikation, bei der neue Produkte aus vor- oder nachgelagerten Produktionsstufen aufgenommen werden, und laterale (bzw. unverbundene) Diversifikation, bei der ein Produkt-Markt-Bereich ohne Beziehung zum bisherigen Produktangebot aufgenommen wird, unterschieden. Vgl. hierzu WÖHE/DÖRING (2002: 307f.), die Diversifikation als ein wesentliches absatzpolitisches Ziel von Unternehmenszusammenschlüssen ansehen.

Anpassungsdruck und Anpassungsstrategien des grenznahen Handwerks angesichts veränderter Wettbewerbsbedingungen im Zuge der EU-Erweiterung 2004

Unabhängig von den Betätigungsfeldern im Hinblick auf Kundengruppen und Leistungsbereiche müssen sich Unternehmen gegenüber ihren Konkurrenten anhand spezifischer Wettbewerbsvorteile positionieren. Wesentliche Ansatzpunkte für die Möglichkeiten einer Anpassung an veränderte Wettbewerbsbedingungen liefert dabei das Konzept der traditionellen bzw. generischen **Wettbewerbsstrategien nach PORTER** (vgl. PORTER 1986: 31ff.; PLESCHAK/SABISCH 1996: 85ff.)[133]. Demnach können die strategischen Ausrichtungen von Unternehmen anhand der Orientierung an bestimmten Wettbewerbsvorteilen unterschieden werden:

> Die **Strategie der Kostenführerschaft** zielt darauf ab, über Skalen- und Verbundeffekte, Lern- und Erfahrungskurveneffekte, Standortvorteile, günstige Beschaffung, niedrige Distributionskosten u.ä. Kostenvorsprünge gegenüber Wettbewerbern zu erzielen. Die Kostenführerschaft setzt üblicherweise hohe Marktanteile und große Produktionsvolumina voraus, so dass sie für kleinbetrieblich strukturierte Unternehmen mit begrenzten Ressourcen kaum in Frage kommt.

> Die **Differenzierungsstrategie** beabsichtigt eine positive Abgrenzung gegenüber Wettbewerbern auf Grundlage besonderer Leistungsmerkmale. Hier bieten sich gerade kleineren Unternehmen Möglichkeiten, im Hinblick auf Produktqualität, Service und Kundenorientierung ein einzigartiges Leistungsangebot anzubieten und dadurch den Preiswettbewerb zu vermindern. Wesentlich ist dabei, sich in der Wahrnehmung der Kunden über spezifische Produkteigenschaften, begleitende Dienstleistungen u.ä. von der Konkurrenz abzuheben[134].

> Die **Konzentrations- bzw. Nischenstrategie** basiert darauf, die unternehmerischen Aktivitäten auf begrenzte Marktsegmente, sog. Marktnischen, zu konzentrieren. Die Schwerpunktsetzung innerhalb der Marktnische kann auf Grundlage geringerer Kosten oder differenzierter Leistung erfolgen[135]. Voraussetzung für eine Nischenstrategie ist, dass das Unternehmen über die jeweiligen Kenntnisse und Fähigkeiten verfügt, um den spezifischen, vom Gesamtmarkt abweichenden Anforderungen des Teilmarktes zu entsprechen (vgl. LAHNER 2004: 157). Auch dieser Ansatz eignet sich für kleinbetrieblich strukturierte Unternehmen, da Großunternehmen engen Marktsegmenten aufgrund des begrenzten Marktvolumens und der hohen Flexibilitätsanforderungen mitunter nur wenig Beachtung

---

[133] Wesentlich für den Ansatz von PORTER ist seine Allgemeingültigkeit, so dass sich die herausgearbeiteten strategischen Grundmuster auf sämtliche Branchen übertragen lassen (vgl. LAHNER 2004: 156).

[134] Zur Möglichkeit der Differenzierung über das Anbieten zusätzlicher Dienstleistungen vgl. LAHNER (2004: 160ff.).

[135] MEFFERT (1998: 262) unterscheidet dabei die Begrifflichkeiten „Niedrigpreisstrategie" und „Produkt-Segment-Spezialisierung".

schenken[136]. Wesentliche Vorteile einer Nischenstrategie sind die Vermeidung des zunehmenden Preiswettbewerbs auf Massenmärkten sowie die hohe Bedürfnisbefriedigung und Kundenbindung im gewählten Segment (vgl. FRETER 1983: 34f.).

Die strategischen Möglichkeiten umfassen also – wie aus Abbildung 10 ersichtlich – die Nutzung von Kosten- oder Leistungsvorteilen entweder auf dem Gesamtmarkt oder auf tragfähigen Marktnischen.

Abbildung 10: Wettbewerbsstrategien nach PORTER

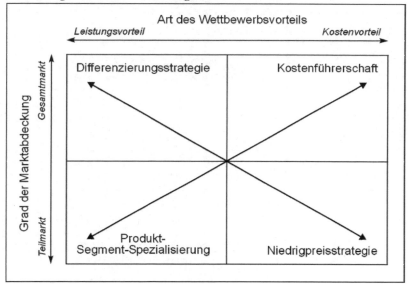

Quelle: MEFFERT (1998: 262).

---

[136] Die wichtigsten Kriterien zur Bewertung und Auswahl geeigneter Marktnischen sind dabei das bisherige und potenzielle Marktvolumen der Nische, die Zahl und Stärke der vorhandenen und potenziellen Wettbewerber, der Kundennutzen aufgrund von Vorteilen des eigenen Produkts bzw. der Wirtschaftlichkeit der eigenen Leistungserstellung sowie die Stärken und Schwächen des Unternehmens im Vergleich zur Konkurrenz (vgl. KÜPPER/BRONNER 1995: 77; PLESCHAK/SABISCH 1996: 87).

Die Klassifizierung von PORTER ist durch die Unvereinbarkeit der genannten strategischen Alternativen gekennzeichnet[137]. Die Frage, inwieweit das postulierte Trade-Off-Verhältnis von Kostenorientierung und Differenzierung angesichts einer zunehmenden Kundennachfrage nach flexiblen und preisgünstigen Leistungen von gleichbleibend hoher Qualität bei kurzen Lieferzeiten noch zeitgemäß ist, wird in der wirtschaftswissenschaftlichen Literatur unterschiedlich beantwortet[138]. Gerade für das Handwerk, das durch die überwiegende Erstellung bzw. Erbringung „klassischer", traditioneller Produkte und Leistungen geprägt ist, besitzt die Systematisierung von PORTER aber nach wie vor hohen Erklärungsgehalt.

Abbildung 11: Weiterentwicklung der Wettbewerbsstrategien nach PORTER

interne Strategiedimension			
	Differenzierung durch Service- oder Qualitätsorientierung	Strategietyp B *Differenzierung bei Standardprodukten*	Strategietyp C *Differenzierung bei Variantenprodukten* - Nutzung kundenspezifischen Know-hows - Annäherung an kundenindividuelle Einzelfertigung - Begrenzung der regionalen Reichweite
	Kostenorientierung	Strategietyp A *Kostenführerschaft*	(ineffiziente Strategie)
		Standardprodukte	Variantenprodukte bzw. kundenindividuelle Produkte

externe Strategiedimension

Quelle: in Anlehnung an FRESE *(1993: 1009).*

In einer Weiterentwicklung der PORTER'schen Systematik unterscheidet FRESE – wie aus Abbildung 11 ersichtlich – anhand einer internen und einer externen Wettbewerbsdimension drei Strategietypen, von denen insbesondere der Strategietyp der **Dif-**

---

[137] Hierin unterscheiden sich die generischen Wettbewerbsstrategien nach PORTER von den obig angeführten Produkt-Markt-Strategien nach ANSOFF, die durchaus kombiniert werden können.

[138] Vertreter hybrider Wettbewerbsstrategien sind der Meinung, dass die „reinen" Strategien nach PORTER die Kundenwünsche nach verbesserten Produkten zu verringerten Kosten in vielen Bereichen nicht mehr befriedigen können. Vgl. hierzu ZAHN (1991: 46) sowie vertiefend zur Bedeutung hybrider Wettbewerbsstrukturen und zur Implementierung hybrider Strategien FLECK (1995: 17ff. und 157ff.).

ferenzierung bei **Kundenproduktion**, der auf eine kundenindividuelle Einzelfertigung ausgerichtet ist, als Domäne „kleiner Einheiten" betrachtet wird (vgl. FRESE 1993: 1008ff.) [139].

In Anbetracht der hohen Koordinationsanforderungen der Kunden und der begrenzten regionalen Reichweite der kundenindividuellen Nachfrage erscheinen flexible Kleinbetriebe für die Herstellung von Variantenprodukten oder individuellen Leistungen besonders geeignet. Gerade in diesem Bereich könnte sich dem Handwerk ein aussichtsreiches Betätigungsfeld bieten. Konkrete Ansatzpunkte für die Umsetzung der von Strategietyp C verfolgten Differenzierung bei Kundenproduktion sind die Qualität der Leistungserstellung („besser"), die Unvergleichbarkeit, Neuartigkeit bzw. Einzigartigkeit der Leistung („anders") sowie die bessere Anpassung der Leistung an die individuellen Präferenzen der Kunden („individueller") (vgl. KIRSCH/RINGLSTETTER 1997: 472ff.).

3.3.2 Strategiefelder zur Behebung handwerkstypischer Defizite

Grenznahe Handwerksbetriebe stehen vor einer doppelten Herausforderung. Einerseits macht der allgemeine Wandel handwerklicher Leistungserstellung vom Verkäufer- zum Käufermarkt neue Marktstrategien notwendig, andererseits ist durch vermehrten Markteintritt kostengünstiger Wettbewerber aus den MOEL zusätzlicher Konkurrenzdruck zu erwarten (vgl. KOLLER 2003: 35; RAUNER/RIEDEL 2000: 10). Allerdings können Handwerksbetriebe gerade in eng begrenzten Marktsegmenten ihre Flexibilitätsvorteile und ihre Kundennähe gegenüber größeren Anbietern nutzen. Da Handwerksleistungen häufig Vertrauensgüter sind, die individuell auf den Kunden zugeschnitten werden und durch ein erhöhtes Risikoempfinden des Nachfragers gekennzeichnet sind[140], kommt einer konsequenten Kundenorientierung für die strategische Ausrichtung des Handwerks besondere Bedeutung zu (vgl. RAFFÉE 1989: 42; MEFFERT 1997: 28; MÜLLER 2000b: 181).

Dabei lassen sich die zahlreichen Vorschläge der handwerkswissenschaftlichen Literatur zur Verbesserung der Wettbewerbsfähigkeit von Handwerksbetrieben vor dem Hintergrund der Fragestellung dieser Arbeit zu vier wesentlichen Ansätzen zusammenfassen, die alle auf die Behebung handwerkstypischer Defizite gerichtet sind. Eine

---

[139] Der fehlende vierte Strategietyp kann als offenkundig ineffiziente Strategie ausgeklammert werden.
[140] Man denke in diesem Zusammenhang etwa an die Gestaltung der Innenausstattung der eigenen Wohnung durch Handwerksbetriebe des Ausbaugewerbes.

stärkere Marktorientierung, eine **verbesserte Unternehmens- und Personalführung**, ein **Ausbau der grenzüberschreitenden Geschäftstätigkeit** und eine **stärkere Kooperationstätigkeit** können demnach wesentliche Bausteine erfolgversprechender Anpassungsstrategien des grenznahen Handwerks angesichts der Herausforderungen von Strukturwandel und EU-Erweiterung sein.

3.3.2.1 Stärkere Marktorientierung

Die Forderung nach einer stärkeren Marktorientierung im Handwerk leitet sich aus der Beobachtung ab, dass Handwerksbetriebe mitunter Schwächen im Vertriebs- und Absatzbereich aufweisen und den Übergang vom Verkäufer- zum Käufermarkt noch nicht durch eine stärker marketingorientierte Unternehmensführung nachvollzogen haben. Für zahlreiche Betriebe ist die Tätigkeit auf Bestellung ohne eigene absatzorientierte Aktivitäten noch immer der Normalfall. Während Technik und Produktion stark betont werden, genießen Service und Vertrieb nicht immer einen ähnlich hohen Stellenwert. Um aber die immer stärker ausdifferenzierten Kundenbedürfnisse durch handwerkliche Leistungen befriedigen zu können, sollte das Handwerk seine Kunden- und Marktnähe, die aus der Erstellung von Produkten und Leistungen direkt für den Abnehmer resultiert, künftig stärker für das Erkennen zusätzlicher Marktchancen und die Entwicklung entsprechender Leistungen, Produkte und Marketingkonzepte nutzen (vgl. SCHWARZ 1998: 45f.; ZDH 1998: 69)[141].

Die Kundennachfrage nach individualisierten Leistungsbündeln, die durch hohe Beratungs- und Betreuungsintensität gekennzeichnet sind, scheint hierfür gute Voraussetzungen zu bieten (vgl. OBERHOLZNER 2002: 53; MÜLLER 2000b: 209ff.; KOLLER 2003: 35)[142]. Daher gilt es für Handwerksbetriebe, rasch auf Zukunftstrends und Änderungen der Kundenanforderungen zu reagieren und die betrieblichen Kompetenzen ggf. an die veränderte Nachfrage anzupassen (vgl. SCHMIDT-BEHLING 1995: 59ff.). Im Mittelpunkt einer Betriebsführung, die das Leistungsprogramm konsequent an den Anforderungen des Marktes ausrichtet, sollte noch deutlicher die Kundenzufriedenheit

---

[141] Unter Marketing wird in diesem Zusammenhang in Anlehnung an FRETER (1983: 24) die Beeinflussung der relevanten Absatzmärkte im Rahmen einer markt- und kundenorientierten Unternehmenspolitik verstanden.

[142] Auf die Abstimmung verschiedener handwerklicher Leistungen und die Möglichkeiten und Grenzen eines gemeinsamen Komplettangebots durch kooperierende Betriebe aus unterschiedlichen Gewerken wird in Kapitel 3.3.2.4 genauer eingegangen.

3 Verhaltens- und handlungsorientierte Betrachtung der Anpassungsstrategien grenznaher Handwerksbetriebe

stehen[143]. Denn aus Sicht mancher Konsumenten wird das Handwerk mit mangelnder Termintreue, Überheblichkeit der Handwerker bei der Erläuterung ihrer Leistung sowie bewusster Ausrichtung der Beratungsleistung auf teure Lösungen in Verbindung gebracht und eher negativ beurteilt (vgl. DÜRIG 2002: 114).

Wichtige Bausteine einer konsequenten Kundenorientierung sind die genaue Analyse der Kundenanforderungen mittels Marktbeobachtung, eine bewusste Serviceorientierung und das zukunftsorientierte Erschließen neuer Leistungsfelder[144]. Gerade einer konsequenten Servicepolitik, die beispielsweise die Erreichbarkeit des Betriebes, die gezielte Kundenbetreuung auch nach dem Kauf und eine verstärkte Transparenz bei der Erstellung von Angeboten und Rechnungen umfasst, kommt als zentralem Unterscheidungskriterium zwischen handwerklichen Leistungen und industriell gefertigten Produkten zentrale Bedeutung zu (vgl. ZDH 1998: 70ff.). Hierzu zählt auch ein systematisches Zeitmanagement der betrieblichen Prozesse. Kunden zeitbewusster Unternehmen werden häufig nicht nur schneller, sondern in Anbetracht einer erhöhten Effizienz auch qualitativ besser bedient (vgl. ZAHN 1991: 41; HERRSCHAFT 2000: 143).

Auf Grundlage einer konsequenten Zielgruppenorientierung können mit innovativen Produkten bestehende Marktpositionen verbessert und neue Marktfelder erschlossen werden. Markttrends mit Umsatzpotenzial wie etwa das gewachsene Ökologiebewusstsein breiter Bevölkerungsschichten, der Bedarf an spezifischen Bau- bzw. Ausbauleistungen für Senioren und behinderte Menschen oder die steigenden Energiepreise und der daraus resultierende Trend hin zu Nachhaltigkeit bzw. Ressourceneffizienz sind wichtige Bereiche, in denen durch Neuerungen oder Verbesserungen des Leistungsangebots zusätzliche Kunden bedient werden können (vgl. ASTOR ET AL. 2006: 84; BECKER 2005: 134f.). Auch traditionelle, auf den ersten Blick wenig innovativ erscheinende Handwerksbereiche können ihr Marktpotenzial durch eine offensive Reaktion auf gesellschaftliche Veränderungen erhöhen[145].

---

[143] HERRSCHAFT (2000: 134) verweist darauf, dass in (zu) vielen Betrieben Aufträge und Arbeiten nicht mit dem obersten Ziel der individuellen Kundenbefriedigung ausgeführt, sondern im Sinne der Abarbeitung eines vorhandenen Gesamtbestandes lediglich „erledigt" werden.

[144] Beispiele für die Entwicklung neuer Leistungsfelder durch ein zusätzliches handwerkliches Produkt- und Dienstleistungsangebot stellen etwa individuell ausgerichtete Party-Service-Angebote im Nahrungsmittelhandwerk oder Kundendienstleistungen für zunehmend komplexer werdende technische Anlagen im Heizungsbau dar.

[145] Beispiel hierfür ist die Nutzung der „Wellness-Welle" für eine Erweiterung des Produktangebots im Kosmetiker- bzw. Orthopädiehandwerk oder die Nutzung des veränderten Ernährungsverhaltens

Anpassungsdruck und Anpassungsstrategien des grenznahen Handwerks angesichts veränderter Wettbewerbsbedingungen im Zuge der EU-Erweiterung 2004

Gerade im Bau- und Ausbaubereich können selbständige Handwerker durch Innovativität und Marktorientierung vermeiden, innerhalb der nächsten Jahrzehnte auf reine Ausführer von Herstellervorgaben reduziert zu werden (vgl. RAUNER 1995: 8). Ein reaktives Verhalten hingegen, das ausschließlich an den kurzfristigen Kundenanforderungen ausgerichtet ist und den relevanten Markt nicht systematisch beobachtet, sieht sich mit dem Problem konfrontiert, dass bestimmte Nachfragetrends und Technologien, die nur vorausschauend und langfristig erarbeitet und erlernt werden können, zwangsläufig verpasst werden (vgl. DEITMER 1995: 44)[146].

Abbildung 12: Polarisierung der Märkte

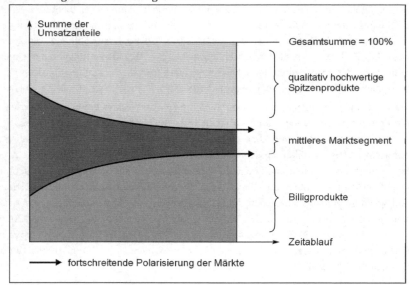

Quelle: in Anlehnung an EGGERT (1997: 208).

---

für Angebote fertiger Zwischenmahlzeiten im Bäcker- oder Metzgerhandwerk (vgl. LAHNER 2004: 139ff.).

[146] Ein positives Gegenbeispiel hierfür sind zahlreiche Betriebe des Nahrungsmittelgewerbes, die die verstärkte Kundenorientierung hin zu ökologischen Produkten aus der eigenen Region frühzeitig aufgenommen und in ihrem Angebotssortiment entsprechend berücksichtigt haben. Vielfach konnte so die eigene Marktposition ausgebaut und die Kundenbindung erhöht werden.

3 Verhaltens- und handlungsorientierte Betrachtung der Anpassungsstrategien grenznaher Handwerksbetriebe

Generell ist auf vielen handwerksrelevanten Märkten eine zunehmende Polarisierung beobachtbar, die zu einer fortschreitenden Verdrängung des mittleren Marktsegments zugunsten des oberen und unteren Marktsegments führt[147]. Neben der gestiegenen Nachfrage nach qualitativ hochwertigen Spitzenprodukten ist hierfür auch der zunehmende Erfolg von Discountvertriebsformen maßgeblich. Im Zuge dieser veränderten Marktstrukturen bietet sich qualitätsorientierten Handwerksbetrieben die Chance, sich im Wachstumssegment der Spitzenprodukte zu positionieren (vgl. LAGEMAN 2001: 20; EGGERT 1997: 207f.). Abbildung 12 verdeutlicht die Entwicklung graphisch.

Die wichtigsten Vorteile des Handwerks, die für die Umsetzung einer stärker marktorientierten Unternehmensstrategie genutzt werden können, stellen die nichtpreislichen Wettbewerbsfaktoren dar, etwa der Grad der Produktdifferenzierung und Individualisierung oder die Qualität der Mitarbeiter (vgl. OBERHOLZNER 2002: 37)[148]. Eine kundenorientierte Anpassung des eigenen Leistungsangebots muss sich dabei an den individuellen Eignungskriterien orientieren, um erfolgreich zu sein. Inwiefern dabei potenzielle Vorteile wie Flexibilität, Anpassungsfähigkeit und Reaktionsschnelligkeit, die kleinbetrieblich strukturierten Unternehmen oft stereotyp und undifferenziert zugeordnet werden, im Einzelfall tatsächlich vorliegen und genutzt werden können, kann nur unternehmensindividuell beurteilt werden. Falls es aber gelingt, durch Kundenorientierung und Problemlösungskompetenz erhöhte Kundenbindung zu realisieren, kann dadurch auch der Preiswettbewerb mit kostengünstiger Konkurrenz – etwa im Grenzraum bei Markteintritt ausländischer Konkurrenzbetriebe – reduziert werden[149]. Wesentliche Voraussetzung einer konsequenten Kundenorientierung ist allerdings, dass sämtliche Mitarbeiter durch kundenbewusstes Verhalten diese Ausrichtung auch nach außen widerspiegeln (vgl. ZAHN 1991: 40).

---

[147] HUBER (2005: 74f.) spricht in diesem Zusammenhang von der „toten Mitte" und führt die Polarisierung der Märkte mit steigender Nachfrage nach Discount- und Luxusprodukten auf das zunehmend individualisierte Konsumverhalten zurück.

[148] Allerdings sind im Falle eines verstärkten Technologieeinsatzes mögliche negative Effekte auf die spezifischen Marketingstärken kleinbetrieblicher Handwerksunternehmen zu berücksichtigen. RÖSSL (1991: 657ff.) skizziert die ambivalente Wirkung eines verstärkten Technologieeinsatzes in Klein- und Mittelbetrieben im Hinblick auf Image und Kundenwahrnehmung einer als individuell und persönlich charakterisierten Leistung.

[149] REUM-MÜHLING (1991: 161) thematisiert die Bedeutung des Wandels vom Produktanbieter zum Problemlöser. Die kontinuierliche Ausarbeitung innovativer Problemlösungsangebote für die eigene Zielgruppe ermöglicht einen zeitlichen Wettbewerbsvorsprung gegenüber der (mit den spezifischen Anforderungen der eigenen Kunden nicht vertrauten) Konkurrenz, der im Bereich austauschbarer Standardprodukte und -dienstleistungen nicht bestehen würde.

3.3.2.2 Verbesserte Unternehmens- und Personalführung

Eine Verbesserung der Unternehmens- und Personalführung im Handwerk – insbesondere im Hinblick auf Betriebsorganisation, Führungsstil, Mitarbeiterqualifikation und -motivation – kann eine wesentliche Voraussetzung einer erfolgreichen strategischen Anpassung des Handwerks an veränderte Rahmenbedingungen sein[150]. Dabei resultieren die diesbezüglichen handwerksspezifischen Defizite aus der Fülle an Aufgaben, die der alleinverantwortliche Betriebsinhaber in seinem Unternehmen erledigt bzw. erledigen zu müssen glaubt[151]. Durch Überlastung mit operativen Aufgaben und unzureichende Delegation sind Defizite bei den strategischen Unternehmensaufgaben oft unvermeidlich. Die Dominanz des Betriebsinhabers kann dazu führen, dass Mitarbeiter nur unzureichend in den gesamten Arbeitsprozess eingebunden sind und ihr vorhandenes Know-how nicht in vollem Umfang in den Betrieb einbringen[152]. Häufige Kritikpunkte der Mitarbeiter von Handwerksbetrieben sind die Abhängigkeit der Arbeitsatmosphäre von der Person des Meisters, ein mitunter autokratischer Führungsstil und die unzureichende Durchführung von Fort- und Weiterbildungsmaßnahmen (vgl. DÜRIG 2002: 114). Auch das Bewusstsein für die Wichtigkeit eines zeitgemäßen innerbetrieblichen Informationswesens bzw. für die Verwendung geeigneter Planungsinstrumente ist im Handwerk mitunter unzureichend ausgeprägt[153].

Die Bedeutung von Personalführung, Personalentwicklung und Mitarbeitermotivation für die Zukunftsfähigkeit des jeweiligen Betriebs wird im Handwerk nicht immer

---

[150] HUANG/BROWN (1999: 73ff.) kamen in ihrer empirischen Untersuchung kleinbetrieblich strukturierter Unternehmen in Westaustralien zu dem Ergebnis, dass Marketing, Humankapital und Unternehmensführung die wichtigsten betrieblichen Problemfelder von Kleinbetrieben darstellen.

[151] Vgl. HOGEFORSTER (1995: 25) sowie SCHMIDT (1983: 181), der in diesem Zusammenhang eine Konzentration des Unternehmers auf die vier Hauptaufgaben „Beschreibung des Unternehmensziels", „ökonomische Führung des Betriebs", „Auswahl, Führung und Motivation der Mitarbeiter" sowie „Kontrolle der Zielerreichung" empfiehlt.

[152] GROCHLA ET AL. (1984 : 395ff.) sprechen in diesem Zusammenhang von der „Kausalkette der unternehmerischen Belastung" im mittelständischen Betrieb. Aufgrund der Belastung der Unternehmensführung mit einfachen Ausführungs- und Routinetätigkeiten werden wichtige Führungsaufgaben in den Bereichen Planung, Kontrolle, Organisation und Personal vernachlässigt, was wiederum dazu führt, dass die nötige Grundlage zur Delegation von Routineaufgaben fehlt. Zudem führt die Scheu, Kompetenzen abzugeben, zu geringer Mitarbeitermotivation und -initiative und damit zur Notwendigkeit der Wahrnehmung zusätzlicher Kontrollaufgaben durch die Unternehmensführung.

[153] BRÜGGEMANN/RIEHLE (1995: 106) konnten im Rahmen einer Untersuchung des Sanitär-, Heizungs- und Klimahandwerks zeigen, dass sich gerade innovative und erfolgreiche Betriebe durch detaillierte Planung von Betriebszielen und Abläufen, klare und transparente Leistungsvorgaben sowie umfassende Kalkulation und Kontrolle des betrieblichen Geschehens auszeichnen.

3 Verhaltens- und handlungsorientierte Betrachtung der Anpassungsstrategien grenznaher Handwerksbetriebe

ausreichend erkannt[154]. Potenziale interner Wissensgenerierung, Motivation und Kreativität bleiben aufgrund unflexibler Strukturen der Betriebsorganisation und unzureichender Partizipation der Mitarbeiter teilweise ungenutzt (vgl. LAHNER 2004: 126; SCHULT 1995: 15)[155]. Da die „menschliche Ressource" gerade im kleinbetrieblich strukturierten Handwerk ein wichtiges Unternehmenskapital darstellt, kommen Arbeitszufriedenheit und Mitarbeitermotivation entscheidende Bedeutung für Erfolgspotenzial und Zukunftsfähigkeit des Unternehmens zu. Durch geeignete Kombination klassischer, auf Geld und Status gerichteter Anreize und moderner, auf Möglichkeiten der Selbstentwicklung gerichteter Anreize können die persönlichen Ziele der Mitarbeiter mit den Zielen der Firma in Einklang gebracht werden (vgl. NAGEL 1998: 174f.).

Damit das Unternehmen als Ganzes Beratungs- und Marketingkompetenzen aufbauen und nach außen vermitteln kann, sind verstärkt servicebezogene Aufgaben durch die Mitarbeiter wahrzunehmen, so dass sich der Inhaber auf übergeordnete Aufgaben konzentrieren kann (vgl. DEITMER 1995: 50)[156]. Eine Studie im Sanitär-, Heizungs- und Klimahandwerk von 1995 zeigt, dass gerade innovative und im Wettbewerb erfolgreiche Betriebe durch Partizipation der Mitarbeiter, das Hinterfragen betrieblicher Abläufe und die Organisation eines ständigen Lernaustausches geprägt sind[157]. Entsprechendes Gewicht sollte daher auch bei der Meisterausbildung auf Inhalte aus den Bereichen Betriebswirtschaft und Organisation gelegt werden, um den Anforderungen an eine zeitgemäße Unternehmensführung zu entsprechen[158].

---

[154] Zum systematischen Einsatz von Instrumenten der Mitarbeitermotivation vgl. LAU (2005: 60ff.).

[155] Auch die Handwerksorganisation betont die Bedeutung von Teamarbeit, Eigenverantwortung, innerbetrieblicher Flexibilität und Weiterbildung für die Motivation der Mitarbeiter (vgl. ZDH 1998: 102).

[156] RAUNER/RIEDEL (2000: 14) weisen darauf hin, dass dafür neben dem Meister auch die Gesellen mit dem gesamten Aufgabenspektrum eines Kundenauftrags vertraut gemacht werden müssen.

[157] Vgl. BRÜGGEMANN/RIEHLE (1995: 104ff.) sowie vertiefend zur Bedeutung der Lernfähigkeit als Qualität der Führungsstruktur und zum Zusammenhang zwischen Führungs-/Beziehungskultur und Lernfähigkeit in Unternehmen bzw. Organisationen MÜLLER/HURTER (1999: 21ff.).

[158] ESSER (2002: 9ff.) zeigt im Rahmen einer empirischen Untersuchung, dass nur eine kleine Minderheit der Handwerksmeister ihren Tätigkeitsschwerpunkt im kaufmännisch-organisatorischen Bereich sieht und fast jeder zweite Meister selbst Aufgaben in der Produktion wahrnimmt. Auch im Hinblick auf betriebliche Weiterbildung wird von den befragten Meistern dem handwerkstechnischen Bereich Priorität eingeräumt. Die Untersuchung bestätigt insgesamt, dass das Bewusstsein für die Bedeutung und Notwendigkeit kaufmännischer und organisatorischer Aufgaben bei den Handwerksmeistern derzeit noch unzureichend ausgeprägt ist. DÜRIG (2002: 121) verweist in diesem Zusammenhang darauf, dass die Qualitätsstandards der Meisterprüfung unzureichend mit den Markterfordernissen abgestimmt sind und nach wie vor Defizite im betriebswirtschaftlichen Bereich aufweisen. Eine aktuelle Darstel-

Anpassungsdruck und Anpassungsstrategien des grenznahen Handwerks angesichts veränderter Wettbewerbsbedingungen im Zuge der EU-Erweiterung 2004

Neben unzureichender Einbindung und Motivierung der Mitarbeiter kann auch die ungenügende Qualifizierung und Weiterbildung des Personals ein Hemmnis für eine markt- und kundenorientierte betriebliche Ausrichtung darstellen. Der Aufbau zusätzlichen Humankapitals durch Weiterbildungsmaßnahmen erscheint daher wichtig, um Innovativität und Kundenorientierung im Betrieb zu stärken. Ökonomisch relevantes Anwendungswissen gilt als wesentliche Determinante unternehmerischen Erfolgs (vgl. DÜRIG 2002: 117).

Dies trifft gerade im Hinblick auf einen verstärkten Technologieeinsatz in Handwerksunternehmen zu, der eine entsprechende Qualifizierung der Mitarbeiter – insbesondere im Umgang mit dem „Werkzeug" Computer – voraussetzt[159]. Den gestiegenen Anforderungen der Märkte an die Qualifikation der Mitarbeiter sollte im Idealfall mit einer Personalentwicklungsplanung begegnet werden, die das individuelle Leistungsniveau kontinuierlich und gezielt den sich ändernden Erfordernissen anpasst[160]. Stattdessen erfolgt die Weiterbildung im Handwerk eher als pragmatische Anpassung an zumeist kurzfristig festgestellte technologische Erfordernisse oder unterbleibt gänzlich. Zahlreiche Betriebsinhaber sind der Meinung, dass die genannten Maßnahmen nur Zeit und Geld kosten und der auf dem Markt verwertbare Nutzen zusätzlicher Qualifikationen gering ist (vgl. LAHNER 2004: 126; REITH 1995: 57)[161].

Kleinbetrieblich strukturierte Handwerksbetriebe besitzen – bei stärkerer Berücksichtigung der genannten Verbesserungsmöglichkeiten – dennoch gute Voraussetzungen, ihre flachen Hierarchien und direkten Kommunikationswege zur besseren Qualifikation und Motivation ihrer Mitarbeiter im Sinne einer markt- und kundenorientierten Unternehmensführung zu nutzen[162]. Die Aktivierung des Mitarbeiterpotenzials im

---

lung der betriebswirtschaftlichen, kaufmännischen und rechtlichen Prüfungsinhalte, die berufsübergreifender Bestandteil jeder Meisterprüfung sind, findet sich bei SPANIOL (2002: 21ff.).

[159] RÖDIGER (2003: 55f.) verweist in diesem Zusammenhang beispielhaft auf die mangelnde Vertrautheit mit Computern als Hemmnis softwareunterstützten Arbeitens im Schneiderhandwerk.

[160] Vgl. SCHWARZ (1998: 54) sowie grundlegend zur Notwendigkeit einer kontinuierlichen Bestimmung des betrieblichen Weiterbildungsbedarfs STEEGER (1999: 26ff.).

[161] BRÜGGEMANN/RIEHLE (1995: 104f.) hingegen zeigen, dass innovative Vorreiterbetriebe des Sanitär-, Heizungs- und Klimahandwerks durch ein hohes Qualifikationsniveau der Belegschaft und eine kontinuierliche Fort- und Weiterbildung gekennzeichnet sind. Betriebsinhaber von als „innovationsorientiert" eingestuften Betrieben zeigen keinerlei Tendenz, ihr eigenes technisches, betriebswirtschaftliches und organisatorisches Wissen zu monopolisieren.

[162] KOTTHOFF/REINDL (1990: 375ff.) beschreiben die gemeinschafts- und motivationsfördernde Wirkung kleinbetrieblicher Strukturen und ihrer personalen Art der Unternehmensführung.

3 Verhaltens- und handlungsorientierte Betrachtung der Anpassungsstrategien grenznaher Handwerksbetriebe

Rahmen einer zukunftsorientierten Unternehmens- und Personalführung ist ein zentrales Aktionsfeld strategischer Anpassung. Obwohl das Handwerk generell durch eine große Pluralität der Führungsstile und Betriebsstrukturen gekennzeichnet ist und manche Betriebe neben hochentwickelter Technik auch moderne Managementmethoden einsetzen, sind Vorbehalte gegenüber Veränderungsprozessen noch in zahlreichen Handwerksunternehmen anzutreffen. Dies führt zu mentalitätsbedingtem Festhalten an alten Strukturen und Zurückhaltung gegenüber neuen Ideen. Wichtige Ansatzpunkte zur Überwindung dieser Hemmnisse sind Anregungen und positive Erfahrungen, die aus dem eigenen Umfeld, etwa seitens anderer Handwerksunternehmen oder der Handwerksorganisation, an den betrieblichen Entscheidungsträger herangetragen werden (vgl. DEITMER 1995: 49).

3.3.2.3 Ausbau grenzüberschreitender Geschäftstätigkeit

Gerade für grenznahe Handwerksbetriebe stellt der Aufbau bzw. die Ausweitung grenzüberschreitender Geschäftstätigkeit eine Möglichkeit dar, auf die verschärfte Wettbewerbssituation auf den Heimatmärkten zu reagieren (vgl. MÜLLER/BANG 2003: 242ff.; JENTSCH 2001: 107ff.). Obwohl viele Betriebe Handwerksleistungen anbieten, die exportfähig sind, bleiben Absatzpotenziale im Ausland häufig ungenutzt[163]. Dabei kommen grundsätzlich v.a. solche Betriebe für eine Internationalisierung in Frage, die bereits überregional agieren. Doch auch grenznahe Handwerksunternehmen, die sich auf den lokalen und regionalen Absatzraum konzentrieren, können die geringe Distanz und die geringen Raumüberbrückungskosten für Transport und Kommunikation dazu nutzen, ihre Märkte ins benachbarte Ausland zu erweitern[164]. Anders als im Binnenraum können in Grenznähe auch Handwerksbereiche, bei denen ergänzende Dienstleistungen wie Bauarbeiten, Montage und Reparatur ein integraler Bestandteil des Leistungsangebots sind, ihren (nationalen) Heimatmarkt um das angrenzende Ausland erweitern (vgl. OSTENDORF 1997: 179). In strukturschwachen Gebieten können so die

---

[163] ZDH (2006b: 44) verweist darauf, dass derzeit 5% der Handwerksunternehmen ihre Produkte und Leistungen grenzüberschreitend erbringen. Für eine umfassende Darstellung des Umfangs grenzüberschreitender Geschäftstätigkeit sowie des generellen Internationalisierungspotenzials im Handwerk vgl. MÜLLER (2004: 4ff.).

[164] In seiner Analyse der Charakteristika des Internationalisierungsverhaltens von Handwerksbetrieben konnte OSTENDORF zeigen, dass grenznahe Handwerker – im Gegensatz zu Handwerksbetrieben aus dem Binnenland – im Falle einer Internationalisierung überwiegend traditionelle Handwerksprodukte und -leistungen ins Ausland liefern. Hinsichtlich der Länderwahl konzentrieren sich grenznahe Handwerksbetriebe fast ausschließlich auf das direkt angrenzende Nachbarland (vgl. OSTENDORF 1997: 176f. und 183f.).

Anpassungsdruck und Anpassungsstrategien des grenznahen Handwerks angesichts veränderter Wettbewerbsbedingungen im Zuge der EU-Erweiterung 2004

Nachteile eines begrenzten Absatzradius – etwa die starke Abhängigkeit von der (rückläufigen) Einkommensentwicklung in der Region oder die Unterauslastung von Produktionskapazitäten – gemindert werden[165]. Besonders vorteilhaft erscheint eine Internationalisierung dann, wenn aufgrund von Qualität und Einzigartigkeit der Leistung bzw. besonderer Flexibilität des Leistungserbringers eine Nachahmung durch die Konkurrenz im Zielland nicht oder nur schwer möglich ist (vgl. SCHWARZ 1998: 38).

Die übliche Form grenzüberschreitender Tätigkeit des Handwerks ist dabei die Exporttätigkeit, ggf. unter Einschaltung eines Absatzmittlers (vgl. OSTENDORF 2000: 96)[166]. Auch grenzüberschreitende Kooperationen und Direktinvestitionen kommen als Formen des handwerklichen Auslandsengagements in Betracht[167]. Allerdings konzentriert sich die Auslandstätigkeit im Handwerksbereich stark auf das Produzierende Handwerk für den gewerblichen Bedarf, v.a. die Investitionsgüter- und Zulieferunternehmen. Daneben sind Hersteller von Spezialprodukten im Konsumgüterbereich sowie Dienstleistungshandwerker im Grenzraum, die Arbeiten im nahen Ausland durchführen, besonders international ausgerichtet (vgl. MÜLLER 2004: 12)[168]. Generell ist es jedoch gerade im Handwerk üblich, dass die Vorbereitung von Auslandsgeschäften zufällig und ohne vorausgehende Planung erfolgt. Häufige Ursachen handwerklichen Auslandsengagements sind Anfragen ausländischer Kunden oder eine Kontaktaufnahme durch Vermittlungstätigkeit Dritter (vgl. SAUER 1991: 126ff.).

Neue Märkte jenseits der Grenze können grundsätzlich mit einem unveränderten oder einem weiterentwickelten Produkt- und Leistungsprogramm bedient werden. Das Kriterium der „psychischen Nähe" bzw. „psychischen Distanz" zum relevanten Auslandsmarkt beeinflusst nicht nur die grundsätzliche Entscheidung darüber, ob eine Geschäftstätigkeit im angrenzenden Ausland aufgenommen wird, sondern auch, inwie-

---

[165] Allerdings sind der Außenhandelstätigkeit mancher grenznaher Handwerksbetriebe aufgrund bestimmter Produktcharakteristika, etwa schneller Verderblichkeit der Ware im Nahrungsmittelhandwerk, enge Grenzen gesetzt.

[166] Zu den Formen internationaler Unternehmenstätigkeit vgl. ausführlich HAAS (2006b: 605ff.).

[167] Zu den Bestimmungsgrößen des Internationalisierungsprozesses von KMU und den Möglichkeiten ihrer Operationalisierung vgl. ausführlich MIESENBÖCK (1989: 44ff.).

[168] Gerade auf hochspezialisierten Nischenmärkten sind deutsche Handwerker mitunter weltweit tätig, da ihre Produkte – etwa im Orgelbauer-, Musikinstrumentenmacher-, Chirurgiemechaniker- oder Bootsbauerhandwerk – kaum Konkurrenz haben (vgl. MÜLLER 2004: 15).

3 Verhaltens- und handlungsorientierte Betrachtung der Anpassungsstrategien grenznaher Handwerksbetriebe

weit die Produkt- und Marketingpolitik auf die dortigen Erfordernisse angepasst werden muss[169]. Wesentliche Einflussfaktoren der psychischen Nähe bzw. Distanz sind Sprache bzw. Dialekt, kulturelle Gemeinsamkeiten und ähnliche Geschäftsgewohnheiten in Heimatland und Zielland[170]. Je größer die kulturellen Unterschiede zwischen Heimatmarkt und Auslandsmarkt sind, desto stärker muss auch das Leistungsprogramm auf die Wünsche, Gewohnheiten und Eigenarten der ausländischen Kunden ausgerichtet werden. Für das deutsche Handwerk im Grenzraum zu den östlichen Nachbarländern Polen und Tschechien kann von – verglichen mit anderen Grenzräumen – überdurchschnittlich hohen kulturellen Unterschieden ausgegangen werden, die insbesondere durch die Sprachbarriere geprägt sind. Dennoch besteht für das grenznahe Handwerk angesichts der positiven Wirtschaftsentwicklung in den östlichen Nachbarländern ein enormes Marktpotenzial. Verschiedene länderspezifische Faktoren, etwa die ordnungspolitischen und rechtlichen Rahmenbedingungen, Wirtschaftspolitik, konjunkturelle Entwicklung und Nachfragestruktur, haben sich in den Nachbarländern Tschechien und Polen sehr positiv entwickelt[171].

Um das unausgeschöpfte handwerkliche Internationalisierungspotenzial gerade im Hinblick auf die Anpassung der grenznahen Betriebe an die Auswirkungen der EU-Erweiterung zu aktivieren, müssen die Betriebe hinsichtlich Marktorientierung und Unternehmensführung „internationalisierungstauglich" gemacht werden[172]. Staat und Handwerksorganisation bieten Hilfestellung bei der Überwindung von Internationalisierungshemmnissen an, etwa bei Fragen zu Rechtslage oder Verwaltungspraxis[173].

---

[169] Zum Konstrukt der psychischen Distanz zu Auslandsmärkten vgl. MÜLLER/KÖGLMAYR (1986: 788f.).

[170] Für eine umfassende Analyse kultureller Unterschiede eignet sich das Konzept der Kulturdimensionen nach HOFSTEDE 2001, der anhand der Kriterien „Machtdistanz", „Individualismus", „Maskulinität" und „Unsicherheitsvermeidung" die kulturelle Distanz zwischen verschiedenen Ländern untersucht (vgl. HOFSTEDE 2001: 16ff. und 25ff.).

[171] Einen Überblick über länderspezifische Faktoren, die die Aufnahme internationaler Geschäftstätigkeit im Handwerk beeinflussen, gibt SAUER (1991: 69). Zu Erfolgs- und Misserfolgsfaktoren mittelständischer Unternehmen im Rahmen einer Geschäftstätigkeit in Osteuropa vgl. HENTZE/KAMMEL (2000: 209ff.).

[172] SAUER (1991: 114ff.) erarbeitet zu diesem Zweck anhand von produkt-, prozess- und ressourcenbezogenen Kriterien sowie Managementfaktoren ein betriebliches Stärken-Schwächen-Modell, das internationalisierungsrelevante Einflussfaktoren beinhaltet und als Grundlage für die Herausarbeitung handwerklicher Wettbewerbsvorteile im internationalen Kontext dienen soll.

[173] Einen umfassenden Überblick über verschiedene Informations- und Fördereinrichtungen, die KMU bei einer Internationalisierung beraten und unterstützen, gibt EDEN (2002: 66ff.).

Durch Informations-, Unterstützungs- und Förderangebote kann dazu beigetragen werden, psychologische Hemmnisse abzubauen, rechtlich und wirtschaftlich relevante Fragen im Vorfeld zu klären, die Bereitschaft zur Wahrnehmung bestehender Marktchancen zu stärken und den Markteinstieg zu erleichtern[174].

3.3.2.4 Stärkere Kooperationstätigkeit

Aufgrund der Ressourcenbeschränkungen des Handwerks stellen auch Kooperationen eine wichtige Handlungsmöglichkeit dar, um in einem verschärften Wettbewerbsumfeld zu bestehen und den veränderten Anforderungen der Märkte und Kunden besser zu entsprechen. Unter Kooperation versteht man dabei das freiwillige, gleichberechtigte und aktive Zusammenwirken von mindestens zwei rechtlich und wirtschaftlich selbständigen Partnern zur Erreichung eines gemeinsamen Ziels (vgl. FREVEL/HEINEN 2000: 59).

Es können – je nach Intensität der Beziehung – verschiedene Arten handwerklicher Kooperationen unterschieden werden, die vom reinen Zukauf von Leistungen im Rahmen von Unteraufträgen über Kooperationsverträge für gemeinsame Angebote bis hin zu strategischen Allianzen reichen (vgl. FREVEL/HEINEN 2000: 55). Im Rahmen von Kooperationen stehen für Handwerksbetriebe insbesondere drei strategische Ziele im Vordergrund:

> Durch Bildung von Kooperationen kann das **Leistungsangebot erweitert** und damit die Kundenorientierung erhöht werden. Die vom Kunden zunehmend gewünschten Komplettangebote bzw. „Leistungen aus einer Hand" sind durch Zusammenarbeit über traditionelle Berufsgrenzen hinweg leichter realisierbar (vgl. HANTSCH 2005: 37). Ressourcendefizite können so durch Bündelung von Knowhow und Kompetenz ausgeglichen und Risiken geteilt werden (vgl. BUSCHMANN/GOLOMBIEWSKI 2003: 71f.). Zudem können sich die einzelnen Kooperationspartner auf ihre Kernkompetenzen konzentrieren, so dass die jeweiligen Teilleistungen durch höhere Qualität und geringere Kosten gekennzeichnet sind. Kooperationen erleichtern damit die Verbindung von Komplettangebot und Spezialleistung und stellen eine Möglichkeit dar, ergänzende Dienstleistungen als Teil eines – an den Kundenbedürfnissen orientierten – „Gesamtpakets" anzubieten

---

[174] Ein Beispiel für ein wichtiges Instrument der Kammerorganisation zur Unterstützung deutscher (konkret: bayerischer) Handwerksbetriebe bei der Aufnahme einer grenzüberschreitenden Geschäftstätigkeit in Tschechien ist das Außenwirtschaftsbüro des bayerischen Handwerks in Pilsen. Zu den Aufgabengebieten dieser Einrichtung vgl. SCHMIDBERGER (2002: 69ff.).

(vgl. LAHNER 2004: 174f.)[175]. Der Vorteil für die Kunden liegt darin, dass die verschiedenen – beispielsweise an der Renovierung eines Badezimmers beteiligten – Gewerke selbständig zusammenarbeiten und die reibungslose Auftragsabwicklung nicht vom Abnehmer koordiniert und überwacht werden muss (vgl. SCHWARZ 1998: 41f.). Auch im Rahmen der Übernahme von Tätigkeiten gewerblicher Kunden, die diese aufgrund ihrer Fokussierung auf Kernkompetenzen an Dritte auslagern (Outsourcing), kann eine kooperative Zusammenarbeit mehrerer Betriebe vorteilhaft sein[176].

➢ Durch Kooperationen können ferner **Kostenreduktionen** realisiert werden. So profitieren grenznahe deutsche Handwerksbetriebe von den Lohnkostenvorteilen in den MOEL, indem sie besonders arbeitsintensive Tätigkeiten im Rahmen der passiven Lohnveredelung durch ihre dortigen Kooperationspartner durchführen lassen[177]. Durch Mischkalkulationen kann so der verstärkten (Kosten-)Konkurrenz auf den angestammten Märkten begegnet werden (vgl. KOLLER 2003: 34.)[178]. Unmittelbar nach Öffnung der Grenzen zu den MOEL standen kostenorientierte Motive bei der Kooperationspartnersuche deutscher Handwerksbetriebe im Vordergrund, um dem Preisdruck auf dem heimischen Markt zu begegnen. Obwohl Kostensenkung auf Basis von Mischkalkulation noch immer ein wichtiges Motiv für grenzüberschreitende Kooperationen ist, traten zuletzt andere Ziele stärker in den Vordergrund[179].

➢ Über Kooperationen kann schließlich der **Markteintritt** in neue Märkte erleichtert und beschleunigt werden[180]. Besondere Bedeutung besitzt für grenznahe

---

[175] Besonders der Bau- und Ausbaubereich bietet Ansatzpunkte für eine Erweiterung des Leistungsangebots durch verstärkte Kooperationstätigkeit. Für Beispiel kooperativer Verbundlösungen vgl. SCHÖNBERGER (2001: 77ff.) und SUDBRINK (2001: 169ff.).

[176] Zur möglichen Erbringung auslagerungsfähiger Dienstleistungen durch das Handwerk vgl. die Ausführungen in Kapitel 1.2.2. Ein Beispiel hierfür stellt das Facility Management dar, bei dem bislang intern erbrachte gebäudespezifische Dienstleistungen im Rahmen einer ganzheitlichen Gebäudebewirtschaftung vermehrt durch externe Anbieter erbracht werden (vgl. REGGE 2000: 40f.; KERKA/ THOMZIK 2001: 27ff.).

[177] Unter passiver Lohnveredelung versteht man generell die vollständige oder teilweise Auslagerung von Produktionsprozessen ins Ausland, ohne dass eine Kapitalbeteiligung an dem beauftragten Unternehmen erfolgt. Die zu veredelnde Ware bleibt dabei im Eigentum der auslagernden Firma. Die vom ausführenden Unternehmen erbrachte und entsprechend vergütete Leistung kann die Bearbeitung, Verarbeitung oder Ausbesserung der Ware umfassen (vgl. SAUER 1991: 26f.).

[178] Zum Unterstützungsangebot der Regionalen Wirtschaftskammer in Nordwestböhmen bei der Suche nach Kooperationspartnern in Tschechien vgl. PISECKY (2002: 77ff.).

[179] Zu den Besonderheiten von Kooperationsvereinbarungen mit ausländischen Partnern vgl. ZDH (2000: 72).

[180] Vgl. BAMBERGER/WRONA (1997: 718) und BUSCHMANN/GOLOMBIEWSKI (2003: 71) sowie vertiefend zur Erschließung von Auslandsmärkten über Kooperationen GROEGER (1991: 31ff.) und SCHARRER (2000: 81ff.). Am Beispiel des italienischen Textil- und Bekleidungsgewerbes zeigen BERRA ET

Handwerksbetriebe die Bildung von Vertriebskooperationen mit Unternehmen aus den MOEL, um die Marktkenntnisse, Geschäftskontakte und Vertriebswege des jeweiligen Partners für den Einstieg in den ausländischen Markt zu nutzen. Aufgrund der – trotz geographischer Nähe – relativ großen kulturellen Distanz zwischen Deutschland und seinen östlichen Nachbarländern erscheint für eine räumliche Ausweitung handwerklicher Absatzräume eine kooperative Lösung geeignet, um Ressourcen zu schonen und Risiken zu begrenzen[181].

Trotz der offensichtlichen Vorteile von Kooperationen als (zusätzliche) Handlungsalternative kleinbetrieblich strukturierter Unternehmen ist die Zusammenarbeit von KMU unterdurchschnittlich ausgeprägt (vgl. BUSE 1997: 443). Kooperationsfähigkeit und -bereitschaft der Betriebe sind vielfach unzureichend entwickelt. Entgegen dem von Teilen der Handwerksforschung propagierten „Megatrend" hin zu Kooperationen (vgl. ENGELBRECHT 1999: 92) sind es im handwerklichen Betriebsalltag nur wenige Unternehmen, die diesen Weg beschreiten[182]. Ein mögliches Hemmnis stellt das traditionelle unternehmerische Selbstverständnis eigentümergeführter Betriebe dar, das der Bereitschaft zum Verzicht auf Selbständigkeit und Entscheidungsautonomie entgegensteht (vgl. MÜLLER 2000b: 208f.; HENKE 2002: 23ff.).

Gerade im Hinblick auf grenzüberschreitende Kooperationen fehlt manchem handwerklichen Entscheidungsträger auch die dafür notwendige interkulturelle Kompetenz, die z.B. in fehlenden Fremdsprachenkenntnissen und fehlender Kenntnis anderer Kulturen zum Ausdruck kommt (vgl. REHNER 2006: 768f.). Zudem erschweren Koordinations- und Abstimmungskosten sowie die Angst vor Know-how-Abfluss und Prestigeverlust die zwischenbetriebliche Zusammenarbeit (vgl. BUSCHMANN/GOLOMBIEWSKI 2003: 69; KNUTZEN 2002: 72; REGGE 2000: 23). Neben unzureichenden unternehmensinternen Voraussetzungen im Hinblick auf Mitarbeiterqualifikation, technisches Know-how und Management-Fähigkeiten ist teilweise auch die unzureichende strate-

---

AL. (1995: 67ff.) die Bedeutung kooperativer Internationalisierungsformen für die strategische Anpassung von Klein- und Mittelbetrieben an veränderte Wettbewerbsbedingungen.

[181] Weitere Ziele von Kooperationen wie etwa die Durchsetzung günstigerer Lieferkonditionen im Rahmen von Einkaufskooperationen oder die Teilung des Entwicklungsrisikos bei gemeinsamen F&E-Vorhaben sind für die Anpassung des grenznahen Handwerks an veränderte Rahmenbedingungen von untergeordneter Bedeutung.

[182] Auch die Handwerksorganisation selbst verweist auf die unzureichende Kooperationstätigkeit ihrer Betriebe (vgl. ZDH 2000: 9).

3 Verhaltens- und handlungsorientierte Betrachtung der Anpassungsstrategien grenznaher Handwerksbetriebe

gische Ausrichtung der Betriebe ursächlich für die geringe Kooperationsbereitschaft[183].

Aus der Zurückhaltung gegenüber Kooperationen kann für das Handwerk die Gefahr resultieren, dass zunehmend neue Dienstleister den Kundenwunsch nach Leistung aus einer Hand nutzen und sich zwischen Handwerksbetrieb und Endkunden positionieren. Handwerksbetriebe könnten dadurch ihre Kundennähe verlieren und in Abhängigkeit von Intermediären geraten[184]. Daher verstärkt die Handwerksorganisation ihre Bemühungen, über Beratungen, Veranstaltungen, Publikationen und Anpassung der handwerklichen Ausbildungsinhalte die Bildung von Kooperationen – gewerkeintern, gewerkeübergreifend oder mit anderen Wirtschaftsbereichen – zu fördern[185].

Auch die sinkenden Transaktionskosten durch verbesserte Informations- und Kommunikationstechnologien sowie die größere Aufgeschlossenheit der jüngeren Unternehmergeneration können zu einer stärkeren Kooperationsbereitschaft im Handwerk beitragen (vgl. KUCERA 2001: 10f.)[186]. Digitalisierte Wirtschaft und Netzwerkökonomie bieten gerade kleinbetrieblichen Unternehmen neue Möglichkeiten der zwischenbetrieblichen Zusammenarbeit im Rahmen von Zuliefernetzwerken, gemeinsamen Projektierungen u.ä. Dabei müssen Kooperation und Konkurrenz keine Gegensätze sein. Kooperative Wettbewerbsbeziehungen in Form von „Coopetition" bieten auch für das kleinbetriebliche Handwerk Potenziale zur Stärkung der Wettbewerbsposition (vgl. KUCERA 2001: 18ff.; HENKE 2002: 40ff.)[187].

---

[183] ENGELBRECHT (2003: 68f.) führt Kundennutzenorientierung, Kommunikationsfähigkeit, Zukunftsfähigkeit, Anpassungsfähigkeit, Stabilität, Zuverlässigkeit und Kooperationsorientierung als wichtigste Erfolgsfaktoren von Kooperationen an.

[184] Besonders augenfällig ist diese Entwicklung im Baugewerbe sowie im Bereich der gebäudenahen Handwerksleistungen. Hier wurden bereits zahlreiche Betriebe durch Bauträger und Facility Manager in eine Subunternehmerrolle abgedrängt. Vgl. DÜRIG (2002: 122) sowie zur Notwendigkeit handwerklicher Kooperationen im Bereich Facility Management FREVEL/HEINEN (2000: 63).

[185] Zu den unterschiedlichen Ansätzen und Aktivitäten der Handwerksorganisation vgl. ZDH (2000: 21ff. und 41f.). HEINEN (2003: 32ff.) beschreibt beispielhaft die Entwicklung eines Betreibermodells für ein virtuelles Dienstleistungszentrum, in dem acht Betriebe verschiedener Bau- und Ausbaugewerke zusammenarbeiten.

[186] Eine Umsetzung der erhöhten Kooperationsbereitschaft der Betriebe wird aber nach wie vor durch das Handwerksrecht erschwert. Der Übernahme von angrenzenden Tätigkeiten aus anderen Gewerken sind, trotz der Erleichterungen durch die Novellierung der HwO vom 01.04.1998, enge Grenzen gesetzt. Dies kann die flexible Zusammenarbeit zwischen Handwerksbetrieben behindern.

[187] „Coopetition" als Verbindung von „Cooperation" und „Competition" bezeichnet den Versuch, das Verhalten von Wirtschaftssubjekten unter Zuhilfenahme spieltheoretischer Erkenntnisse ganzheitlich

3.4 Konkretisierung des theoretischen Bezugsrahmens und Herleitung der Forschungsfragen

Die genannten Möglichkeiten der strategischen Ausrichtung bzw. der Behebung handwerkstypischer Defizite zur Stärkung der Wettbewerbsfähigkeit zeigen wesentliche Ansatzpunkte auf, wie sich Handwerksbetriebe von defensiven und reaktiven Strategien lösen und sich aktiv auf die veränderten Rahmenbedingungen einstellen können[188]. Die anschließende empirische Untersuchung zeichnet nach, inwieweit die tatsächlichen Handlungsmuster grenznaher Handwerksbetriebe angesichts von Strukturwandel und verschärfter Konkurrenz durch preisgünstige Unternehmen aus den MOEL mit den diskutierten Ansatzpunkten bzw. den genannten handwerkspezifischen Strategieempfehlungen im Einklang stehen. Das verhaltens- bzw. handlungstheoretische Analyseschema wird hierfür um Grundlagen der strategischen Ausrichtung sowie um handwerksspezifische Handlungsempfehlungen erweitert.

Ausgangspunkt des Analysemodells der nachfolgenden Untersuchung sind Stressfaktoren, die aus Veränderungen im Zusammenspiel von Umweltbedingungen und Unternehmenscharakteristika resultieren. Die EU-Erweiterung und die von ihr ausgelösten bzw. verstärkten Veränderungen der Mikro- und Makroumwelt sind demnach – ggf. gemeinsam mit veränderten Rahmenbedingungen innerhalb des Unternehmens – Anstoß für Wahrnehmungs-, Bewertungs- und Entscheidungsprozesse, die auf Ebene des Entscheidungsträgers ablaufen und deren Ergebnis maßgeblich von dessen Informationsstand beeinflusst wird. In Anbetracht der besonderen Rolle, die der handwerkliche Betriebsinhaber in seinem Unternehmen einnimmt, liegt der empirischen Untersuchung eine akteurszentrierte Perspektive zugrunde, die den Entscheidungsträger in den Mittelpunkt der Betrachtung rückt. Als Ergebnis der geschilderten Wahrnehmungs-, Bewertungs- und Entscheidungsprozesse resultieren strategische Anpassungshandlungen, die hinsichtlich ihrer Grundausrichtung sowie ihrer Orientierung an bestimmten handwerksspezifischen Defiziten zu differenzieren sind. Abbildung 13 gibt die Zusammenhänge graphisch wieder.

---

zu untersuchen. Dabei werden die verschiedenen Rollen eines Unternehmens als Konkurrent, Komplementor, Kunde und Lieferant gleichzeitig betrachtet (vgl. KUCERA 2001: 19f.).

[188] CHICHA ET AL. (1990: 197) verweisen allerdings darauf, dass gerade Handwerksbetriebe traditioneller Sektoren, die in ländlichen Gebieten angesiedelt sind, durch defensive Verhaltensweisen gekennzeichnet sind.

Abbildung 13: Erweitertes Analyseschema unternehmerischer Anpassungshandlungen des grenznahen Handwerks

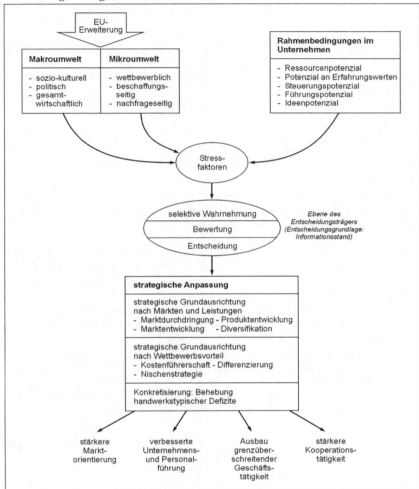

Quelle: eigene zusammenfassende Darstellung in Anlehnung an HAAS (1994: 277).

Auf Grundlage der diskutierten theoretischen Vorüberlegungen wird sich die empirische Untersuchung dieser Arbeit dabei auf forschungsleitende Fragestellungen zu den folgenden Themenblöcken konzentrieren:

Wahrnehmung:
- Wird von den untersuchten Betrieben bzw. deren Entscheidungsträgern überhaupt ein Anpassungsdruck wahrgenommen?
- Welche Veränderungen der Wettbewerbssituation im Grenzraum werden für wesentlich erachtet?
- Wie nehmen die grenznahen Unternehmer die Auswirkungen der EU-Erweiterung wahr?
- Inwieweit beeinflussen Unternehmerpersönlichkeit, Entscheidungsverhalten im Unternehmen, Informationsverhalten im Unternehmen und sonstige betriebliche Charakteristika die Wahrnehmung?

Strategie:
- Wie verläuft der Prozess der Strategieentwicklung im grenznahen Handwerk?
- Welche strategischen Grundausrichtungen im Hinblick auf bearbeitete Märkte, angebotene Leistungen und angestrebte Wettbewerbsvorteile verfolgen die grenznahen Unternehmer?
- Inwieweit basiert die strategische Ausrichtung der Betriebe auf der Stärkung der (von der Handwerkswissenschaft identifizierten) handwerkstypischen Defizitfelder?

Wechselwirkungen und Implikationen:
- Welche Muster der Wahrnehmung und Anpassung gibt es und inwiefern werden diese durch Unternehmerpersönlichkeit, Entscheidungsverhalten, Informationsverhalten und bestimmte Betriebscharakteristika (mit-)bestimmt?
- Können anhand der jeweiligen Unternehmensentwicklung Typen und Muster erfolgreicher strategischer Anpassung an Strukturwandel und EU-Erweiterung herausgearbeitet werden?
- Wie können Handwerksorganisation und Gesetzgeber zu einer Stärkung handwerklicher Anpassungs- und Wettbewerbsfähigkeit beitragen?

4 METHODIK, UNTERSUCHUNGSRAUM UND DATENGRUNDLAGE DER EMPIRISCHEN UNTERSUCHUNG

Zur empirischen Überprüfung der Forschungsfragen ist die methodische Herangehensweise der Problemstellung dieser Arbeit und dem gewählten theoretischen Bezugsrahmen anzupassen. Daher wird nachfolgend erläutert, weshalb für die Untersuchung von Anpassungsdruck und Anpassungsstrategien grenznaher Handwerksbetriebe ein qualitatives Forschungsdesign gewählt wurde. Ferner werden die Eingrenzung des Untersuchungsraums und die Auswahl der betrachteten Handwerksbereiche diskutiert, ehe abschließend die verwendeten Datenerhebungs- bzw. Datenauswertungsverfahren vorgestellt werden.

4.1 Qualitative Fallstudien als methodischer Zugang zum Untersuchungsgegenstand

Um das Problembewusstsein hinsichtlich der sich ändernden Wettbewerbssituation und die Bereitschaft zur Umsetzung geeigneter Anpassungsstrategien zu untersuchen, müssen die Wahrnehmungs- und Entscheidungsabläufe im (typischerweise) kleinbetrieblich strukturierten Handwerksbetrieb nachvollzogen werden. Hierfür sind sowohl makroökonomische Studien als auch quantitative Befragungen auf Basis standardisierter Fragebögen, wie sie in Kapitel 2.2 vorgestellt wurden, aufgrund ihrer Distanz zum Untersuchungsgegenstand nur bedingt geeignet. Qualitativ ausgerichtete Studien hingegen, welche die Wahrnehmung der veränderten Rahmenbedingungen der EU-Erweiterung untersuchen und die resultierenden Entscheidungsprozesse und Anpassungshandlungen unter Berücksichtigung der Charakteristika des kleinbetrieblichen Handwerks nachzeichnen, liegen nach Kenntnis des Verfassers bislang nicht vor.

Der Forschungsansatz, der sich für die Analyse solch komplexer Sachverhalte eignet und der auch im Rahmen dieser Arbeit zum Einsatz kommt, ist die **Fallstudienanalyse**. Diese ist dadurch gekennzeichnet, dass der jeweils betrachtete Gegenstand als Fall eine eigenständige Untersuchungseinheit darstellt, unabhängig davon, ob eine Person, ein Ereignis oder eine Organisation – etwa ein Betrieb oder ein Unternehmen – betrachtet wird. Grundsätzlich kann eine Fallstudienuntersuchung sowohl aus einem einzigen Fall als auch aus mehreren Fallstudien bestehen. Zudem ist zwischen ganzheitlichem (bzw. holistischem) Design, bei dem das einzelne Analyseobjekt nicht in logische Untereinheiten gegliedert werden kann, und eingebettetem Design, bei dem logische Teileinheiten des Untersuchungsobjekts gebildet werden, zu unterscheiden (vgl. YIN 1994: 38ff.)[189].

Abbildung 14: Phasen einer Fallstudienuntersuchung

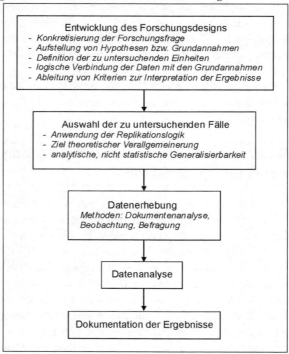

Quelle: in Anlehnung an YIN (1994: 20ff.).

Die Verwendung von Fallstudien eignet sich für die Erforschung von Gegenwartsphänomenen in ihrem Alltagskontext und ist durch fließende Grenzen zwischen dem Untersuchungsobjekt und seinem Umfeld gekennzeichnet (vgl. YIN 1981: 59). Auch in der vorliegenden Untersuchung handwerklicher Anpassungsstrategien stehen For-

---

[189] Die empirische Untersuchung dieser Arbeit betrachtet mehrere Fälle anhand eines ganzheitlichen Designs.

schungsfragen nach Ursachen und Ausprägungen im Mittelpunkt, die mit quantitativen Erhebungen auf Basis eindimensionaler Indikatoren nicht adäquat untersucht werden können[190]. Der Ablauf einer Fallstudienuntersuchung lässt sich dabei in fünf Phasen gliedern (vgl. YIN 1994: 20ff.). Abbildung 14 stellt die verschiedenen Phasen dar.

Die Fallstudienuntersuchung dieser Arbeit verfolgt eine explanatorische Zielsetzung, d.h. anhand der durchgeführten Fallstudien soll analysiert werden, ob und wie die Ausführungen von Kapitel 3 zur strategischen Ausrichtung von Handwerksunternehmen von der Empirie bestätigt oder in Frage gestellt werden[191]. Hierfür werden die Wahrnehmungs-, Bewertungs- und Entscheidungsprozesse ausgewählter Betriebe vor dem Hintergrund des gewählten theoretischen Bezugsrahmens untersucht.

Häufig werden Fallstudien dieser Art unter Anwendung von Methoden der qualitativen Sozialforschung durchgeführt[192]. Während im Rahmen einer quantitativen Herangehensweise der Untersuchungsgegenstand lediglich als Aggregation bestimmter Variablenmerkmale betrachtet wird, steht bei der qualitativen Forschung der Einzelfall als analytischer Bezugspunkt im Mittelpunkt des Interesses (vgl. BRÜSEMEISTER 2000: 22). Der Einsatz **qualitativer** Verfahren eignet sich besonders, wenn der Forscher einen Zugang zu den grundsätzlichen Deutungsmustern und Handlungsorientierungen des untersuchten Gegenstandsbereichs sucht (vgl. KELLE/ERZBERGER 2000: 307). Deshalb wurden für die Untersuchung der Fragestellung dieser Arbeit qualitative, nicht-standardisierte Datenerhebungsverfahren eingesetzt, um den erforderlichen Zugang zum Untersuchungsgegenstand zu erleichtern und dem handlungs- und akteursorientierten Bezugsrahmen zu entsprechen:

> „Qualitative Forschung beschäftigt sich mit Bedingungen, Strategien und Konsequenzen von Prozessen, die von Akteuren initiiert werden und die sich auf Akteure auswirken" (BRÜSEMEISTER 2000: 45).

---

[190] Zur besonderen Eignung der Fallstudienmethodik für Fragestellungen dieser Art vgl. YIN (1994: 5) sowie GASSMANN (1999: 11), der betont, dass häufig unternehmerische Entscheidungen – insbesondere ihre Begründung, Umsetzung und Auswirkungen – Gegenstand von Fallstudien sind.

[191] Neben explanatorischen gibt es auch explorative Fallstudien, die mit dem Ziel der Theoriebildung durchgeführt werden. Hierbei wird vorab keine zugrunde liegende Literatur identifiziert, um ein möglichst offenes Vorgehen zu ermöglichen. Zu den Besonderheiten explorativer Fallstudien und dem theoriebildenden Vorgehen vgl. EISENHARDT (1989: 532ff.).

[192] MAYRING (1995: 18ff.) spricht in diesem Zusammenhang von der „Einzelfallorientierung qualitativer Forschung". FLICK (2000: 252ff.) bezeichnet insbesondere die komparative oder kontrastierende Gegenüberstellung mehrerer Fallanalysen als ein „Basisdesign qualitativer Forschung".

Anpassungsdruck und Anpassungsstrategien des grenznahen Handwerks angesichts veränderter Wettbewerbsbedingungen im Zuge der EU-Erweiterung 2004

Von zentraler Bedeutung im qualitativen Forschungsprozess sind die Kontextbezogenheit der Beschreibungen empirischer Sachverhalte, die Reflexivität von Forscher und Forschung sowie die Heranziehung theoretischer Ansätze, um die Rekonstruktion der aufgefundenen Strukturen zu thematisieren und zu begründen (vgl. LAMNEK 2002: 190). Gerade der Rückgriff auf theoretisches Vorwissen begründet das für qualitative Forschung typische Spannungsfeld zwischen Authentizität und Strukturierung, da einerseits der Forschungsgegenstand möglichst weitgehend in seinen eigenen Strukturen und Besonderheiten erfasst und verstanden werden soll, andererseits aber die empirischen Ergebnisse im Rahmen einer vergleichenden, verallgemeinernden und abstrahierenden Perspektive zu strukturieren sind (vgl. FLICK 1991: 148f.).

Ziel der empirischen Untersuchung dieser Arbeit ist es, die Wahrnehmungs- und Anpassungsverläufe der untersuchten Handwerksunternehmen auf Grundlage des theoretischen Vorverständnisses unter Deutungs- und Handlungsmuster zu subsumieren, ohne ihnen vorgefertigte Kategorien unreflektiert überzustülpen (vgl. MEINEFELD 2000: 271). Voraussetzung hierfür ist eine entsprechende Offenheit des Forschers, um das theoretische Vorverständnis zu reflektieren und Abweichungen von den Erwartungen zu erkennen und zu dokumentieren. Neben dieser Offenheit gegenüber dem Untersuchungsgegenstand unter teilweiser Zurückstellung theoretischer Vorstrukturierungen ist auch der Prozesscharakter der Erkenntnisgewinnung im Rahmen einer kommunikativen Interaktion zwischen Forscher und Untersuchungsgegenstand ein wichtiges Grundprinzip qualitativer Forschung (vgl. KRAIMER 2002: 221)[193]. Um den betrieblichen Alltag und die internen Entscheidungsmechanismen, Abläufe und Routinen zu erfassen, ist der persönliche und direkte Zugang über qualitative Fallstudien der anonymen Schriftform einer quantitativen Untersuchung vorzuziehen[194].

Im Mittelpunkt der qualitativen Herangehensweise steht dabei nicht die Individualität des untersuchten Falls, sondern die Interpretation der erhobenen Daten im Rahmen

---

[193] Um dem Prinzip der Offenheit zu entsprechen, sollte im Rahmen qualitativer Fallstudien von einer vorherigen Hypothesenbildung abgesehen werden (KRAIMER 2002: 221). Auch im Rahmen der vorliegenden Arbeit wurde – trotz Explizierung des theoretischen Vorverständnisses – auf die Formulierung von Hypothesen bewusst verzichtet.

[194] LAMNEK (1995: 198ff.) verweist auf weitere Aspekte, die qualitative und quantitative Forschung voneinander abgrenzen. Demnach sind die kommunikative, alltagsähnliche Verständigung über das gemeinsame Wissen (Kommunikativität), die Natürlichkeit der Erhebungssituation (Naturalistizität) und das Herausfiltern von Handlungsmustern durch Nachvollzug alltagsweltlicher Bedeutungszuweisungen und deren Typisierung (Interpretativität) die wesentlichen Charakteristika eines qualitativen Zugangs.

von Kategorien, die den Fall und seine zugrunde liegenden Strukturen repräsentieren. Die Ergebnisse qualitativer Untersuchungen sind daher keine grundlegenden Theorien mit universeller Gültigkeit und Anwendbarkeit, sondern lediglich kontextbezogene Erklärungen von beschränkter Gültigkeit und Verallgemeinerbarkeit (vgl. BUDE 2000: 576f.). Die resultierenden Typologien der Fälle, Entscheidungsträger, Unternehmen, Handlungen etc. basieren auf den verschiedenen Hauptdimensionen, anhand derer bestimmte Phänomene verglichen und generalisiert werden (vgl. FLICK 2000: 259)[195].

4.2 Abgrenzung und Darstellung des Untersuchungsraums Ostbayern

4.2.1 Betroffenheit Ostbayerns von der EU-Erweiterung

Die empirische Untersuchung von Anpassungsdruck und Anpassungsstrategien des grenznahen Handwerks konzentriert sich auf den ostbayerischen Grenzraum. Anhand dieser Region kann exemplarisch gezeigt werden, wie Handwerksunternehmen aus einem Grenzraum der Alt-EU, der nach jahrzehntelanger Randlage durch strukturelle Probleme und ein deutliches Lohngefälle gegenüber der angrenzenden Wirtschaft eines Transformationslandes geprägt ist, auf die Änderung der wirtschaftlichen Rahmenbedingungen im Zuge der EU-Erweiterung zu reagieren versuchen[196]. Die räumliche Eingrenzung auf das ostbayerische Handwerk erscheint auch insofern sinnvoll, als damit eine enge Vertrautheit des Forschers mit seinem Untersuchungsgegenstand, wie sie für die Durchführung von Fallstudienanalysen als vorteilhaft erachtet wird, gegeben ist (vgl. EISENHARDT 1989: 540)[197].

---

[195] Qualitative Typenbildung hat dabei die Identifizierung und theoretische Erklärung fallinterner Merkmale zum Ziel. Die identifizierten Typen interessieren aufgrund ihrer inneren Logik, unabhängig von ihrer statistischen Repräsentativität (vgl. BRÜSEMEISTER 2000: 35).

[196] Für eine kurze Darstellung der Besonderheiten der wirtschaftlichen Entwicklungen im bayerisch-tschechischen Grenzgebiet vgl. StMWVT (1999: 3f.).

[197] Der Verfasser der vorliegenden Arbeit war über drei Jahre als Projektmanager bei „Invest in Bavaria", einem Gemeinschaftsprojekt des Bayerischen Staatsministeriums für Wirtschaft, Infrastruktur, Verkehr und Technologie und der Bayern International GmbH, für Unternehmensansiedlungen und Erweiterungen insbesondere in Ostbayern zuständig und ist daher mit der ostbayerischen Wirtschaftsstruktur sowie der Problemlage der Unternehmen im ostbayerischen Grenzraum durch seine berufliche Tätigkeit vertraut.

Anpassungsdruck und Anpassungsstrategien des grenznahen Handwerks angesichts veränderter Wettbewerbsbedingungen im Zuge der EU-Erweiterung 2004

Die wirtschaftliche Entwicklung – auch die des Handwerks – wurde in Ostbayern durch die unmittelbare Nähe zum (jahrzehntelang undurchlässigen) Eisernen Vorhang geprägt. Anders als das grenznahe Handwerk im Osten der neuen Bundesländer, das in der damaligen DDR einer staatlichen Kollektivierungspolitik unterworfen war, konnte sich das grenznahe bayerische Handwerk dennoch in einem marktwirtschaftlichen System frei entwickeln. Über Jahrzehnte wurde versucht, den von seiner historisch eng verbundenen böhmischen Nachbarregion abgetrennten ostbayerischen Grenzraum durch aktive Grenzlandförderung und Nutzung der Lohnkostenvorteile als „verlängerte Werkbank" der westdeutschen Ballungsräume zu etablieren. Noch immer sind Wirtschaftsstruktur und regionale Wettbewerbsfähigkeit von dieser jahrzehntelangen Randlage und Alimentierung geprägt[198]. Durch die Grenzöffnung 1989 und die rasch zunehmende wirtschaftliche Verflechtung der bayerischen und tschechischen Wirtschaft wurde zwar die historische Randlage überwunden, der Strukturwandel und die damit einhergehende massive Freisetzung von Arbeitskräften in regional bedeutsamen Branchen wie Textil, Bekleidung, Porzellan und Glas aber beschleunigt (vgl. StMWVT 1999: 3f.).

Innerhalb Bayerns zählen die Gebiete in Nähe der tschechischen Grenze sowohl hinsichtlich der Produktivität, gemessen als Bruttowertschöpfung zu Faktorkosten, als auch hinsichtlich der Dynamik der regionalen Arbeitsmärkte, gemessen als Wachstumsrate der Erwerbstätigkeit, zu den wirtschaftlich schwächeren Regionen. Dazu kommen eine ungünstigere verkehrsmäßige Anbindung, eine dünne Besiedlung, ein unterdurchschnittlicher Anteil an Hochqualifizierten und eine unterdurchschnittliche Patentintensität. Hinsichtlich der räumlichen Verteilung der Produktivität haben sich die regionalen Disparitäten innerhalb Bayerns in den 80er und 90er Jahren tendenziell eher verstärkt (vgl. ALECKE ET AL. 2001: 16ff.; DEISS/MENDIUS 2004: 26ff.).

---

[198] Die Grenzlandförderung in Ostbayern basiert derzeit weitgehend auf der Bund-Länder-Gemeinschaftsaufgabe „Verbesserung der regionalen Wirtschaftsstruktur" (GA). Mehrere ostbayerische (Grenz-)Landkreise und kreisfreie Städte sind C-Fördergebiete, in denen Investitionen mit bis zu 28% Fördermittel bezuschusst werden können. Damit besteht ein deutliches Fördergefälle zwischen den bayerischen Grenzregionen und den übrigen (ost-)deutschen Grenzregionen zu den MOEL, die ausnahmslos Höchstfördergebiete der Bund-Länder-Gemeinschaftsaufgabe sind und Investitionszuschüsse bis zu 50% ausreichen können. Der GA-Rahmenplan für die Jahre 2007 bis 2013, der kürzlich verabschiedet wurde, sieht auch künftig Fördermöglichkeiten für die ostbayerischen Grenzregionen vor. Zu den Grundlagen der Gemeinschaftsaufgabe als Instrument regionaler Wirtschaftsförderung sowie vertiefend zur derzeitigen Ausgestaltung des regionalen Förderprogramms für Bayern vgl. DEUTSCHER BUNDESTAG (2006: 9ff. und 59ff.).

4 Methodik, Untersuchungsraum und Datengrundlage
der empirischen Untersuchung

Umso mehr ist die künftige Wettbewerbssituation des regional- und arbeitsmarktpolitisch bedeutsamen Handwerks in Anbetracht des deutlichen Lohnkosten-, Steuer- und Fördergefälles zu Tschechien für die Entwicklung der ostbayerischen Grenzregion von Bedeutung (vgl. StMWIVT 2004: 13). Im Rahmen des nachfolgenden Überblickskapitels orientiert sich die Abgrenzung des Untersuchungsraums dabei zunächst an einer häufig gewählten Operationalisierung, wonach der Grenzraum einen 50-70 km breiten Streifen entlang der alten EU-Außengrenze umfasst (vgl. etwa ALECKE/UNTIEDT 2001a: 3f.). Dies entspricht in Deutschland näherungsweise den Regierungsbezirken, so dass zunächst die drei ostbayerischen Regierungsbezirke Oberfranken, Oberpfalz und Niederbayern zum Untersuchungsraum Ostbayern zusammengefasst werden[199].

4.2.2 Wirtschafts- und Handwerksstruktur in Ostbayern und Tschechien

Weite Teile Ostbayerns sind – verglichen mit dem übrigen Bayern – durch eine überdurchschnittliche Arbeitslosigkeit und eine unterdurchschnittliche Wirtschaftskraft gekennzeichnet. Karte 1 verdeutlicht dies zunächst anhand der aktuellen Arbeitslosenquoten der bayerischen Arbeitsamtsbezirke.

Die Arbeitslosigkeit liegt in den meisten ostbayerischen Arbeitsamtsbezirken über dem gesamtbayerischen Durchschnitt von 6,1% (vgl. BUNDESAGENTUR FÜR ARBEIT 2006c). Eine Betrachtung des Pro-Kopf-Einkommens unterstreicht die relative Strukturschwäche Ostbayerns. Abbildung 15 vergleicht die ostbayerischen Regierungsbezirke mit dem gesamtbayerischen und gesamtdeutschen Durchschnitt im Jahr 2004.

Gerade in Anbetracht von Beschäftigungssituation und Strukturschwäche stellt das Handwerk einen bedeutenden Wirtschaftsfaktor des ostbayerischen Grenzraums dar. In den drei Regierungsbezirken Oberfranken, Oberpfalz und Niederbayern sind insgesamt 48 366 Handwerksbetriebe tätig, die im Jahr 2005 etwa 248 000 Mitarbeiter beschäftigten und einen Umsatz von über 26 Mrd. € erwirtschafteten (vgl. HWK NIEDERBAYERN/OBERPFALZ 2006a; HWK FÜR OBERFRANKEN 2006a).

---

[199] Die Ebene der Regierungsbezirke entspricht innerhalb der EU der statistischen Klassifizierung NUTS 2 („Nomenclature des unités territoriales statistiques"). Innerhalb dieser Systematik gibt es in der Alt-EU insgesamt 23 Grenzregionen zu den neuen Mitgliedsstaaten, von denen acht in Deutschland liegen. Zur NUTS-Klassifikation der Gebietseinheiten der EU vgl. EUROPÄISCHE UNION (2003: 2f.).

Karte 1: Arbeitslosenquoten der bayerischen Arbeitsamtsbezirke

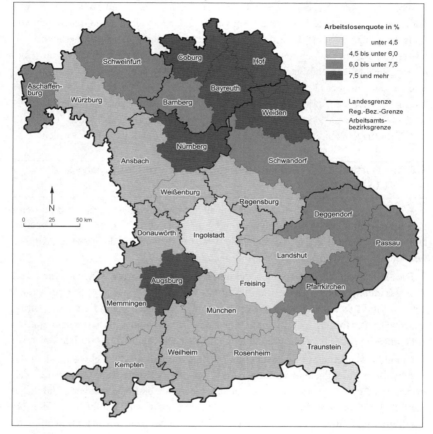

Quelle: BUNDESAGENTUR FÜR ARBEIT 2006c.

4 Methodik, Untersuchungsraum und Datengrundlage
der empirischen Untersuchung

Abbildung 15: Vergleichende Betrachtung des Pro-Kopf-Einkommens in Ostbayern

	Oberfranken	Oberpfalz	Niederbayern	Bayern	Deutschland
BIP in € je Erwerbstätigen in 2004	55.041	56.579	56.103	62.707	57.004

Quelle: STATISTISCHE ÄMTER DER LÄNDER 2006.

Tabelle 4 unterstreicht die überdurchschnittliche Bedeutung des Handwerks für den Untersuchungsraum Ostbayern anhand der handwerklichen Anteile an den Erwerbstätigen bzw. am BIP.

Tabelle 4: Bedeutung des Handwerks für den Untersuchungsraum Ostbayern

	Oberfranken	Niederbayern/ Oberpfalz	Bayern	Deutschland
Anteil des Handwerks an allen Erwerbstätigen 2005	17,5%	16,0%	13,0%	12,0%
Anteil der handwerklichen Wertschöpfung am BIP 2005*	11,9%	13,0%	9,0%	9,0%

*Im Falle Oberfrankens bezieht sich der Anteil am BIP auf das Jahr 2004.

Quelle: HWK NIEDERBAYERN/OBERPFALZ 2006b sowie eigene Berechnungen auf Grundlage interner Daten der HWK für Oberfranken[200].

---

[200] Diese internen Daten wurden von der HWK für Oberfranken in E-Mails vom 31.08.2006 bzw. 29.09.2006 zur Verfügung gestellt.

Anpassungsdruck und Anpassungsstrategien des grenznahen Handwerks angesichts veränderter Wettbewerbsbedingungen im Zuge der EU-Erweiterung 2004

Dennoch wird auch in Ostbayern die in Kapitel 1.2.2 diskutierte rückläufige gesamtwirtschaftliche Bedeutung des Handwerks sichtbar. So nahmen Gesamtbeschäftigtenzahl und Gesamtumsatz im ostbayerischen Handwerk innerhalb der vergangenen zehn Jahre ab[201]. Abbildung 16 stellt die Entwicklung seit 1995 dar.

Abbildung 16: Entwicklung von Beschäftigtenzahl und Umsatz im ostbayerischen Handwerk

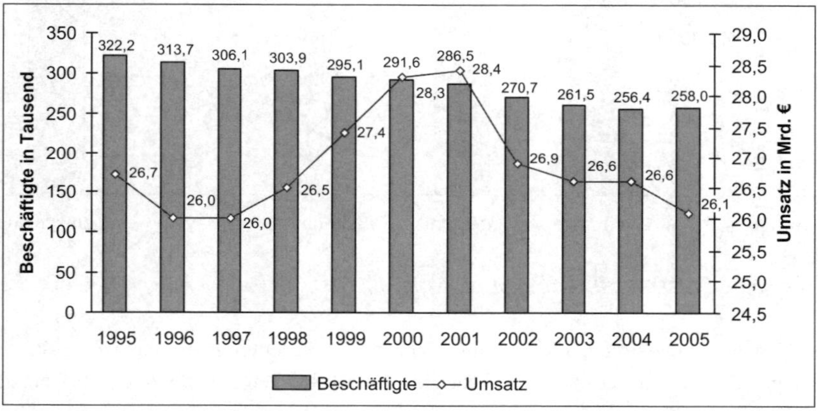

Quelle: HWK NIEDERBAYERN/OBERPFALZ 2006a; HWK FÜR OBERFRANKEN 2006a.

Die aktuelle Entwicklung des ostbayerischen Handwerks wird von den zuständigen Handwerkskammern zuletzt wieder positiver beurteilt. Für das zweite Quartal 2006 sprechen die Konjunkturberichte der ostbayerischen Kammern von einer verbesserten Auftragslage und gestiegenen Umsätzen. Die HWK für Oberfranken sieht aufgrund der Nachfrageentwicklung sogar verstärkte Anzeichen dafür, dass der kontinuierliche Beschäftigungsabbau im Handwerk gestoppt werden könne (vgl. HWK NIEDERBAYERN/OBERPFALZ 2006c: 3; HWK FÜR OBERFRANKEN 2006b: 1f.).

Generell allerdings gilt, dass die Dynamik der wirtschaftlichen Entwicklung in Ostbayern deutlich geringer ist als im angrenzenden Tschechien. Der rasche wirtschaftliche Aufholprozess in der Tschechischen Republik, der bereits im Vorfeld des EU-

---

[201] Entgegen der negativen Entwicklung von Beschäftigtenzahl und Umsatz hat sich hingegen der handwerkliche Unternehmensbestand in Ostbayern seit 1995 von 41 148 auf 48 366 Betriebe erhöht.

4 Methodik, Untersuchungsraum und Datengrundlage
der empirischen Untersuchung

Beitritts einsetzte, hat sich zuletzt weiter beschleunigt[202]. Dadurch konnte Tschechien seinen Stand als wichtige Exportnation und attraktive Zielregion für ausländische Direktinvestitionen weiter festigen[203]. Abbildung 17 verdeutlicht die wirtschaftliche Entwicklung Tschechiens seit 1998 anhand des tschechischen BIP sowie der BIP-Wachstumsraten.

Abbildung 17: Entwicklung von BIP und BIP-Wachstum in Tschechien

Jahr	BIP (Mrd. CZK)	BIP-Wachstum nominal in %
1998	1.997	-0,8
1999	2.081	1,3
2000	2.189	3,6
2001	2.352	2,5
2002	2.464	1,9
2003	2.577	3,6
2004	2.781	4,2
2005	2.978	6,1

Quelle: Tschechisches Statistikamt 2006a.

Dennoch sind wesentliche Wirtschaftsindikatoren in Tschechien nach wie vor deutlich unter dem EU-Durchschnitt bzw. unter dem deutschen Niveau. Tabelle 5 vergleicht BIP pro Kopf und Arbeitsproduktivität für das Jahr 2005:

---

[202] Zur wirtschaftlichen Entwicklung Tschechiens vgl. vertiefend DEUTSCH-TSCHECHISCHE INDUSTRIE- UND HANDELSKAMMER (2006: 3ff.).

[203] Zur Bedeutung des deutsch-tschechischen Außenhandels und der Entwicklung der deutschen bzw. bayerischen Direktinvestitionen in Tschechien vgl. DEISS/MENDIUS (2004: 33ff.).

Tabelle 5: Vergleichende Betrachtung der tschechischen Wirtschaftsindikatoren

	Tschechien	EU25	EU15	Deutschland
BIP 2005 zu Marktpreisen in €	9 600	23 400	26 500	27 300
BIP 2005 in Kaufkraftstandards (EU25=100)	73,0	100	108,4	109,8
Arbeitsproduktivität 2005 in Kaufkraftstandards (EU25=100)	68,4	100	106,1	102,0

Quelle: Statistisches Bundesamt 2006.

Als ein wesentlicher Wettbewerbsvorteil Tschechiens gilt nach wie vor das im Vergleich zu den Alt-Mitgliedsstaaten der EU deutlich geringere Lohnniveau. Allerdings vollzieht sich auch hier ein dynamischer Anpassungsprozess. Die Durchschnittslöhne in der Tschechischen Republik haben sich zwischen 1995 und 2005 von 8 307 CZK auf 19 024 CZK mehr als verdoppelt (vgl. TSCHECHISCHES STATISTIKAMT 2006b). Die jährlichen Lohnsteigerungen in Tschechien lagen damit deutlich über dem deutschen Niveau, so dass mit steigender Wirtschaftskraft und zunehmenden Produktivitätsfortschritten mittelfristig eine Angleichung des tschechischen Lohnniveaus zu erwarten ist.

Zudem ist zu berücksichtigen, dass auch in Tschechien weitreichende regionale Disparitäten bestehen. So liegen die an Bayern grenzenden westtschechischen Regionen Karlsbad, Pilsen und Südböhmen hinsichtlich Bevölkerungsdichte und Wirtschaftskraft unter dem Landesdurchschnitt der Tschechischen Republik. Tabelle 6 vergleicht BIP pro Kopf, Bevölkerungszahl, Durchschnittslohn und Arbeitslosenquote in den westtschechischen Regionen mit dem Landesdurchschnitt.

4 Methodik, Untersuchungsraum und Datengrundlage
der empirischen Untersuchung

Tabelle 6: Vergleich der Wirtschafts- und Strukturdaten innerhalb Tschechiens

	Tschechien	Südböhmen	Pilsen	Karlsbad
BIP pro Kopf 2003 in Mio. CZK	236 714	210 756	217 502	186 482
Bevölkerungszahl zum 31.12.2003 in Mio.	10,211	0,625	0,550	0,304
Monatlicher Durchschnittslohn 2003 in CZK	16 920	14 881	15 821	14 472
Arbeitslosenquote zum 31.12.2003 in %	10,31	6,96	7,60	10,62

Quelle: Tschechisches Statistikamt 2006c.

Das Handwerk in Tschechien konnte im Zuge des Transformationsprozesses von staatlicher Planwirtschaft zu Marktwirtschaft an seine langjährigen Traditionen aus der Donaumonarchie bzw. der Zwischenkriegszeit anknüpfen und gilt (wieder) als ein wesentlicher Teilbereich der Volkswirtschaft (vgl. SCHMIDBERGER 2004: 18). Allerdings sind die Gewerbebetriebe in Tschechien aufgrund der jahrzehntelangen planwirtschaftlichen Prägung häufig deutlich größer als deutsche Handwerksbetriebe und durch höhere Marktanteile bzw. stärker industriell orientierte Produktionsweisen gekennzeichnet. Genauere Angaben über Betriebsgrößen, Marktanteile und außenwirtschaftliche Einbindung des tschechischen Handwerks liegen jedoch nicht vor, da in der Tschechischen Republik keine Organisationsstrukturen des Handwerks existieren, die eine Pflichtmitgliedschaft der Betriebe vorsehen und regelmäßige statistische Erhebungen durchführen. Die bestehenden Wirtschaftskammern, Innungen und Verbände in der Tschechischen Republik sind vielmehr durch große Heterogenität, regionale Beschränkung und geringe Kooperation untereinander gekennzeichnet (vgl. SCHMIDBERGER 2004: 18f.).

4.2.3 Auswahl der untersuchten Handwerksbereiche und Differenzierung ihrer grenzräumlichen Betroffenheit

Die Auswahl der Handwerksbetriebe für die Fallstudienuntersuchung wurde auf besonders relevante Teilbereiche des Handwerks beschränkt, um aussagekräftige Ergebnisse zu erlangen und charakteristische Typen bzw. Muster der Wahrnehmung und Anpassung zu identifizieren. Hierfür wurden im Rahmen von Expertengesprächen mit Vertretern der Handwerksorganisation der spezifische Anpassungsdruck in bestimmten Handwerksbereichen sowie die jeweilige grenzräumliche Betroffenheit auf Grundlage der Ausführungen von Kapitel 2.1.3 vertiefend diskutiert[204]. Die Fallstudienuntersuchung dieser Arbeit wurde daher auf Betriebe des Bauhauptgewerbes, des Ausbaugewerbes sowie des Nahrungsmittelgewerbes beschränkt. Diese Teilbereiche des Handwerks sind von den veränderten Rahmenbedingungen im Zuge der EU-Erweiterung besonders betroffen (vgl. Kapitel 2.1.3; Experteninterview E1; Experteninterview E2). Zudem kann durch die gemeinsame Analyse von werkstattgebundenem Nahrungsmittelhandwerk und werkstattungebundenem Bau- und Ausbauhandwerk ein umfassender und differenzierter Blick auf die übergeordnete Problemstellung geworfen werden.

Die grenznahen **Bau- und Ausbaugewerke** gelten als der sensibelste Bereich im Anpassungsprozess nach dem EU-Beitritt der MOEL. Trotz der geltenden Übergangsfristen zur Einschränkung der Dienstleistungsfreiheit sind hier aufgrund hoher Lohnkostenintensität und (teilweise) hoher Standardisierung der Leistung dynamische Marktanpassungen zu erwarten (vgl. SCHMIDBERGER 2004: 44). Die besondere Wettbewerbsverschärfung für die Bau- und Ausbauhandwerke ist ferner vor dem Hintergrund einer seit Anfang der 90er Jahre rückläufigen Baukonjunktur zu sehen. Auch seitens der Handwerksorganisation wird auf die Gefahr hingewiesen, dass künftig Betriebe aus den MOEL – insbesondere im Bereich öffentlicher Bauaufträge bzw. über Subunternehmertätigkeit – ihre Leistungen verstärkt in den deutschen Grenzregionen anbieten werden. Zudem wird nach Einschätzung der Kammern gerade im Bau- und Ausbaubereich die seit dem 01.05.2004 bestehende Möglichkeit der Leistungserstellung durch Selbständige aus den MOEL dafür genutzt, Aufträge an tschechische Subunternehmer zu vergeben, die in Bayern zwar formal auf eigene Rechnung, letztlich aber weisungsgebunden gegenüber ihrer tschechischen Hauptfirma tätig sind (vgl. Experteninterview E2).

Auch das **Nahrungsmittelgewerbe** ist stärker als andere Bereiche von der veränderten Wettbewerbssituation betroffen. Wenngleich die Aufregungen im Zuge des „Semmelkriegs in Ostbayern" wieder abgeklungen sind, so zeigen sie doch beispielhaft die Befürchtungen des ostbayerischen Nahrungsmittelhandwerks im Hinblick auf

---

[204] Es wurden insgesamt drei Expertengespräche mit der Geschäftsleitung der Handwerkskammer für Oberfranken, der Verantwortlichen für die ARGE28 (Arbeitsgemeinschaft der Wirtschaftskammern entlang der Grenze zu den mittel- und osteuropäischen EU-Beitrittsländern) der Handwerkskammer Niederbayern-Oberpfalz sowie dem Leiter der Repräsentanz der Bayern Handwerk International GmbH in Pilsen geführt. Vgl. hierzu den Leitfaden zu den Experteninterviews in Anhang 1.

4 Methodik, Untersuchungsraum und Datengrundlage der empirischen Untersuchung

eine flächendeckende Bearbeitung ihres Heimatmarktes durch tschechische Billiganbieter[205]. Da aufgrund der schlechten Konservierbarkeit der Ware gerade im Nahrungsmittelbereich kurze Absatzwege von Bedeutung sind, ist eine Konzentration potenzieller tschechischer Konkurrenten auf den unmittelbaren bayerischen Grenzraum zu erwarten. Die Handwerksorganisation rechnet durchaus damit, dass verstärkt kostengünstige tschechische Waren nach Ostbayern geliefert werden (vgl. Experteninterview E2). Die aktuelle Entwicklung des Nahrungsmittelgewerbes im Grenzraum ist dabei vor dem Hintergrund eines anhaltenden Preisrückgangs aufgrund zunehmender industrieller Fertigung von Brot, Wurst usw. zu sehen.

Auch die Strukturen des Handwerks auf der tschechischen Seite der Grenze sind für eine Differenzierung der Betroffenheit der ostbayerischen Betriebe von Bedeutung. Im Gegensatz zur Entwicklung in Deutschland ist die Baubranche in Tschechien eine der Hauptwachstumsbranchen, die durch steigende Löhne, zunehmende Produktivität, eine heterogene Betriebsstruktur und eine klare Inlandsorientierung gekennzeichnet ist[206]. Einer steigenden Anzahl auch international konkurrenzfähiger Großbetriebe stehen viele Klein- und Kleinstbetriebe mit einfacher technischer Ausstattung und (häufig) unzureichenden finanziellen Ressourcen gegenüber. Im westböhmischen Grenzraum ist der Anteil der Bau- und Ausbaubetriebe im landesweiten Vergleich allerdings generell unterdurchschnittlich[207].

Das Nahrungsmittelgewerbe in Tschechien wiederum ist stark durch Großunternehmen, sog. Kombinate, geprägt, die über flächendeckende Filialisierung den heimischen Markt bedienen. Selbständige, kleinbetrieblich strukturierte Handwerksunternehmen spielen dagegen nur eine untergeordnete Rolle. Charakteristisch für die tschechische Fleischwirtschaft sind Überkapazitäten, starker Preisdruck und eine Konsolidierung des Marktes durch Verpflichtung zur Einhaltung von EU-Bestimmungen (vgl.

---

[205] Unmittelbar nach dem EU-Beitritt Tschechiens wehrten sich Bäckereien im niederbayerischen Grenzraum gegen tschechische Konkurrenten, die Backwaren weit unterhalb deutscher Herstellungskosten grenzüberschreitend anboten. Eine öffentlichkeitswirksame Kampagne der regionalen Bäckerinnung sprach von „Dumpingpreisen" und forderte Hilfe von Seiten der Politik. In der Presse wurde gar ein bayerisch-tschechischer „Semmelkrieg" ausgerufen. Die Auswirkungen dieser grenzüberschreitenden Angebotsoffensive tschechischer Bäckereien sind jedoch wenig nachhaltig gewesen (vgl. SÜDDEUTSCHE ZEITUNG 2004: 46; Experteninterview E3).

[206] Vor dem Hintergrund der Inlandsorientierung tschechischer Betriebe ist nochmals auf die rückläufigen Ausschöpfungsquoten der deutschen Werksvertragskontingente durch tschechische (Bau- und Ausbau-)Unternehmen hinzuweisen (vgl. Kapitel 2.1.2).

[207] Eindeutiges Zentrum sämtlicher Bauaktivitäten in Tschechien ist die Hauptstadt Prag (vgl. SCHMIDBERGER 2004: 45).

HWK FÜR OBERFRANKEN 2004b: 5f.). Der tschechische Markt für Backwaren ist durch eine verhältnismäßig geringe Bäckereidichte, Importüberschüsse und die Notwendigkeit von Neuinvestitionen aufgrund von EU-Bestimmungen gekennzeichnet (vgl. HWK FÜR OBERFRANKEN 2004a: 5ff.)

Der Anpassungsdruck, der aus den Veränderungen der rechtlichen Rahmenbedingungen im Zuge der schrittweisen Integration der MOEL resultiert, strahlt für die genannten Handwerksbereiche unterschiedlich weit aus. Für die nachfolgenden Ausführungen wird daher nicht mehr davon ausgegangen, dass der ostbayerische Untersuchungsraum die drei Regierungsbezirke Oberfranken, Oberpfalz und Niederbayern vollständig umfasst. Vielmehr ist die Betroffenheit des ostbayerischen Nahrungsmittel-, Bau- und Ausbaugewerbes vor dem Hintergrund der eigenen Betriebsgröße bzw. des eigenen Absatzraums sowie der Struktur der Konkurrenzunternehmen jenseits der Grenze zu differenzieren. Die Nahrungsmittelgewerke zählen zu den werkstattgebundenen Handwerksbereichen mit überwiegend **nachfrageseitigem** Anpassungsdruck, d.h. sie sind vornehmlich durch grenzüberschreitende (bayerische) Konsumenten, nicht durch grenzüberschreitende (tschechische) Produzenten geprägt. Aufgrund der raschen Verderblichkeit der Ware müssen die Transportwege kurz bleiben, so dass sich der grenzüberschreitende Wettbewerb im unmittelbaren Grenzraum konzentriert. Daher beschränkt sich auch die Auswahl der Betriebe für die nachfolgenden Fallstudien auf die direkten Grenzlandkreise.

Die werkstattungebundenen Bau- und Ausbaugewerke zählen hingegen zu denjenigen Handwerksbereichen, in denen im Zuge der EU-Erweiterung eher mit **angebotsseitigem** Anpassungsdruck durch Markteintritt von Konkurrenzbetrieben aus den MOEL zu rechnen ist. Eine enge Beschränkung des Anpassungsdrucks auf den unmittelbaren Grenzgürtel ist hier nicht gegeben, so dass die nachfolgenden Fallstudien des Bau- und Ausbaugewerbes sich auf Betriebe der ersten und zweiten Landkreisreihe erstrecken[208].

---

[208] Der Standort eines der untersuchten Bau- und Ausbaubetriebe liegt sogar in der dritten Landkreisreihe. Generell ist darauf hinzuweisen, dass die räumliche Eingrenzung der empirischen Untersuchung über die Landkreiszugehörigkeiten der Betriebe nur eine (möglichst plausible) Annäherung an die obigen konzeptionellen Überlegungen sein kann.

4 Methodik, Untersuchungsraum und Datengrundlage der empirischen Untersuchung

Abschließend sei – anhand von Zahlen aus dem Jahr 2005 – auf die bedeutende Stellung der untersuchten Teilbereiche des Handwerks innerhalb des Gesamthandwerks hingewiesen[209]:

- Das Bauhauptgewerbe umfasst 14,3% aller Handwerksbetriebe, beschäftigt ca. 14,8% aller Mitarbeiter und erwirtschaftet etwa 16,5% des Gesamtumsatzes des deutschen Handwerks.
- Die Ausbauhandwerke vereinen insgesamt 38,3% der Betriebe, stellen ca. 26,9% der Mitarbeiter und haben einen Anteil von etwa 25,8% am handwerklichen Gesamtumsatz.
- Die Nahrungsmittelhandwerke haben einen Anteil von 5,0% der Betriebe, etwa 11,0% der Beschäftigten und ca. 8,8% des Gesamtumsatzes des deutschen Handwerks.

Die Fokussierung der empirischen Untersuchung auf diese quantitativ bedeutsamen Gewerke trägt zur Erhöhung des Aussagegehalts der Ergebnisse bei.

4.3 Darstellung des Untersuchungssamples

Die Auswahl der untersuchten Handwerksbetriebe erfolgte systematisch anhand der Grundsätze des „theoretischen Samplings", das in der qualitativen Forschung üblich ist. Demnach orientiert sich die konkrete Fallauswahl ausschließlich an inhaltlichen Gesichtspunkten und nicht an statistischen Überlegungen bzw. dem Ziel der Zusammenstellung einer möglichst repräsentativen Zufallsstichprobe (vgl. YIN 1994: 45ff.; BRÜSEMEISTER 2000: 23ff.). Aufgrund theoretischer Vorüberlegungen wurden anhand der Kriterien „Gewerk", „geographische Lage" und „Betriebsgröße" gezielt solche Untersuchungsobjekte ausgewählt, für die die aufgeworfenen Forschungsfragen besondere Relevanz besitzen.

Die konkrete Auswahl der Betriebe für die Fallstudienuntersuchung erfolgte teilweise auf Vermittlung der Handwerkskammern in Regensburg (HWK Niederbayern-Oberpfalz) und Bayreuth (HWK für Oberfranken). Zudem wurden über die lokalen Innungen der untersuchten Gewerke sowie über einschlägige Branchenverzeichnisse betroffene Handwerksbetriebe angesprochen und ausgewählt. Auf diese Weise konnten zwischen Januar und März 2005 insgesamt **28 ostbayerische Handwerksbetriebe**

---

[209] Die Anteile der einzelnen Handwerksgruppen an der Gesamtbetriebszahl des Handwerks können aus der Handwerksrolle exakt berechnet werden (vgl. ZDH 2006d). Bei den Anteilen der Handwerksgruppen an Gesamtumsatz und Gesamtbeschäftigtenzahl handelt es sich hingegen um interne Schätzungen des ZDH, die in einer E-Mail vom 31.08.2006 zur Verfügung gestellt wurden.

besucht und 60- bis 90-minütige Interviews mit dem jeweiligen Entscheidungsträger geführt werden[210]. Im Anschluss an die Interviews mit den Betriebsinhabern wurden zumeist die Produktions- und Geschäftsräume besichtigt und in einigen Fällen auch Dokumente wie betriebswirtschaftliche Auswertungen oder Produktionsdatenerfassungen eingesehen[211].

Durch die Betrachtung unterschiedlicher Gewerke, Standorte und Betriebsgrößen konnten die Heterogenität des Handwerks und die Bandbreite an Problemwahrnehmungen und Anpassungshandlungen zumindest teilweise berücksichtigt werden. Es wurden insgesamt acht Betriebe des Bauhauptgewerbes, zehn Betriebe des Ausbaugewerbes und zehn Betriebe des Nahrungsmittelgewerbes untersucht. Tabelle 7 stellt die Verteilung detailliert dar[212].

Tabelle 7: Verteilung der untersuchten Betriebe nach Handwerksgruppen und Gewerken

Handwerksgruppe	Verteilung nach Gewerken	Summe
Baugewerbe	8 Bauhandwerker	8
Ausbaugewerbe	4 Schreiner 2 Heizungsbauer 1 Maler 1 Estrich-/Bodenleger 1 Elektriker 1 Gas-/Wasserinstallateur	10
Nahrungsmittelgewerbe	4 Bäcker 5 Fleischer 1 Konditor	10

Quelle: eigene Erhebung.

Um der typischerweise kleinbetrieblichen Struktur des Handwerks gerecht zu werden, beschränken sich die Fallstudien – von drei Betrieben des Bauhauptgewerbes und einem Betrieb des Nahrungsmittelgewerbes abgesehen – auf Unternehmen unter 30

---

[210] In insgesamt 19 Fällen wurden die Interviews mit dem jeweiligen Handwerksmeister (bzw. Ingenieur) und Betriebsinhaber geführt. Bei sechs der besuchten Betriebe konnten die für den kaufmännischen Bereich zuständigen Inhaber bzw. Mitinhaber befragt werden. Ferner wurden zwei in leitender Position mitarbeitende Juniorchefs und ein für den kaufmännischen Bereich verantwortlicher Prokurist interviewt.

[211] Eine Offenlegung der Betriebe bzw. Betriebsdaten ist nicht möglich, da sich die untersuchten Handwerker nur unter Zusicherung von Anonymität für die Fallstudien zur Verfügung gestellt haben.

[212] Da die Mehrzahl der Betriebe des Bauhauptgewerbes mit mehreren Gewerken in die Handwerksrolle eingetragen ist, wird für den Baubereich auf eine gewerkspezifische Unterteilung verzichtet.

Mitarbeitern. Tabelle 8 gibt die Verteilung der untersuchten Handwerksbetriebe nach Betriebsgrößenklassen wieder[213].

Tabelle 8: Verteilung der untersuchten Betriebe nach Betriebsgrößenklassen

Betriebsgrößenklasse	Verteilung nach Handwerksgruppen	Summe
1-5 Mitarbeiter	2 Ausbauhandwerker	2
6-10 Mitarbeiter	2 Bauhandwerker 2 Ausbauhandwerker 4 Nahrungsmittelhandwerker	8
11-20 Mitarbeiter	3 Bauhandwerker 5 Ausbauhandwerker 3 Nahrungsmittelhandwerker	11
21-30 Mitarbeiter	1 Ausbauhandwerker 2 Nahrungsmittelhandwerker	3
über 30 Mitarbeiter	3 Bauhandwerker 1 Nahrungsmittelhandwerker	4

Quelle: eigene Erhebung.

Die Verteilung der Standorte der untersuchten ostbayerischen Betriebe auf die Landkreise und Regierungsbezirke des ostbayerischen Grenzraums wird in Karte 2 dargestellt.

---

[213] Die Beschäftigtenzahlen der untersuchten Handwerksbetriebe beinhalten den bzw. die Inhaber, voll mitarbeitende Familienmitglieder und Lehrlinge, nicht hingegen Saisonkräfte.

Anpassungsdruck und Anpassungsstrategien des grenznahen Handwerks angesichts veränderter Wettbewerbsbedingungen im Zuge der EU-Erweiterung 2004

Karte 2: Verteilung der Standorte der untersuchten Handwerksbetriebe

Quelle: eigene Erhebung.

4.4 Datenerhebung und Datenauswertung

4.4.1 Erhebungsinstrumente der qualitativen Fallstudienuntersuchung

Grundlage der Typenbildung im Rahmen qualitativer Fallstudien können Daten verschiedener Erhebungsarten sein. Besonders häufig kommen Befragungen, Beobachtungen und Dokumentenanalysen zum Einsatz. Der empirische Teil der vorliegenden Arbeit beruht hauptsächlich auf qualitativen Leitfadeninterviews mit Entscheidungsträgern ostbayerischer Handwerksbetriebe. Im Rahmen der zunehmenden Verbreitung qualitativer Forschungsansätze innerhalb der Wirtschafts- und Sozialwissenschaften werden nicht-standardisierte Interviews verstärkt eingesetzt, um wirtschafts- und raumrelevante Fragestellungen zu bearbeiten[214].

Die Differenziertheit und Heterogenität der Untersuchungsgegenstände sowie die zunehmende Berücksichtigung sozialer und kultureller Rahmenbedingungen begünstigen das Vordringen induktiver Herangehensweisen, wie sie für qualitative Interviews typisch sind (vgl. LAMNEK 2002: 187). Für die vorliegende Fragestellung wurden Leitfadeninterviews als grundlegendes Erhebungsinstrument gewählt, um den komplexen betrieblichen Entscheidungsstrukturen gerecht zu werden. Eine offene Gestaltung der Interviewsituation trägt der Vielschichtigkeit der Thematik und der zugrunde liegenden Wahrnehmungs- und Entscheidungsprozesse besser Rechnung als die Verwendung standardisierter, quantitativer Erhebungsverfahren[215].

Der eingesetzte Interviewleitfaden dieser Arbeit (vgl. Anhang 2) besteht überwiegend aus theoriegeleiteten offenen Fragen, die das verfügbare Wissen der Interviewten offen legen sollen[216]. Dabei ist die Reihenfolge der Fragen nicht vorab festgelegt, son-

---

[214] Vgl. beispielsweise OSTENDORF 1997 und REHNER 2003. MULLINGS (1999: 338ff.) spricht im Hinblick auf die Verbreitung qualitativer Ansätze in der Wirtschaftsgeographie von einem „qualitative turn" und betont die Bedeutung von nicht-standardisierten Interviews mit betrieblichen Entscheidungsträgern für die Erforschung von Strategiewahl und -umsetzung in Unternehmen. Einen Überblick über die Verwendung qualitativer Methoden in der Wirtschafts- und Sozialgeographie liefern KOCH/GRETSCH (1994: 26ff.).

[215] Einen umfassenden Überblick über die Charakteristika qualitativer Interviews gibt LAMNEK (1995: 36ff.).

[216] Die Fragen des Interviewleitfadens wurden ggf. durch klärende Nachfragen ergänzt. Zudem wurden auch relevante Aspekte, die der Befragte unabhängig vom Gesprächsleitfaden in die Interviewsituation einbrachte, aufgegriffen und diskutiert (vgl. HOPF 1991: 177).

dern entwickelt sich gemäß dem jeweiligen Gesprächsverlauf. Durch unterschiedliche Grade expliziter Konfrontation mit den relevanten Themen können die subjektiven Vorstellungen der befragten Handwerker über ihre Wettbewerbssituation und die Notwendigkeit betrieblicher Anpassung rekonstruiert werden. Wesentlich hierfür ist der konsequente Einsatz des Leitfadens im Rahmen sämtlicher durchgeführter Interviews, um Vergleichbarkeit und Strukturiertheit der Daten zu erhöhen. Der Leitfaden gewährleistet, dass das vorhandene Hintergrundwissen thematisch geordnet abgefragt wird und die Herangehensweise an den Untersuchungsgegenstand vergleichbar ist[217]. Nach Abschluss der Interviews wurden die Gespräche mittels Datenaufzeichnung und Transkription in Texte transformiert und ausgewertet (vgl. LAMNEK 1995: 36ff.)[218].

Die Herausforderung bei der empirischen Umsetzung der skizzierten Fragestellung besteht darin, Strategien und Unternehmensziele von kleinbetrieblich bzw. mittelständisch strukturierten Unternehmen, die häufig nur im Kopf des Unternehmers existieren und nicht dokumentiert sind, offen zu legen (vgl. HERDZINA/BLESSIN 1996: 15). Dieser Schwierigkeit kann durch die Methodik qualitativer Fallstudien besser Rechnung getragen werden, da im persönlichen Gespräch die internen Wahrnehmungs-, Bewertungs- und Entscheidungsprozesse leichter nachzuvollziehen sind. Der aus den bisherigen handwerkswissenschaftlichen Studien gewonnene Eindruck einer unzureichenden und negativ geprägten Wahrnehmung der Auswirkungen der EU-Erweiterung durch die Betriebsinhaber konnte so differenziert und genauer analysiert werden[219].

Im Rahmen der durchgeführten Einzelfallstudien ausgewählter Handwerksbetriebe wurden neben qualitativen Interviews auch die Erhebungsmethoden der Beobachtung und der Dokumentenanalyse eingesetzt, um der Komplexität des Untersuchungsgegenstands besser gerecht zu werden. Nach den jeweiligen Gesprächen mit den Betriebsinhabern erfolgte in der Mehrzahl der Fälle eine ausführliche Besichtigung der

---

[217] Zur Bedeutung des Leitfadens für qualitative Interviews vgl. FLICK (2002: 145) sowie WITZEL (1982: 90f.).

[218] Bis auf eine Ausnahme konnten alle Gespräche nach Abstimmung mit dem Interviewpartner auf Tonband aufgezeichnet werden. Lediglich in einem Fall war der Interviewpartner nicht mit einer Aufzeichnung des Gesprächs einverstanden, so dass im Anschluss an das Gespräch ein Gedächtnisprotokoll erstellt wurde. Neben dem Transkriptum wurde zur Auswertung der erhobenen Daten auch ein – jeweils unmittelbar nach der Befragung erstelltes – Postskriptum berücksichtigt, das die Kontextinformationen der Gesprächssituation dokumentiert. Vgl. FLICK (2002: 138) sowie vertiefend zu möglichen Problemfeldern der Aufzeichnung und Transkription von Daten FLICK (1991: 160ff.).

[219] Die in Kapitel 2.2 diskutierten Studien gingen auf den Zusammenhang zwischen Unternehmerpersönlichkeit und Wahrnehmung bzw. Bewertung der veränderten Rahmenbedingungen nicht oder nur am Rande ein.

Produktions- und Geschäftsräume. Zudem wurden bei manchen Betrieben Beratungsprotokolle von Betriebsberatern sowie aktuelle Kosten- und Planungsrechnungen, Ablaufpläne und Verfahrensanweisungen eingesehen. Durch die Einbeziehung dieser zusätzlichen Erhebungsmethoden konnten Fehler, die möglicherweise durch den Einfluss der Erhebungssituation oder durch unzutreffendes Antwortverhalten des jeweiligen Interviewpartners entstanden wären, vermieden und die im Interview erhobenen Daten entsprechend verifiziert, ergänzt und angepasst werden[220].

4.4.2 Qualitative Inhaltsanalyse als Auswertungsverfahren

Kern jeder qualitativen Forschung ist die Interpretation der erhobenen Daten mit Hilfe eines geeigneten Auswertungsverfahrens. Dabei stehen für die Auswertung qualitativer Interviews – als wichtigstem Bestandteil der Datenerhebung der vorliegenden Untersuchung – verschiedene Formen der Inhaltsanalyse zur Verfügung. Hinsichtlich der jeweils unterschiedlichen Analyseschwerpunkte lassen sich im Rahmen einer qualitativen Auswertungsstrategie insbesondere die qualitative Inhaltsanalyse, die bewusste und explizite Aussagen der Befragten untersucht, sowie die objektive Hermeneutik, die latente Sinnstrukturen und subjektive Bedeutungen in den Mittelpunkt stellt, voneinander abgrenzen (vgl. LAMNEK 1995: 205 und 218ff.; GROEBEN/RUSTEMEYER 2002: 238ff.).

Wegen der großen Mengen an Datenmaterial und der Strukturierung der Befragung auf Grundlage des skizzierten theoretischen Vorverständnisses wurden die mit den handwerklichen Betriebsinhabern durchgeführten Leitfadeninterviews gemäß der qualitativen Inhaltsanalyse nach MAYRING ausgewertet[221]. Im Rahmen dieser Auswer-

---

[220] Einer durchgehenden Methodentriangulation stand die eingeschränkte Bereitschaft der Mehrzahl der Handwerker entgegen, ihre Betriebsdaten (Bilanzen, GuV-Rechnungen, Nachkalkulationen von Kundenaufträgen u.ä.) weiterzugeben und systematisch auswerten zu lassen. Auf eine Besichtigung der Produktionsräumlichkeiten (bzw. der Werkstatt) wurde nur in wenigen Ausnahmefällen verzichtet, wenn dies aufgrund einer Betriebsschließung in den Wintermonaten nicht möglich war oder vom Handwerker aufgrund Zeitmangels abgelehnt wurde. Zur grundsätzlichen Bedeutung der Methodentriangulation im Rahmen qualitativer Forschung vgl. LAMNEK (1995: 24f.) sowie KELLE/ERZBERGER (2000: 308).

[221] Vgl. zur Eignung der qualitativen Inhaltsanalyse nach MAYRING für die Auswertung großer Textmengen FLICK (2002: 282) sowie zusammenfassend zu Zielsetzung und Hintergrund der qualitativen Inhaltsanalyse MAYRING (2000: 468ff.). Auch CHETTY (1996: 76f.) verweist darauf, dass bei der Auswertung von Fallstudien die Datenanalyse nicht getrennt von den theoretischen Grundlagen, auf denen der Interviewleitfaden basiert, erfolgen soll, sondern die theoretischen Gedankengänge bei der

tungsmethode wurden die transkribierten Handwerkerinterviews innerhalb ihres Kommunikationskontexts analysiert, um die zugrunde liegenden alltagsweltlichen Handlungsmuster wissenschaftlich kontrolliert nachzuvollziehen und anschließend zu systematisieren. Die besondere Systematik der Inhaltsanalyse nach MAYRING basiert auf dem regelgeleiteten Ablauf, der theoretischen Absicherung von Fragestellungen und Kodiervorschriften sowie der schrittweisen, kategorienorientierten Vorgehensweise (vgl. MAYRING 2000: 471). Die verwendeten Kategorien wurden zunächst aus den vorgestellten theoretischen Modellen abgeleitet und anschließend in einem kontinuierlichen Prozess an dem empirisch erhobenen Datenmaterial überprüft und modifiziert, so dass ein Austausch zwischen Material und theoretischem Vorverständnis erfolgen konnte (vgl. SCHMIDT 2000: 448).

Die Auswertung der qualitativen Leitfadeninterviews erfolgte mit Hilfe von drei technischen Analyseverfahren, die nacheinander zum Einsatz kamen (vgl. LAMNEK 1995: 209ff.; FLICK 2002: 279ff.; MAYRING 1995: 52ff.):

> Zunächst wurde mittels der Analysetechnik der **Zusammenfassung** das Ursprungsmaterial paraphrasiert, indem weniger relevante sowie bedeutungsgleiche Passagen gestrichen und anschließend ähnliche Paraphrasen gebündelt und zusammengefasst wurden. So konnte das Material reduziert und durch Generalisierung auf ein höheres Abstraktionsniveau gehoben werden. Es entstand für jeden Einzelfall ein aus abstrakten Paraphrasen bestehendes Textkondensat, das den wesentlichen Inhalt kennzeichnet bzw. beschreibt.

> Anschließend wurde zur Klärung (einiger weniger) interpretationsbedürftiger Textstellen der transkribierten Interviews eine **Explikation bzw. Kontextanalyse** durchgeführt. Hierfür wurden mehrdeutige bzw. widersprüchliche Aussagen der Gesprächspartner durch die Einbeziehung von Kontextmaterial präzisiert. Die Explikation erfolgte im Rahmen einer weiter gefassten Kontextanalyse, bei der auch Informationen außerhalb des Textes – etwa durch Berücksichtigung der spezifischen Gesprächssituation – verwendet wurden.

> Das dritte (und wesentlichste) technische Analyseverfahren stellte die **Strukturierung** dar. In Abhängigkeit von der Art der vorgenommenen Strukturierung können grundsätzlich formale, inhaltliche, typisierende und skalierende Strukturierung voneinander abgegrenzt werden. Unabhängig von der Art der strukturierenden Auswertung sind zunächst die Kategorien für die Subsumption der Textbestandteile zu definieren, dann Ankerbeispiele für jede Kategorie abzuleiten und schließlich Kodierregeln für die Abgrenzung und Zuordnung zwischen Katego-

---

Auswertung und Strukturierung der beobachteten individuellen Verhaltensweisen wieder aufzunehmen sind.

rien festzulegen. Die Auswertung der empirischen Untersuchung dieser Arbeit erfolgte mit dem Ziel der Identifikation und möglichst präzisen Beschreibung von Typen, so dass die Analysetechnik der typisierenden Strukturierung gewählt wurde. Dabei bezieht sich die **Typenbildung** der vorliegenden Arbeit nicht explizit auf Personen, sondern auf bestimmte (betriebliche und unternehmerische) Merkmale. Die Typisierungsdimensionen wurden aus dem in Kapitel 3 erarbeiteten theoretischen Vorverständnis abgeleitet, wobei jeweils verschiedene denkbare Ausprägungen verwendet wurden, um über entsprechende Kategorien für die Auswertung zu verfügen. Markante Aussagen hinsichtlich der gebildeten Kategorien – etwa extreme, theoretisch interessante oder besonders häufige Ausprägungen – wurden identifiziert und zu charakteristischen Prototypen zusammengefasst[222].

Im Rahmen einer übergreifenden Generalisierung der Einzelfälle wurden Typologien extrahiert, die im nachfolgenden Kapitel dargestellt und analysiert werden. Das regelgeleitete Vorgehen sowie die durchgängige Verwendung des gewählten Kategorienschemas erleichtern dabei die Durchführung von Vergleichen und die Ableitung von Handlungsmustern[223].

Allerdings sieht sich auch die qualitative Datenerhebung und -auswertung kritischen Stimmen ausgesetzt. Die häufigsten Vorwürfe konzentrieren sich auf einen angeblichen Rückfall in die Hermeneutik durch Missachtung des Falsifikationsprinzips und die fehlende Nachvollziehbarkeit und Überprüfbarkeit der Interpretationsbefunde, die zu einer Datenanalyse nach subjektiver Assoziation führe und dazu neige, bestehende Einschätzungen und Vorurteile lediglich zu bestätigen (vgl. LAMNEK 1995: 204; BORTZ/DÖRING 2002: 335).

Hinsichtlich des ersten Kritikpunkts sei nochmals auf das Ziel der Verallgemeinerung hinsichtlich theoretischer Aussagen auf Grundlage von Typisierungen verwiesen, die auf jedwede Quantifizierung der resultierenden Muster bewusst verzichtet. Die Kritik an der zuweilen subjektiven und wenig nachvollziehbaren Vorgehensweise mag zwar für manche der bislang durchgeführten qualitativen Studien zutreffen, kann aber – in Abhängigkeit von Forschungsdesign und Forscher – auch bei Verwendung ande-

---

[222] Typisierungen bringen definitionsgemäß die Gefahr eines Informationsverlustes durch Vereinfachung und Verallgemeinerung mit sich. Vorteil der Typisierung hingegen ist, dass nur die besonders markanten und wichtigen Ausprägungen analysiert werden, so dass die Beschreibung der Prototypen genauer und detaillierter erfolgen kann als bei Verwendung anderer Strukturierungsverfahren. Vgl. zur typisierenden Strukturierung MAYRING (1995: 84f.).

[223] Vgl. FLICK (2002: 282) sowie GERHARDT (1991: 438), die vier Stufen des analytischen Vorgehens – Fallrekonstruktion bzw. Fallkontrastierung, Ermittlung „reiner" Fallverläufe, Einzelfallverstehen und Strukturverstehen – unterscheidet.

rer methodischer Ansätze wie Experiment oder quantitativer Befragung angebracht sein (vgl. YIN 1981: 63f.). Wichtig erscheinen daher gerade bei qualitativen Fallstudien stringentes Vorgehen und hinreichende Dokumentation der Ergebnisse[224].

Von wesentlicher Bedeutung für die Zuverlässigkeit und Gültigkeit der erzielten Ergebnisse sind demnach die intersubjektive Nachvollziehbarkeit des Forschungsprozesses durch Dokumentation von Vorverständnis und methodischem Vorgehen, die Gegenstandsangemessenheit des Forschungsprozesses, die empirische Verankerung von Theoriebildung bzw. -überprüfung sowie die klare Herausarbeitung der Grenzen der Verallgemeinerbarkeit (AUFENANGER 1991: 38). Bei Berücksichtigung dieser Kriterien gelangt die qualitative Inhaltsanalyse durch regelgeleitetes, schrittweises Vorgehen und flexible Handhabung des Kategoriensystems zu exakteren und besser überprüfbaren Ergebnissen als andere Verfahren der Textinterpretation (vgl. MAYRING 1991: 213).

---

[224] Hierfür wurden Kernkriterien qualitativer Forschung entwickelt, um die Tauglichkeit von Methode und Analyseverfahren zu beurteilen (vgl. STEINKE 2000: 323ff.).

5 ANPASSUNGSDRUCK UND ANPASSUNGSSTRATEGIEN DES OSTBAYERISCHEN HANDWERKS

Die nachfolgende Darstellung der empirischen Ergebnisse konzentriert sich auf das Wechselspiel zwischen unternehmensinternen Einflussfaktoren der untersuchten Handwerksbetriebe, der Wahrnehmung eines Anpassungsdrucks angesichts der durch die EU-Erweiterung veränderten Wettbewerbsbedingungen und den daraus resultierenden betrieblichen Anpassungsstrategien. In Anlehnung an das Analyseschema unternehmerischer Anpassungshandlungen werden zunächst potenzielle Einflussfaktoren handwerklicher Wahrnehmung und Anpassung analysiert. Anschließend wird die spezifische Wahrnehmung von Wettbewerbssituation und Anpassungsdruck untersucht und vor dem Hintergrund dieser Einflussfaktoren differenziert. Schließlich gilt es, die strategische Ausrichtung der untersuchten Handwerksbetriebe unter Berücksichtigung der betrieblichen Einflussfaktoren und Wahrnehmungsmuster nachzuzeichnen und zu untersuchen, inwieweit dabei die von der Handwerkswissenschaft empfohlenen Strategieansätze (vgl. Kapitel 3.3.2) verfolgt werden.

5.1 Einflussfaktoren handwerklicher Wahrnehmungs- und Anpassungsmuster

Das dieser Arbeit zugrunde liegende Analyseschema betont die Bedeutung unternehmensinterner Faktoren und Prozesse für den wahrgenommenen Handlungsdruck und die resultierenden Anpassungshandlungen. Nachfolgend werden zunächst die wichtigsten Betriebscharakteristika der untersuchten Handwerksunternehmen im Hinblick auf Unternehmensentwicklung, Leistungsspektrum und Absatzraum herausgearbeitet und zu einer Betriebstypisierung zusammengefasst. Anschließend werden die unterschiedlichen Ausprägungen der jeweiligen handwerklichen Unternehmerpersönlichkeit diskutiert und anhand geeigneter Kategorisierungen Unternehmertypen zugeordnet. Als weitere relevante Einflussfaktoren handwerklicher Wahrnehmung und Anpassung werden schließlich das innerbetriebliche Entscheidungsverhalten sowie das Informationsverhalten der betrachteten Unternehmen analysiert und, sofern sinnvoll, Wechselwirkungen mit den Betriebs- und Unternehmertypisierungen herausgearbeitet.

Anpassungsdruck und Anpassungsstrategien des grenznahen Handwerks angesichts veränderter Wettbewerbsbedingungen im Zuge der EU-Erweiterung 2004

5.1.1 Betriebscharakteristika und Betriebstypen

Die untersuchten grenznahen Handwerksunternehmen spiegeln hinsichtlich ihrer Betriebsspezifika die Heterogenität des Wirtschaftsbereichs Handwerk wider. Allerdings ist vielen Unternehmen gemein, dass die Betriebsinhaber Familientraditionen fortführen, die über drei oder vier Generationen zurückreichen, in Einzelfällen sogar mehrere Jahrhunderte. Die dominierende **Rechtsform** im Untersuchungssample stellt die Einzelunternehmung dar, wenngleich einige der größeren Betriebe die Rechtsform einer GmbH gewählt haben oder eine diesbezügliche Umwandlung planen. Zudem sind zwei Betriebe in der Rechtsform einer GbR eingetragen. Einer der Handwerksbetriebe ist als Tochtergesellschaft in einen börsennotierten mittelständischen Konzern eingebunden, wobei der interviewte Entscheidungsträger als Geschäftsführer über einen 20%-igen Anteil am Unternehmen verfügt.

Die Mehrzahl der untersuchten Handwerksunternehmen konzentriert sich auf nur einen **Unternehmensstandort**. Eine Ausnahme stellt das Nahrungsmittelgewerbe dar, in dem mehrere Betriebe zusätzliche Verkaufsstellen – zumeist in räumlicher Nähe zum Hauptsitz – betreiben. Generell jedoch wurden im Laufe der letzten Jahre aufgrund negativer Erfahrungen vermehrt Filialen geschlossen. Als wesentliche Gründe für die Aufgabe zusätzlicher Standorte wurden die Kostenbelastung und die schwierige Kontrolle des Filialgeschäfts, insbesondere bei größerer räumlicher Entfernung vom Hauptsitz genannt. So berichtet der Mitinhaber eines Ausbauunternehmens, das 1991 eine Filiale in Ostdeutschland eröffnet hatte, von den Hintergründen der Schließung der Filiale nur fünf Jahre später:

> „Wir haben einfach gesehen, da drüben hat es keinen Zopf, wir haben Ärger mit dem Geschäftsführer gehabt, und dann - ja, die sprachliche Barriere zwischen Bayern und Sachsen war da, und da haben wir gesagt: jetzt ist Schluss, jetzt machen wir zu, bevor wir vor die Hunde gehen" (vgl. Handwerkerinterview H18).

Die **Mitarbeiter- und Geschäftsentwicklung** der letzten Jahre stellt sich bei den untersuchten Betrieben uneinheitlich dar. Die meisten Handwerksbetriebe durchlebten zuletzt eine Phase der Stagnation bzw. Schrumpfung. Einzelne Betriebe mussten ihre Mitarbeiterzahl innerhalb der letzten zehn Jahre auf ein Drittel des ursprünglichen Bestandes reduzieren. Besonders negativ stellt sich die Situation für das Bauhandwerk dar. Hier beklagen sechs von acht Betrieben einen Mitarbeiterrückgang, während nur ein Betrieb im Untersuchungssample die Mitarbeiterzahl innerhalb des letzten Jahr-

5 Anpassungsdruck und Anpassungsstrategien des ostbayerischen Handwerks

zehnts erhöhen konnte. Gerade im Bauhandwerk verfügen daher viele Betriebe über einen Fuhrpark bzw. Maschinenpark, der im Hinblick auf die reduzierte Mitarbeiterzahl überdimensioniert erscheint. Insgesamt verzeichneten immerhin fünf der 28 untersuchten Handwerksunternehmen auch im schwierigen Wettbewerbsumfeld der vergangenen Jahre einen Mitarbeiteranstieg.

Hinsichtlich des angebotenen **Leistungsspektrums** weisen die untersuchten Handwerksbetriebe große Unterschiede auf. Während die Mehrzahl eher auf ein flexibles, breites Leistungsangebot setzt, positionieren sich einige Handwerksunternehmen bewusst als Spezialanbieter in einem sehr engen Marktsegment. Die Notwendigkeit einer Anpassung bzw. Spezialisierung des Leistungsangebots resultiert dabei vielfach aus der schwierigen Wirtschaftslage im Grenzraum. Ein grenznaher Nahrungsmittelhandwerker, der seine Spezialitäten inzwischen überregional vertreibt, betont:

„Das ist eigentlich aus einer Not heraus entstanden. Wenn hier diese Strukturschwächen nicht so eklatant auch uns betroffen hätten, wären wir vielleicht gar nicht auf die Idee gekommen, unsere Lebkuchen überregional zu vermarkten" (Handwerkerinterview H6).

Spezialisieren sich Betriebe auf ein enges Marktsegment, in dem sie ihre Kompetenzen und Wettbewerbsvorteile am besten nutzen können, so ist dies zumeist mit einer überregionalen Ausrichtung des Vertriebs verbunden. Die Mehrzahl der grenznahen Handwerksbetriebe konzentriert sich jedoch nach wie vor auf einen lokalen bzw. regionalen **Absatzraum**.

Anhand der verschiedenen Aussagen im Hinblick auf Unternehmensentwicklung, Leistungsbereiche und Absatzraum konnte für die 28 untersuchten ostbayerischen Betriebe eine branchen- bzw. gewerkeübergreifende Typologie erarbeitet werden[225]. Die resultierenden **handwerksspezifischen Betriebstypen** sind durch unterschiedliche Charakteristika geprägt, die auch für die Wahrnehmung von bzw. Anpassung an veränderte Wettbewerbsbedingungen wesentlich sind:

---

[225] Eine Differenzierung der Betriebscharakteristika anhand der in Kapitel 3.2.2.1 diskutierten Unterscheidungen (Führungs- und Leistungspotenzial bzw. Ressourcen-, Erfahrungs-, Steuerungs-, Führungs- und Ideenpotenzial) erscheint aufgrund der Heterogenität der unternehmensinternen Rahmenbedingungen der untersuchten Betriebe an dieser Stelle wenig zielführend. Die nachfolgende Typologie beschränkt sich daher auf die Ausprägungen von Unternehmensentwicklung, Leistungsspektrum und Absatzraum. Eine genauere Betrachtung insbesondere des Führungspotenzials der untersuchten Betriebe erfolgt in den nachfolgenden Kapiteln im Rahmen der Analyse von Unternehmerpersönlichkeit und Entscheidungsverhalten.

> Der Typus des **konservativen Traditionsbetriebs** ist durch ein breites, traditionelles Leistungsspektrum auf einem lokalen oder regionalen Absatzmarkt gekennzeichnet. Das Leistungsangebot dieses Unternehmenstyps wurde über die Jahre hinweg nicht oder nur geringfügig verändert und steht einer bestenfalls konstanten, häufig sinkenden Kundennachfrage gegenüber. Die Geschäftsentwicklung ist tendenziell stagnierend oder rückläufig.

> Der Typus des **Einzelkämpferbetriebs** bietet ein breites, flexibles Leistungsspektrum auf einem lokalen oder regionalen Absatzmarkt an. Dieser Betriebstyp nutzt seine schlanke Struktur als „Ein-Mann-Unternehmen plus Verstärkung" dafür, sich mit seinem Leistungsangebot den spezifischen, sich verändernden Kundenbedürfnissen anzupassen. Für Unternehmen diesen Typs ist die fehlende Wachstumsorientierung charakteristisch. Auch sie weisen eine stagnierende oder rückläufige Geschäftsentwicklung auf[226].

> Der Typus des **überregionalen Spezialanbieters** bietet ein enges Spektrum hochspezialisierter Leistungen zumeist überregional an. Unternehmen dieses Typs sind häufig dadurch gekennzeichnet, dass sie in ihrem Marktsegment Alleinstellungsmerkmale aufgrund besonderer Technologien bzw. Fähigkeiten aufweisen, das Leistungsangebot eng mit ihren Kunden abstimmen und zumeist auf eine positive Geschäftsentwicklung der letzten Jahre zurückblicken.

> Der Typus des **industrieähnlichen Mittel- bzw. Großbetriebs** ist dadurch charakterisiert, dass er mit weitreichendem Maschineneinsatz ein breites, traditionelles Leistungsspektrum auf einem regional begrenzten Markt anbietet, der auch von industriellen Großbetrieben bearbeitet wird und auf dem großer Kostendruck herrscht. Unternehmen dieses Typs sind durch eine (verglichen mit anderen Handwerksbetrieben) überdurchschnittliche Mitarbeiterzahl sowie eine rückläufige Geschäftsentwicklung gekennzeichnet.

> Der Typus des **Betriebs mit zweitem Standbein** ist dadurch charakterisiert, dass er zwar sein breites, traditionelles Leistungsspektrum auf dem lokalen oder regionalen Heimatmarkt beibehält, daneben aber einen wachstumsstarken Teilbereich seines Betriebs bewusst ausbaut. Häufig wird dieses „zweite Standbein" auch außerhalb des Heimatmarkts vertrieben. Betriebe dieses Typs können eine konstante, teilweise sogar positive Geschäftsentwicklung vorweisen.

Die Mehrzahl der betrachteten Handwerksunternehmen lässt sich einem der geschilderten Typen zuordnen, wobei der Typus des konservativen Traditionsbetriebs dominiert. Lediglich zwei der 28 Betriebe konnten nicht eindeutig klassifiziert werden, sondern stellten sich als Mischformen zweier verschiedener Typen dar.

---

[226] Der Typus des Einzelkämpferbetriebs ist dem des stagnierenden Traditionsbetriebs eng verwandt, hebt sich aber durch sein flexibles Leistungsangebot und seine kleinstbetriebliche Ausrichtung in wesentlichen Punkten entscheidend von diesem ab.

5 Anpassungsdruck und Anpassungsstrategien des ostbayerischen Handwerks

Eine erste Differenzierung der Betriebstypen anhand der **Branche** bzw. des Handwerksbereichs zeigt, dass der Typus des konservativen Traditionsbetriebs insbesondere im Bau- und Nahrungsmittelgewerbe vorherrscht, während Einzelkämpferbetriebe und überregionale Spezialanbieter überwiegend dem Ausbauhandwerk zuzuordnen sind. Der Typus des Betriebs mit zweitem Standbein wiederum ist ausschließlich im Nahrungsmittelhandwerk vertreten, während beim Betriebstyp des industrieähnlichen Mittel- bzw. Großbetriebs kein Zusammenhang mit Branche bzw. Handwerksbereich erkennbar ist.

Eine Differenzierung der handwerksspezifischen Betriebstypen nach der **Grenznähe** des Unternehmensstandorts[227] liefert dagegen ein heterogenes Bild, aus dem keine Rückschlüsse hinsichtlich eines Zusammenhangs zwischen der räumlichen Entfernung von der Grenze und dem jeweiligen handwerksspezifischen Betriebstypus gezogen werden können.

5.1.2 Unternehmerpersönlichkeit und Unternehmertypen

Gerade im eher kleinbetrieblich strukturierten Handwerk ist von einem engen Zusammenhang zwischen Unternehmensentwicklung und Unternehmerpersönlichkeit des Betriebsinhabers auszugehen (vgl. Kapitel 3.2.2.3). Einen bedeutsamen Einflussfaktor der Unternehmerpersönlichkeit stellen dabei **Ausbildungshintergrund und beruflicher Werdegang** dar. Von den 28 Interviewpartnern, die allesamt als (Mit-)Entscheidungsträger des jeweiligen Betriebs in der unternehmerischen Verantwortung stehen, verfügen 17 über einen Meistertitel in ihrem Gewerk und sechs über einen Titel als Diplom-Ingenieur, wobei ein handwerklicher Betriebsinhaber sowohl eine Meisterausbildung als auch ein ingenieurswissenschaftliches Studium abgeschlossen hat. Die restlichen Entscheidungsträger wählten eine kaufmännische Ausbildung oder eigneten sich als mitarbeitendes Familienmitglied ohne fachspezifische Ausbildung die nötigen Kenntnisse in der Praxis an. Sämtliche Interviewpartner waren als handwerkliche Betriebsinhaber bzw. Mitinhaber, mitarbeitende „Juniorchefs" oder angestellte Geschäftsführer bzw. Prokuristen in die Unternehmensleitung eingebunden. In der großen Mehrzahl der besuchten Betriebe hat – dem klassischen Bild des Handwerksunternehmens entsprechend – ein Handwerksmeister die alleinige persönliche Be-

---

[227] Verfügt das Unternehmen über mehrere Standorte, so war für die vorliegende Differenzierung der Hauptsitz maßgeblich.

triebsleitung inne. Betrachtet man die jeweilige Ausbildung der Entscheidungsträger vor dem Hintergrund obiger Betriebstypisierung, so ist kein Zusammenhang zwischen einer vermeintlichen Höher- oder Besserqualifizierung des Betriebsinhabers und der Zuordnung zu bestimmten handwerksspezifischen Betriebstypen erkennbar. Während auch mehrere konservative Traditionsbetriebe von Akademikern geleitet werden, stehen manche der als besonders wachstumsorientiert einzustufenden überregionalen Spezialanbieter unter der Führung eines Handwerksmeisters[228].

Auch die **Motivation** des Betriebsinhabers für seine unternehmerische Tätigkeit ist ein wichtiger Bestandteil der Unternehmerpersönlichkeit. Hierbei wird seitens der befragten Entscheidungsträger v.a. die Bedeutung von Unabhängigkeit und eigenverantwortlichem Handeln betont. Manche Interviewpartner weisen zudem explizit darauf hin, dass Gewinnmaximierung nicht im Vordergrund ihrer unternehmerischen Tätigkeit steht. Stattdessen wird ein zufriedenstellendes Ergebnis angestrebt, das den Interessen der verschiedenen Stakeholder gerecht wird.

„Das Einzige was ich von Anfang an angestrebt habe nach dem Studium war, möglichst viel Verantwortung übernehmen zu können. Einmal weil es mir wirklich Spaß macht, ein Projekt verantwortlich zu leiten, und weil ich es auch von meinem Weltbild her als Verantwortung empfinde. Also in erster Linie steht bei mir auch nicht meine persönliche Gewinnmaximierung im Vordergrund, sondern in erster Linie versuche ich immer das Unternehmen so optimal zu führen, dass alle Mitarbeiter hier ihren Nutzen davon haben – also sprich die Gewerblichen ihre Beschäftigung, der Finanzgeber seinen jährlichen Gewinn und wenn das funktioniert, dann funktioniert es automatisch bei mir auch" (Handwerkerinterview H3)[229].

Ziele wie die Überschaubarkeit der betrieblichen Strukturen und eine größtmögliche Kundenzufriedenheit verdrängen bzw. überlagern eine reine Gewinn- und Wachstumsorientierung, die der Präferenzordnung der verantwortlichen Unternehmerpersönlichkeit häufig nicht gerecht wird.

---

[228] Der Anteil der Handwerksbetriebe in Deutschland, die von einem Handwerksmeister geführt werden, lässt sich nicht genau ermitteln. MÜLLER (2003b: 19 und 57) verweist darauf, dass der Anteil der Meister an den Existenzgründungen im Handwerk im Durchschnitt der Jahre 1996 bis 2002 knapp 80% betrug. Seit der jüngsten Novellierung der HwO vom 01.01.2004 ist allerdings von einem signifikanten Rückgang des Anteils der Meister an den handwerklichen Existenzgründungen auszugehen.

[229] Die Erwähnung des Finanzgebers nimmt Bezug auf die – für ein Handwerksunternehmen untypische – Einbindung des Betriebs in einen börsennotierten Konzern.

5 Anpassungsdruck und Anpassungsstrategien des ostbayerischen Handwerks

„Ich habe jetzt nicht das Interesse, dass ich noch mal ausbaue oder noch mal vergrößere. Ich möchte das eigentlich so halten wie es ist. Ich merke das schon, ich muss mich immer mehr einbringen, damit ich das gleiche Ergebnis erziele (...) und Motivation, ganz ehrlich gesagt, das ist nicht unbedingt Geld, sondern wenn etwas fertig ist und die Kundschaft sagt: Das ist schön" (Handwerkerinterview H23).

Andere Entscheidungsträger des Untersuchungssamples hingegen betonen ihre ausschließliche Orientierung an Zahlungseingängen und Gewinnspannen. Betrachtet man das Präferenz- bzw. Zielsystem der Betriebsinhaber in Zusammenhang mit der handwerksspezifischen Betriebstypisierung, so zeigt sich, dass insbesondere diejenigen Entscheidungsträger, die besonders gewinn- und kostenorientiert argumentieren, den Betriebstypen des konservativen Traditionsbetriebs bzw. des industrieähnlichen Mittel- bzw. Großbetriebs zuzuordnen sind. Die Analyse der durchgeführten Fallstudien verstärkt den Eindruck, dass Entscheidungsträger von Unternehmen, die ihr Leistungsangebot auf schrumpfenden oder stagnierenden Märkten anbieten, sich einem starken Kosten- bzw. Margendruck gegenüber sehen und daher ihre Gewinnorientierung stärker betonen als Entscheidungsträger von Betrieben, die aufgrund ihrer Positionierung in einem engen Marktsegment oder aufgrund ihrer Alleinstellungsmerkmale keinem vergleichbaren Kosten- bzw. Margendruck ausgesetzt sind[230].

Eine wichtige Motivation stellt für viele Entscheidungsträger die Fortführung einer langen, erfolgreichen Familientradition dar, die als Ehre und Verpflichtung betrachtet wird. Die Aufrechterhaltung dieser Tradition wird häufig als wichtigstes langfristiges Unternehmensziel genannt. In vielen der untersuchten Handwerksunternehmen arbeiten die Kinder des Inhabers bereits im Betrieb mit oder befinden sich derzeit in der Ausbildung oder einer praktischen Tätigkeit, die auf die spätere Übernahme der Betriebsführung vorbereiten soll. Hingabe zum eigenen Handwerk, das als „Berufung" und nicht nur als Beruf gesehen wird, und Freude an der damit verbundenen kreativen Betätigung werden in diesem Zusammenhang als wichtige Faktoren beruflicher Befriedigung genannt. Eine gesonderte Betrachtung der verschiedenen Betriebstypen zeigt, dass es insbesondere konservative Traditionsbetriebe sind, die diese Motivation

---

[230] Insgesamt zeigen die Ergebnisse der Unternehmerbefragung, dass das einer verhaltenstheoretischen Analyse zugrundeliegende Menschenbild des satisfizers auf die Entscheidungsträger der untersuchten Handwerksunternehmen mehrheitlich zutrifft. Die meisten Betriebsinhaber treffen unternehmerische Entscheidungen nicht allein nach dem Kalkül der Gewinnmaximierung, sondern orientieren sich auch an nicht-ökonomischen Zielsetzungen.

Anpassungsdruck und Anpassungsstrategien des grenznahen Handwerks angesichts veränderter Wettbewerbsbedingungen im Zuge der EU-Erweiterung 2004

betonen. Bezogen auf die unterschiedlichen Handwerksbereiche bzw. Branchen sind es vor allem die Unternehmer im Nahrungsmittelgewerbe, die Traditionsverbundenheit und Liebe zum eigenen Handwerk einen besonders hohen Stellenwert einräumen.

Dabei sind sämtliche handwerklichen Betriebsinhaber bereit, zur Verwirklichung ihrer unternehmerischen Ziele eine hohe persönliche Arbeitsbelastung in Kauf zu nehmen. Über alle Gewerke und Handwerksbereiche hinweg werden die vielen Arbeitsstunden und die häufige Beschäftigung mit betrieblichen Sachverhalten auch nach Feierabend und am Wochenende betont. Da tagsüber Leistungserstellung und Auftragsabwicklung im Vordergrund stehen, können kaufmännische und organisatorische Aufgaben häufig erst nach dem Tagesgeschäft erledigt werden. Je mehr ein Betrieb bewusst als Familienunternehmen strukturiert ist, umso mehr sind auch die mitarbeitenden Familienmitglieder von der hohen persönlichen Arbeitsbelastung betroffen.

„In der Früh um halb fünf bin ich der Erste, und abends um sieben oder halb acht sind wir die letzten, meine Frau und ich. Das ist zwar ein hartes Brot, aber der Erfolg gibt uns recht" (Handwerkerinterview H21).

Im Hinblick auf ihre konkreten **Aufgabenschwerpunkte** messen die interviewten handwerklichen Entscheidungsträger Leistungserstellung und Technik große Bedeutung bei und verwenden dafür einen Großteil ihrer Zeit. Dennoch sind sich viele Betriebsinhaber auch der Bedeutung des kaufmännischen Teils handwerklicher Unternehmensführung bewusst und betonen dessen zunehmende Wichtigkeit sowie die gestiegenen Anforderungen. Manche Betriebe haben in Anbetracht der großen Bedeutung betriebswirtschaftlicher Aufgaben und der zeitlichen Belastung des Handwerksmeisters mit den technischen bzw. operativen Abläufen die Unternehmensführung aufgeteilt. Zumeist tritt dann ein Familienmitglied als Verantwortungsträger für den kaufmännischen Bereich neben den für den technischen Bereich zuständigen Handwerksmeister[231]. Mehrere Entscheidungsträger verweisen in diesem Zusammenhang auf die Notwendigkeit einer kontinuierlichen Weiterbildung des Betriebsinhabers sowohl in kaufmännisch-betriebswirtschaftlicher als auch in handwerklich-technischer Hinsicht, um den stetig steigenden Anforderungen im Hinblick auf Kalkulation, Marktentwicklungen und Fertigungsmethoden gerecht zu werden.

---

[231] Einzelne Handwerker wiederum betonen, dass sie nur aufgrund der Notwendigkeit zur Übernahme des elterlichen Betriebs Handwerksmeister geworden sind, ansonsten aber einen kaufmännischen oder finanzorientierten Beruf ergriffen hätten. Diese Entscheidungsträger bringen folgerichtig dem betriebswirtschaftlichen Teil ihrer Arbeit großes persönliches Interesse entgegen.

5 Anpassungsdruck und Anpassungsstrategien des ostbayerischen Handwerks

In manchen Betrieben jedoch sind die unternehmerischen Entscheidungsträger so stark in den operativen Alltag eingebunden, dass daneben kaum Zeit für notwendige strategische Tätigkeiten oder betriebswirtschaftliche Planungen verbleibt. Diese Einseitigkeit der Betriebsführung resultiert daraus, dass die Entscheidungsträger ihre umfassende Präsenz im Betrieb und ihre Mitwirkung an sämtlichen betrieblichen Abläufen für notwendig erachten. Durch ausschließliche Konzentration auf die einwandfreie handwerkliche Leistungserstellung können diese Handwerker der derzeitigen Umbruchsituation, die einen betriebswirtschaftlich denkenden und handelnden Unternehmer erfordert, nicht gerecht werden. Ein grenznaher Ausbauhandwerker betont die Wichtigkeit seiner persönlichen Flexibilität, die ihn von anderen Handwerkern unterscheidet und ihm eine strategische Anpassung des Absatzraums seines Unternehmens ermöglicht:

„Ich schau immer wo eine Möglichkeit ist und bin regional nicht begrenzt, und da gebe ich auch zu, dass das ein Vorteil ist. Ich muss dafür weiter fahren, aber das ist mir egal. Andere Leute sagen: Weiter als 15 km um Marktredwitz gehe ich nicht herum, obwohl sie Möglichkeiten hätten, aber das ist halt eine persönliche Einstellung" (Handwerkerinterview H26).

Eine differenzierte Betrachtung anhand obiger Betriebstypologie zeigt, dass sich die Entscheidungsträger, die den Betriebstypen des überregionalen Spezialanbieters bzw. des Betriebs mit zweitem Standbein zuzuordnen sind, nicht auf den operativen Alltag beschränken, sondern sich aktiv um eine zukunftsfähige strategische Ausrichtung ihres Unternehmens bemühen. In industrieähnlichen Mittel- bzw. Großbetrieben und konservativen Traditionsbetrieben sind hingegen auch Entscheidungsträger anzutreffen, die sich wegen ihrer Sorge über eine anhaltend negative Geschäftsentwicklung im operativen Tagesgeschäft aufreiben, ohne nach einer geeigneten strategischen Antwort auf die Problemsituation des Unternehmens zu suchen.

Unter Rückgriff auf die Ausführungen in Kapitel 3.2.2.3 konnten die handwerklichen Entscheidungsträger im Zuge der Auswertung der durchgeführten Fallstudien anhand der Ausprägungen ihrer Persönlichkeit – etwa im Hinblick auf Ausbildungshintergrund und Fähigkeiten, Motivation und Wertesystem sowie unternehmerisches Selbstverständnis und Aufgabenschwerpunkte – Unternehmertypen zugeordnet werden. Dabei ist eine Klassifizierung der interviewten Betriebsinhaber anhand der Kategorisierungen von STRATOS bzw. nach KIRSCH naturgemäß nur eine Annäherung an die vielschichtigen Ausprägungen menschlichen Verhaltens. Legt man einer ersten, näherungsweisen Einteilung der untersuchten Betriebe zunächst die **STRATOS-**

Kategorisierung zugrunde, so zeigt sich eine Dominanz des Unternehmertyps des **Allrounders** im Handwerksbereich. Die Mehrzahl der Entscheidungsträger kann aufgrund ihrer vielseitigen Ausrichtung und weitgehend gleichmäßig ausgeprägter Stärken sowohl im technischen als auch im administrativen Bereich diesem Typus zugeordnet werden. Dies vermag nicht zu überraschen, da es ja gerade Ziel der Meisterausbildung im Handwerk ist, neben den technisch-praktischen Fähigkeiten auch die für die Betriebsführung notwendige kaufmännische Qualifikation zu vermitteln. Neben den Allroundern sind auch die Unternehmertypen des **Organisators**, der eher durch administrativ-organisatorische Stärken gekennzeichnet ist, und des **Pioniers**, der eher durch technisch-kreative Stärken gekennzeichnet ist, mehrfach im Untersuchungssample vertreten. Dem Typus des **Routiniers**, der weder im organisatorischen noch im technischen Bereich besondere Fähigkeiten aufweist und sich somit für eine Tätigkeit im Bereich der Unternehmensführung generell wenig eignet, sind lediglich zwei der betrachteten Betriebe zuzuordnen[232].

Während die Betriebstypen des konservativen Traditionsbetriebs bzw. des industrieähnlichen Mittel- bzw. Großbetriebs fast ausnahmslos vom Unternehmertypus des Allrounders bzw. des Organisators geleitet wurden, sind Pioniere überwiegend in der Unternehmensführung von überregionalen Spezialanbietern zu finden. Eine branchenmäßige Differenzierung der Unternehmerkategorisierung nach STRATOS zeigt, dass der insgesamt vorherrschende Unternehmertypus des Allrounders insbesondere im Baugewerbe und im Nahrungsmittelhandwerk deutlich dominiert, während sich in den Ausbauhandwerken ein heterogenes Bild zeigt. Generell wird der Erkenntnisgewinn einer Kategorisierung der interviewten Unternehmerpersönlichkeiten anhand der STRATOS-Kriterien jedoch dadurch relativiert, dass die Einordnung der handwerklichen Entscheidungsträger ein relativ homogenes Ergebnis mit klarer Dominanz des Unternehmertyps des Allrounders zeigt.

Die zweite Unternehmertypisierung mit Relevanz für die Fragestellung dieser Arbeit geht auf **KIRSCH** 1983 zurück und kategorisiert die Unternehmerpersönlichkeiten anhand ihrer strategischen Grundhaltungen gegenüber Veränderungen bzw. gegenüber einer Spezialisierung des Leistungsangebots. Die untersuchten Entscheidungsträger im

---

[232] Die Unternehmerpersönlichkeiten, die nicht dem Typus des Allrounders zugeordnet werden können, sind häufig Entscheidungsträger, die nicht als Handwerksmeister alleinverantwortlich ihr Unternehmen führen, sondern im Zuge einer Aufgabenteilung für einen betrieblichen Teilbereich zuständig sind bzw. als Juniorchef mitarbeiten.

grenznahen Handwerk sind demnach überwiegend dem Typus des **Verteidigers** sowie des **Architekten** zuzuordnen. Während Verteidiger versuchen, über Rationalisierungen ihre Position im angestammten Geschäft beizubehalten, passen Architekten ihr Leistungsangebot bewusst und kontinuierlich den Kundenanforderungen an, um Wachstum zu realisieren. Daneben können einzelne Betriebsinhaber auch dem Typus des **Innovators**[233], der sich mit Spezialleistungen und -technologien auf wenige Geschäftsfelder konzentriert, dem Typus des **Reagierers**, der weitgehend ohne strategische Planung flexibel und improvisierend entscheidet, sowie dem Typus des **Prospektors**, der auf den verschiedensten Märkten sein Leistungsprogramm den Markttrends anpasst, zugewiesen werden. Einzig der Typus des **Risikostreuers**, der in verschiedenen Tätigkeitsfeldern aktiv ist, sich aber hinsichtlich Innovationen und Diversifizierung abwartend verhält, ist im kleinbetrieblich geprägten Untersuchungssample nicht vertreten.

Eine Differenzierung der Unternehmertypen nach KIRSCH anhand ihrer Zugehörigkeit zu den handwerklichen Betriebstypen zeigt, dass insbesondere bei den Kategorien des konservativen Traditionsbetriebs sowie des industrieähnlichen Mittel- bzw. Großbetriebs der defensiv-kostenorientierte Typus des Verteidigers vorherrscht. Die Betriebstypen des überregionalen Spezialanbieters bzw. des Betriebs mit zweitem Standbein werden hingegen zumeist vom strategisch-kundenorientierten Typus des Architekten geleitet. Auch die durch Innovation und Technikorientierung gekennzeichneten Unternehmertypen des Innovators sowie des Prospektors sind überwiegend dem Betriebstypus des überregionalen Spezialanbieters zuzuordnen[234].

Generell zeigt eine nach Betriebstypen differenzierende Betrachtung der Unternehmerklassifizierung nach KIRSCH, dass sich eine Zweiteilung der handwerksspezifischen Betriebstypen in Kategorien mit stagnierender bzw. negativer Geschäftsentwicklung – konservative Traditionsbetriebe, industrieähnliche Mittel- bzw. Großbetriebe

---

[233] Dabei ist zu beachten, dass der KIRSCH-Unternehmertypus des Innovators und der handwerksspezifische Betriebstypus des überregionalen Spezialanbieters trotz der Konzentration auf Spezialleistungen in wenigen Geschäftsfeldern durchaus nicht deckungsgleich sind. Während beim Unternehmertyp Motivation und Zielrichtung im Vordergrund stehen, ist es beim Betriebstyp das Ergebnis einer bestimmten Unternehmensentwicklung – unabhängig vom Entscheidungsträger und seinen Präferenzen.

[234] Eine branchenmäßige Differenzierung der Kategorisierung der handwerklichen Betriebsinhaber bringt in diesem Zusammenhang keinen wesentlichen Erkenntnisgewinn. Es zeigt sich lediglich, dass im Baubereich der Typus des kostenorientierten Verteidigers dominiert, während im Ausbau- und Nahrungsmittelgewerbe keine Muster abgeleitet werden können.

Anpassungsdruck und Anpassungsstrategien des grenznahen Handwerks angesichts veränderter Wettbewerbsbedingungen im Zuge der EU-Erweiterung 2004

und Einzelkämpferbetriebe – sowie Kategorien mit eher positiver Geschäftsentwicklung – überregionale Spezialanbieter und Betriebe mit zweitem Standbein – tendenziell auch in einer Zweiteilung der jeweiligen Unternehmertypen nach KIRSCH widerspiegelt. Während Betriebstypen mit eher rückläufiger Entwicklung zumeist von den eher status quo-orientierten Unternehmertypen des Verteidigers bzw. Reagierers geleitet werden, stellen bei den wachstumsorientierten Betriebstypen eher die kreativ ausgerichteten Unternehmertypen des Architekten, Prospektors und Innovators die Unternehmensleitung.

5.1.3 Entscheidungsverhalten im Unternehmen

Neben Betriebscharakteristika und Unternehmerpersönlichkeit stellt auch das jeweilige Entscheidungsverhalten im Betrieb einen potenziellen Einflussfaktor handwerklicher Wahrnehmungs- und Anpassungsmuster dar. Die Auswertung der qualitativen Fallstudien zeigt, dass in den meisten Betrieben des grenznahen ostbayerischen Handwerks die Entscheidungsfindung bei wichtigen, längerfristigen betrieblichen Weichenstellungen in enger Abstimmung mit Teilhabern, leitenden Mitarbeitern bzw. Familienmitgliedern erfolgt. Während bei größeren Handwerksunternehmen eher leitende Mitarbeiter miteinbezogen werden, sind kleinbetrieblich strukturierte Betriebe dadurch gekennzeichnet, dass sich der handwerkliche Betriebsinhaber mit seinen – häufig ebenfalls im Betrieb mitarbeitenden – Familienmitgliedern abstimmt. Allerdings gibt es auch Handwerksbetriebe, in denen sämtliche Entscheidungen ausschließlich vom Inhaber ohne Absprache mit Mitarbeitern, Familienmitgliedern usw. getroffen werden.

„Das erledige ich wie so eine Art Diktator, kann man sagen, ich hafte für alles. (...) Da frage ich niemanden, weil ich weiß was gut ist" (Handwerkerinterview H27).

Im Falle wichtiger und langfristig wirksamer Entscheidungen – etwa größere Investitionen, Eröffnung oder Schließung zusätzlicher Standorte usw. – wird in zahlreichen Betrieben nicht nur vorhandene interne Expertise genutzt, sondern auch Expertise von außen miteinbezogen. Die Inanspruchnahme externer Expertise beschränkt sich zumeist auf Beratungsgespräche mit dem Steuerberater oder dem Firmenkundenbetreuer der Hausbank. Im Hinblick auf die Einbindung von Betriebs- oder Unternehmensberatern ergibt sich ein sehr gespaltenes Bild. Manche Handwerksbetriebe verweisen auf positive Erfahrungen und nehmen diese Möglichkeit der Entscheidungsunterstützung nach eigener Auskunft regelmäßig in Anspruch:

5 Anpassungsdruck und Anpassungsstrategien des ostbayerischen Handwerks

„Einmal im Monat treffen wir uns, weil das ist ganz gut, wenn jemand noch ein bisschen den Blick von oben drauf hat und er auch die Zahlen so genau kontrolliert, dass da nichts aus dem Ruder läuft, und eben auch einen Input von außen geben kann, wie man sich jetzt strategisch aufstellt" (Handwerkerinterview H6).

Andere Betriebsinhaber haben hingegen eine sehr negative Einstellung gegenüber einer kostenpflichtigen Beratung durch Dritte und äußern deutliche Kritik.

„Da war ich das erste Mal auf so einer Betriebsberatung (...) also die sind weltfremd, die haben null Ahnung, was da draußen überhaupt los ist. Null!" (Handwerkerinterview H12).

Dabei wird von den Handwerkern üblicherweise nicht zwischen den handwerksspezifischen, häufig von Handwerksinstitutionen oder Fachverbänden vermittelten und (teil-)finanzierten Betriebsberatern sowie den „klassischen" Unternehmensberatern unterschieden.

Eine Betrachtung des betrieblichen Entscheidungsverhaltens anhand der **handwerksspezifischen Betriebstypen** zeigt, dass nur konservative Traditionsbetriebe und industrieähnliche Groß- bzw. Mittelbetriebe von Betriebsinhabern geführt werden, die völlig autonom und ohne Einbindung interner und externer Expertise die wesentlichen unternehmerischen Entscheidungen fällen. Die als besonders wachstumsorientiert eingestuften überregionalen Spezialanbieter sind hingegen dadurch gekennzeichnet, dass ihre Betriebsinhaber wesentliche unternehmerische Weichenstellungen unter Einbindung von Familienmitgliedern, leitenden Mitarbeitern usw. treffen und auch externer Expertise offen gegenüberstehen. Die Entscheidungträger in Betrieben mit zweitem Standbein und Einzelkämpferbetrieben wiederum betonen die Bedeutung der internen Abstimmung im Familienkreis.

Differenziert man das betriebliche Entscheidungsverhalten schließlich anhand des jeweiligen **Unternehmertypus** gemäß der Kategorisierung nach KIRSCH bzw. STRATOS, so zeigt sich, dass der Typus des autonomen Alleinentscheiders nahezu ausschließlich bei Unternehmerpersönlichkeiten anzutreffen ist, die dem STRATOS-Typus des Allrounders bzw. dem KIRSCH-Typus des Verteidigers zuzuordnen sind. Eine genauere Differenzierung der Aussagen, insbesondere im Hinblick auf die unterschiedliche Bedeutung externer Expertise für die unterschiedlichen Betriebstypen, ist aufgrund der Heterogenität der Aussagen nicht möglich.

5.1.4 Informationsverhalten im Unternehmen

Im Hinblick auf Entscheidungsprozesse in Unternehmen stellt sich nicht nur die Frage nach dem Ablauf der Entscheidungsfindung, sondern auch nach der Informationsgrundlage, auf der Entscheidungen getroffen werden. Ein wesentlicher interner Bestimmungsgrund für die Qualität unternehmerischer Entscheidungen – und damit für die Anpassungsmöglichkeiten des jeweiligen Betriebs – ist das Informationsverhalten im Unternehmen. Die Analyse der durchgeführten qualitativen Fallstudien zeigt hierbei, dass zahlreiche Betriebsinhaber die zunehmende Bedeutung des Informationswesens für die Unternehmensführung erkennen. Insbesondere EDV-Unterstützung bei der Auftragskalkulation, betriebliche Finanzplanung und laufende Auftragskontrolle werden für wichtig erachtet, um kontinuierlich einen Überblick über die Geschäftsentwicklung zu behalten und gegebenenfalls zeitnah auf bestimmte Entwicklungen reagieren zu können. Einzelne Entscheidungsträger weisen darauf hin, dass externe Informationspflichten – etwa gegenüber der Hausbank im Zuge der Basel II-Bestimmungen – Ausgangspunkt für die Verbesserung und Professionalisierung von Kalkulation und Finanzplanung waren.

> „Da haben wir eigentlich eine sehr genaue Finanzplanung und haben auch Sollzahlen aufgestellt für dieses Jahr und wissen sehr genau, wo wir stehen und wie wir uns verhalten müssen. Und das braucht man, glaube ich, auch für einen Kleinbetrieb, um ein unternehmerisches Steuerungselement zu haben. (...) Basel II ist da das Stichwort, man muss sich ja als kleiner Betrieb fast schon so verhalten wie ein Konzern, und es tut auch gut, als Unternehmer den Überblick zu haben und immer genau zu wissen, wo ich stehe" (Handwerkerinterview H6).

Dennoch legt die Auswertung der Fallstudien auch verschiedene Informationsdefizite offen. Insbesondere werden die in den Betrieben vorhandenen unternehmensrelevanten Informationen zu selten **systematisch** ausgewertet. Informationen über Wunschvorstellungen, Kaufargumente und Kundenreklamationen werden nur in Einzelfällen für den Aufbau von Kunden- oder Produktdatenbanken, die eine gezieltere Kundenansprache sowie eine kundenorientierte Anpassung des Produktsortiments ermöglichen, genutzt. Lediglich eines der untersuchten Handwerksunternehmen betreibt ein umfassendes, EDV-gestütztes Customer-Relationship-Management, das auf Grundlage einer komplexen Kundendatenbank Mailings, Geburtstagsgeschenke, individualisierte Leistungsangebote usw. vorschlägt und somit zur Erhöhung der Kundenbindung beiträgt.

5 Anpassungsdruck und Anpassungsstrategien des ostbayerischen Handwerks

Auch die Nutzung externer Informationsquellen erfolgt häufig eher fallbezogen und wenig systematisch. Viele Entscheidungsträger informieren sich über Marktentwicklungen überwiegend durch persönliche Kontakte mit Kollegen, Handelsvertretern o.ä. Nur teilweise werden branchen- bzw. gewerkespezifische Fachzeitschriften und Informationsangebote von Innungen, Verbänden oder Kammern genutzt. Dabei stehen – neben den Entwicklungen auf gegenwärtigen und künftigen Absatzmärkten – Förderprogramme und Kooperationsmöglichkeiten im Mittelpunkt des Interesses. Gerade im Hinblick auf die Nutzung des Informations- und Unterstützungsangebots von Handwerksorganisation und Staat ergibt sich ein gespaltenes Bild. Während manche Betriebsinhaber das vorhandene Angebot als nutzlos empfinden, betonen andere ihre eigene Verantwortung, um die verschiedenen Möglichkeiten angemessen zu nutzen. Der Entscheidungsträger eines grenznahen Ausbaubetriebs sieht sich primär selbst in der Pflicht:

„Ja, ich bin gut informiert, wobei zu betonen ist: Es gibt Hol- und Bringschuld. (...) Ich habe eine Holschuld, ich muss schauen, woher ich die Information bekomme, und dann hat der andere eine Bringschuld, wenn ich für das Seminar bezahle. Bei der Handwerkskammer gibt es ja sehr viele Informationen, die kostenlos sind, da fühle ich mich eigentlich schon gut beraten" (Handwerkerinterview H3).

Einen Sonderaspekt stellt in diesem Zusammenhang die Nutzung externer Informationen über die Auswirkungen der EU-Erweiterung dar. Auch hier zeigt sich ein heterogenes Bild. Während sich manche Entscheidungsträger intensiv mit den Auswirkungen der Marktintegration auf ihre Heimatmärkte und den eigenen Marktchancen in den MOEL beschäftigen, unterstreichen andere Betriebsinhaber durch explizit geäußertes Desinteresse ihr diesbezügliches Informationsdefizit.

Als Folge der eher unsystematischen Erfassung und Auswertung interner und externer Informationen werden KMU-geeignete Steuerungs- und Controllinginstrumente wie Marktanalyse, Branchenstrukturanalyse oder Portfolio-Analyse kaum eingesetzt. Von vielen Betriebsinhabern werden Planungsinstrumente, die über die buchhalterische Erfassung der Ein- und Ausgabeströme im Rahmen der monatlichen betriebswirtschaftlichen Auswertung hinausgehen, generell als zu aufwändig empfunden. Häufig sind sie den Entscheidungsträgern auch gar nicht bekannt[235].

---

[235] Im Rahmen der durchgeführten Betriebsbesichtigungen wurden in der Mehrzahl der Betriebe auch die eingesetzten Planungs- und Steuerungsinstrumente untersucht. Dabei zeigte sich, dass die meisten

Anpassungsdruck und Anpassungsstrategien des grenznahen Handwerks angesichts veränderter Wettbewerbsbedingungen im Zuge der EU-Erweiterung 2004

Bei dem Versuch, betriebliches Informationsverhalten und **handwerksspezifische Betriebstypologie** in Zusammenhang zu bringen, zeigt sich, dass insbesondere der wachstumsorientierte Betriebstypus des überregionalen Spezialanbieters durch ein aktives und systematisiertes Informationsverhalten charakterisiert ist. Zahlreiche Handwerksunternehmen, die dem Typus des konservativen Traditionsbetriebs entsprechen, sind hingegen durch ein passives Informationsverhalten gekennzeichnet. Industrieähnliche Mittel- bzw. Großbetriebe weisen häufig ein aktives, teilweise auch systematisches Informationsverhalten auf, wohingegen bei Einzelkämpferbetrieben bzw. Betrieben mit zweitem Standbein keine sinnvollen Tendenzaussagen getroffen werden können. Die Analyse der Fallstudien zeigt deutlich, dass die Betriebsgröße der Unternehmen das Informationsverhalten beeinflusst. Handwerksbetriebe mit über 20 Mitarbeitern sind durch ein aktiveres Informationsverhaltenen gekennzeichnet und verfügen zumindest über erste Vorstufen eines systematischen Informationswesens.

Eine Differenzierung des betrieblichen Informationsverhaltens anhand des jeweiligen **Unternehmertyps** schließlich zeigt, dass ein aktives und weitgehend systematisches Informationsverhalten nahezu ausschließlich in Betrieben anzutreffen ist, deren Entscheidungsträger dem KIRSCH-Typus des Architekten zuzuordnen sind. Umgekehrt gilt, dass überwiegend solche Handwerksbetriebe durch ein passives Informationsverhalten gekennzeichnet sind, die den KIRSCH-Typus des Verteidigers als Entscheidungsträger aufweisen[236].

5.1.5 Zusammenfassung der Einflussfaktoren handwerklicher Wahrnehmungs- und Anpassungsmuster

Die unterschiedlichen handwerksspezifischen Betriebstypen und Unternehmertypisierungen können mit den jeweiligen Ausprägungen von Entscheidungsverhalten und Informationsverhalten zusammengefasst werden, um die bestehenden Wechselwirkungen zu verdeutlichen:

> Die Entscheidungsträger des Betriebstyps des **konservativen Traditionsbetriebs** sind in ihrer großen Mehrheit den status quo-orientierten Unternehmertypen des Verteidigers oder Reagierers (nach KIRSCH) sowie den wenig spezifisch

---

Betriebe lediglich das Standardprogramm für die Buchführung in Handwerksbetrieben BWA („Betriebswirtschaftliche Auswertung") verwenden.

[236] Die Kategorisierung der Unternehmertypen gemäß STRATOS kann im Hinblick auf das innerbetriebliche Informationsverhalten nicht zur Identifizierung von Mustern und Typen beitragen.

qualifizierten bzw. talentierten Unternehmertypen des Allrounders oder Routiniers (gemäß STRATOS) zuzuordnen. Konservative Traditionsbetriebe sind häufig durch ein stark zentralisiertes Entscheidungsverhalten und ein eher passives Informationsverhalten gekennzeichnet.

➢ **Einzelkämpferbetriebe** sind durch die Einbindung von Familienangehörigen in die Entscheidungsfindung sowie ein eher passives Informationswesen gekennzeichnet. Hinsichtlich der Zuordnung ihrer Entscheidungsträger zu Unternehmertypen können keine Verallgemeinerungen getroffen werden.

➢ Die Entscheidungsträger des Betriebstypus des **überregionalen Spezialanbieters** sind ausnahmslos den kreativ und vorwärtsgewandt ausgerichteten Unternehmertypen des Architekten, des Innovators bzw. des Prospektors (nach KIRSCH) zuzuordnen. Gemäß STRATOS-Kategorisierung tritt neben den Typus des Allrounders der dynamisch-technisch begabte Unternehmertyp des Pioniers. Die Entscheidungsfindung erfolgt unter Einbindung interner und häufig auch externer Expertise. Charakteristisch für überregionale Spezialanbieter ist ein aktives und weitgehend systematisches Informationsverhalten.

➢ Die Entscheidungsträger des **industrieähnlichen Mittel- bzw. Großbetriebs** sind in ihrer Mehrzahl dem status quo-orientierten Unternehmertypus des Verteidigers (nach KIRSCH) und ausnahmslos dem STRATOS-Typus des administrativ-kaufmännisch begabten Organisators zuzuordnen. Das Informationsverhalten ist aktiv und teilweise auch systematisiert. Zum Entscheidungsverhalten können keine verallgemeinernden Aussagen getroffen werden.

➢ Sämtliche Entscheidungsträger von **Betrieben mit zweitem Standbein** sind dem strategisch orientierten Typus des Architekten (nach KIRSCH) sowie dem STRATOS-Typus des Allrounders zuzuordnen. Sie sind durch die Einbeziehung von Familienmitgliedern in die Entscheidungsfindung gekennzeichnet. Verallgemeinernde Aussagen zum Informationsverhalten sind nicht möglich.

5.2 Ausprägungen und Bestimmungsgründe der Wahrnehmung von Wettbewerbssituation und Anpassungsdruck

Im vorangegangenen Kapitel wurden auf Grundlage der durchgeführten Fallstudien unterschiedliche Betriebstypen des grenznahen Handwerks herausgearbeitet, verschiedene Ausprägungen der Unternehmerpersönlichkeit diskutiert und entsprechenden Unternehmertypen zugeordnet sowie das innerbetriebliche Entscheidungs- und Informationsverhalten analysiert. Nun soll untersucht werden, wie sich die Wettbewerbsbedingungen im Grenzraum in der Wahrnehmung betroffener Betriebsinhaber ändern (bzw.

schon geändert haben) und inwieweit ein Zusammenhang zwischen den Ausprägungen der genannten Einflussfaktoren und der Wahrnehmung eines Anpassungsdrucks besteht.

Die Auswertung der Aussagen der interviewten Entscheidungsträger zeigt, dass die über alle Betriebe und Gewerke hinweg wahrgenommenen Veränderungen der betrieblichen Rahmenbedingungen sowohl die Ebene der betrieblichen Makroumwelt als auch die Ebene der betrieblichen Mikroumwelt betreffen. Veränderungen der Makroumwelt, etwa rückläufige Bevölkerungs- und Kaufkraftentwicklungen in der Heimatregion oder verbesserte rechtliche Möglichkeiten für ein Tätigwerden tschechischer Konkurrenzbetriebe, und Veränderungen der Mikroumwelt, etwa Umsatzrückgänge des eigenen Unternehmens oder grenzüberschreitende Angebote von tschechischen Konkurrenzprodukten bzw. -leistungen, beeinflussen sich wechselseitig und sind in der Wahrnehmung der befragten grenznahen Unternehmer nicht zu trennen. Zudem überlagern sich für die betroffenen Unternehmer die Folgen des Strukturwandels im Handwerk und die konkreten Auswirkungen der Marktintegration der MOEL. Von der Mehrzahl der untersuchten Betriebe wird den Auswirkungen der EU-Erweiterung nur eine Teilbedeutung innerhalb des allgemeinen Strukturwandels eingeräumt. Häufig wird der Anpassungsdruck für den eigenen Betrieb stärker mit anderen – nachfolgend genauer zu erörternden – Faktoren in Verbindung gebracht. Im Rahmen dieses Kapitels werden die veränderten Rahmenbedingungen in angebotsseitige, nachfrageseitige und sonstige Veränderungen unterteilt und umfassend dargestellt. Anschließend wird analysiert, inwieweit die im vorangegangenen Kapitel diskutierten Einflussfaktoren sowie andere Bestimmungsgründe wie Branchenzugehörigkeit und Grenznähe die Wahrnehmung der interviewten Handwerker erklären können.

5.2.1 Ausprägungen der Wahrnehmung veränderter Wettbewerbsbedingungen

5.2.1.1 Wahrnehmung angebotsseitiger Veränderungen

Eine Veränderung der Wettbewerbssituation des grenznahen Handwerks wird v.a. angebotsseitig in Gestalt einer verschärften Konkurrenz wahrgenommen. Fast alle interviewten Betriebsinhaber betonen den zunehmenden Wettbewerbsdruck auf den handwerksrelevanten Märkten. Hierfür werden verschiedene Faktoren verantwortlich gemacht, darunter auch die Marktintegration der MOEL. Doch für die Mehrzahl der interviewten Entscheidungsträger sind die Auswirkungen der EU-Erweiterung im Vergleich mit anderen Entwicklungen von nachrangiger Bedeutung.

So wird branchen- und gewerkeübergreifend häufig auf das verstärkte Auftreten von „**Ich-AGs**" und „Ein-Mann-Betrieben" hingewiesen, die aufgrund staatlicher Förderung und geringerer Fixkostenbelastung für Verwaltung, Maschinenpark usw. gerade bei kleineren, standardisierten Aufträgen preisgünstiger anbieten könnten als traditionelle Handwerksbetriebe[237]. Ein grenznaher Schreiner beschreibt die Entwicklung:

„Mein Vater zum Beispiel hat in den 80er Jahren sehr viele Bauträgergeschichten gemacht, also Fertigtüren, Parkettböden verlegt und Kunststofffenster montiert. (...) Das ist komplett weggebrochen, das gibt es überhaupt nicht mehr. Einerseits, weil momentan auf dem Wohnungsmarkt die Investitionen nicht mehr so da sind. (...) Aber auch, weil das alles nur so kleine Ein-Mann-Betriebe machen" (Handwerkerinterview H8).

Die zunehmende Billigkonkurrenz durch Kleinstbetriebe wird insbesondere von denjenigen Gewerken betont, in denen durch die Novellierung der Handwerksordnung der Meisterzwang weggefallen ist (vgl. Kapitel 1.2.1). Bau- und Ausbauhandwerke, die durch geringen Maschineneinsatz gekennzeichnet sind – etwa das Maler- oder Elektrotechnikerhandwerk – verzeichnen zusätzlich zum Kostenwettbewerb durch Kleinstbetriebe auch einen Anstieg der **Schwarzarbeit**. Häufig wird seitens der interviewten Entscheidungsträger auf die fließenden Grenzen zwischen Schattenwirtschaft und subventionierten Existenzgründungen in Form von Ich-AGs bzw. Ein-Mann-Betrieben hingewiesen, wobei die Geringschätzung der interviewten Handwerker für beide „Konkurrenzformen" vergleichbar ist. Die Analyse der Fallstudien zeigt, dass die grenznahen Handwerker in diesem Zusammenhang einen ruinösen Kreislauf wahrnehmen. Aufgrund schlechter Auftragslage werden vom Handwerk Mitarbeiter freigesetzt, die sich dann ihrerseits selbständig machen und den Preiswettbewerb auf den

---

[237] Es ist in diesem Zusammenhang jedoch darauf hinzuweisen, dass durch die vereinfachten handwerksrechtlichen Voraussetzungen auch zahlreiche handwerkliche Betriebsgründungen von der – ursprünglich auf maximal drei Jahre begrenzten – „Ich-AG"-Förderung profitiert haben. Eine Abgrenzung zwischen (handwerks- bzw. gewerberechtlich definierten) Handwerksunternehmen und der (arbeitsrechtlich relevanten) Förderung bestimmter Unternehmen als sog. „Ich-AGs" ist letztlich nicht möglich. Seit 01.08.2006 wurde die Förderung von Existenzgründungen aus der Arbeitslosigkeit ohnehin neu gestaltet. Der neugeschaffene Gründungszuschuss ersetzt nun sowohl die Existenzgründungsförderung von Ich-AGs als auch das bisherige Überbrückungsgeld. Vgl. BUNDESAGENTUR FÜR ARBEIT (2006d) sowie vertiefend zu Voraussetzungen und Ausgestaltung einer Förderung durch Gründungszuschuss BUNDESAGENTUR FÜR ARBEIT (2006e: 7ff.).

regionalen Märkten weiter erhöhen. Verstärkte Konkurrenz durch neugegründete Ein-Mann-Betriebe und vermehrte Schwarzarbeit verursachen dann für die verbleibenden Handwerksbetriebe zusätzlichen Druck in Richtung Kostensenkung und Mitarbeiterfreisetzung. Mehrfach wird auf die zunehmende Verbreitung illegaler Geschäftspraktiken angesichts der existenzbedrohenden Wettbewerbsverschärfung hingewiesen.

„Ja, der Preiskampf ist hart. (...) Dann geht das nächste los: dann wird wieder samstags gearbeitet. Da werden die Leute teilweise schwarz ausgezahlt. (...) Wenn der Preis schlecht wird, dann sagen die anderen: Gut, arbeiten wir samstags. Dann bekommst Du die Stunde 20 Euro, dann fallen die ganzen Nebenkosten weg, und so wird halt, schätze ich, wieder gekämpft" (Handwerkerinterview H17).

Daneben wird sowohl im Nahrungsmittelgewerbe als auch im Bau- bzw. Ausbaugewerbe über die zunehmende **Konkurrenz von industriellen oder industrieähnlichen Großbetrieben** auf bislang handwerksdominierten Märkten geklagt. Die Nahrungsmittelhandwerke sehen sich einer zunehmenden Kostenkonkurrenz durch das Lebensmittelangebot in Discountmärkten und die fortschreitende Filialisierung einzelner Großbetriebe ausgesetzt[238]. Die interviewten Entscheidungsträger weisen in diesem Zusammenhang auf Sonderangebote der handwerksfremden Konkurrenz hin, die auf Mischkalkulationen basieren und unter den Erzeugerpreisen des Handwerks liegen. Ähnlich wird die Situation im Baugewerbe wahrgenommen, wo sich immer mehr große Baufirmen für die bislang handwerksdominierten kleineren und mittleren Auftragsvolumina interessieren, um vor dem Hintergrund einer anhaltend schwachen Baukonjunktur ihre Kapazitäten besser auszulasten.

„Ein Beispiel: Die Gemeinde (...) hat auch öfter mal Kanalsanierungen und so etwas. Früher hat man das im Dorf gehabt, da ist man im Regelfall zum Zuge gekommen. Inzwischen, das sind Auftragsvolumina zwischen 15 000 und 30 000 Euro, - die Firma (...) hat bei so was früher nicht mal ein Angebot abgegeben. Jetzt nehmen die so etwas liebend gerne mit, und das geht mir natürlich ab, weil der Kapazitäten hat von 200 bis 300 Mann, große Sachen sind nicht da – und wir müssen das büßen" (Handwerkerinterview H11).

Mehrere der interviewten Bau- und Ausbauhandwerker weisen zudem auf eine verstärkte Konkurrenz durch **Betriebe aus Ostdeutschland** hin, die im Rahmen des ver-

---

[238] Auf eine zunehmende Beherrschung des Marktes durch Großbetriebe und ihre Filialen wird insbesondere im Bäckergewerbe hingewiesen.

5 Anpassungsdruck und Anpassungsstrategien des ostbayerischen Handwerks

einigungsbedingten Baubooms in den neuen Bundesländern Kapazitäten aufgebaut haben und nun seit einigen Jahren auf den (ost-)bayerischen Markt drängen. Ein Ausbauhandwerker betont, dass auch die Realisierung der Lohnkostenvorteile ostdeutscher Betriebe teilweise illegal erfolgt:

> „Wir haben das auch schon mitgekriegt, dass mit Löhnen Schindluder betrieben wird. Normalerweise müsste eine ostdeutsche Firma tarifmäßig zahlen, wenn sie hier einen Auftrag hat, und das wird dann umgangen. Das ist auch mittlerweile überall bekannt. Die zahlen dann den Stundenlohn West, aber die Leute arbeiten dann halt anstatt 40 Stunden 50 oder 60 Stunden, und dadurch haben sie einen Lohnvorteil zwischen 25 und 30%" (Handwerkerinterview H26).

Die **Konkurrenz durch tschechische Betriebe** wird von den interviewten handwerklichen Entscheidungsträgern als ein zusätzlicher wettbewerbsverschärfender Faktor wahrgenommen, der jedoch für die Mehrzahl der Unternehmen die gegenwärtige Situation noch nicht entscheidend prägt. Hinsichtlich der Wahrnehmung von Konkurrenzbetrieben aus den MOEL auf den untersuchten handwerksrelevanten Märkten Ostbayerns zeigen sich Unterschiede zwischen werkstattgebundenen und werkstattungebundenen Gewerken.

Der Markteintritt tschechischer Betriebe im **werkstattungebundenen** Bau- und Ausbaubereich erfolgt nach Einschätzung der interviewten ostbayerischen Handwerker zumeist durch Übernahme von Subunternehmertätigkeiten bei Großprojekten. Dabei konzentriert sich die grenzüberschreitende Tätigkeit tschechischer Betriebe überwiegend auf die nachfragestarken Ballungsgebiete und weniger auf den – als unattraktiv eingeschätzten – direkten Grenzraum[239]. Zudem sehen sich die untersuchten ostbayerischen Bau- und Ausbaubetriebe durch die Übergangsfristen bei der Dienstleistungsfreiheit vor einem massiven Tätigwerden tschechischer Unternehmen geschützt (vgl. Kapitel 2.1.2).

> „Das andere ist noch die rechtliche Einschränkung. Sie können ja nicht als Firma einfach in Bayern arbeiten, sie brauchen dann als Einzelunternehmen den Trick mit der Zusammenführung: Sie schicken 5 Einzelunternehmer und bilden dann eine Arbeitskolonne, und das ist zur Zeit für Tschechen nicht attraktiv" (Handwerkerinterview H26).

---

[239] Am häufigsten werden dabei die Ballungsgebiete München und Nürnberg genannt, daneben aber auch Regensburg, das Teil des Untersuchungsraums dieser Arbeit ist.

Anpassungsdruck und Anpassungsstrategien des grenznahen Handwerks angesichts veränderter Wettbewerbsbedingungen im Zuge der EU-Erweiterung 2004

Neben dem Tätigwerden tschechischer Betriebe wird auch die zunehmende Beschäftigung kostengünstiger tschechischer Mitarbeiter durch deutsche Großbetriebe als wettbewerbsverschärfender Faktor im Bau- und Ausbaugewerbe genannt. Insbesondere bei Ausschreibungen gewerblicher und öffentlicher Kunden im Grenzraum wird der verschärfte Preiswettbewerb auch damit begründet[240]. Ein grenznaher Elektrohandwerker sieht die Subunternehmertätigkeit tschechischer Betriebe bzw. die Beschäftigung tschechischer Mitarbeiter auch unter strategischen Gesichtspunkten nicht ohne Sorge:

> „Es ist ja klar, wenn ich heute Know-how habe und jetzt habe ich so viele Aufträge, dass ich nicht weiterkomme, und dann nehme ich Leute aus Tschechien oder anderen Ländern, dann vermittle ich denen ja das Knowhow, und vor allem wissen die ja, wie es bei uns am Markt geht, also ist der Schritt für diese Leute, Fuß zu fassen, viel einfacher, als wenn sie nicht geholt würden" (Handwerkerinterview H19).

Im **werkstattgebundenen** Nahrungsmittelgewerbe wird seit dem EU-Beitritt der Tschechischen Republik eine verstärkte Handelstätigkeit im unmittelbaren Grenzraum wahrgenommen. Dabei werden insbesondere tschechische Backwaren im ostbayerischen Grenzraum zu einem Preis angeboten, der deutlich unterhalb des Preises der einheimischen Hersteller liegt. Ein weiteres Phänomen, das im ostbayerischen Handwerk aufmerksam beobachtet wird, ist die zunehmende grenzüberschreitende Investitionstätigkeit größerer deutscher Nahrungsmittelunternehmen, die in den MOEL umfangreiche Produktionsstätten aufbauen bzw. übernehmen. Aufgrund der dadurch realisierten Kostensenkungen wird eine zusätzliche Verschärfung des Preiskampfs im deutschen Nahrungsmittelgewerbe erwartet.

Bei der Beurteilung der **Wettbewerbsvorteile** tschechischer Konkurrenzbetriebe betonen die Betriebsinhaber den Preis als wichtigsten Faktor. Nach Einschätzung der interviewten Handwerker resultiert dieser Preisvorteil fast ausschließlich aus der Lohnkostendifferenz diesseits und jenseits der Grenze, da Material- und Energiekosten in Tschechien als vergleichbar eingestuft werden. Zudem nehmen die Handwerker im Grenzraum einen Aufholprozess der tschechischen Konkurrenzbetriebe in technischer und qualitativer Hinsicht wahr. Nach Einschätzung der Mehrzahl der interviewten Be-

---

[240] Hier ist allerdings unter Bezugnahme auf Kapitel 2.1.2 darauf hinzuweisen, dass sich die rechtlichen Rahmenbedingungen für die Beschäftigung von Mitarbeitern aus den MOEL im Rahmen von Werkvertragskontingenten seit Abschluss der sog. „Europaverträge" Mitte der 90er Jahre nicht verändert haben.

5 Anpassungsdruck und Anpassungsstrategien des ostbayerischen Handwerks

triebsinhaber nimmt der Produktivitätsvorsprung des deutschen Handwerks aufgrund des raschen Know-how-Transfers ab. Auch im Hinblick auf Fleiß und Genauigkeit sehen viele Handwerker die tschechische Konkurrenz inzwischen als durchaus ebenbürtig an. Allerdings weisen manche Ausbauhandwerker darauf hin, dass in Leistungsbereichen, für die eine hohe technische Qualifizierung, ein entsprechendes Ausbildungsniveau der Mitarbeiter und hohe Qualitätsansprüche der Kunden charakteristisch sind, noch immer spürbare Know-how- und Qualitätsvorteile für das deutsche Handwerk bestünden.

Im Nahrungsmittelgewerbe sehen die deutschen Handwerker die Vorteile für ihr Unternehmen nicht nur in der besseren Qualität, sondern auch in der größeren Vielfalt des Angebots und den unterschiedlichen Geschmacksvorstellungen diesseits und jenseits der Grenze. Ein Fleischermeister betont:

„Die Qualitätsansprüche in Deutschland und in Tschechien sind noch grundverschieden, also die Waren drüben sind ganz einfach wesentlich fetter als die Waren bei uns. Und ich glaube nicht, dass der Endverbraucher einen Großteil der Ware überhaupt annehmen würde. Also, die Qualitätsmerkmale sind da verschieden" (Handwerkerinterview H2).

Ähnlich beschreibt ein Bäckermeister im Grenzraum die Unterschiede:

„Es ist einfach vom Geschmack her ein bisschen anders. Also, es ist qualitativ nicht schlecht, was sie backen, das kann man nicht sagen. Aber die Artenvielfalt, die wir in Deutschland haben, die haben sie drüben mit Sicherheit nicht. Sie backen eine Semmel, sie backen vielleicht ein, zwei Brote, und auch bei den Süßwaren (...) die Vielfalt, die wir an Gebäck usw. haben, das haben die drüben nicht" (Handwerkerinterview H15).

Zumeist wird die Einschätzung geäußert, dass die zunehmende Konkurrenz durch Betriebe aus den MOEL weniger das kleinbetriebliche Nahrungsmittelhandwerk als vielmehr die maschinelle Massenproduktion im Großbetrieb betrifft. Demnach verstärken Betriebe und Produktionsstätten in den MOEL insbesondere den grenzüberschreitenden Wettbewerb bei der Belieferung von Discountern und Filialketten sowie bei der Lebensmittelversorgung von gewerblichen Großkunden wie Krankenhäuser, Kasernen, Altenheime u.ä. Die klassischen handwerksrelevanten Märkte seien davon derzeit noch wenig betroffen.

Zudem relativiert sich die Konkurrenz mit Unternehmen aus den MOEL nach Einschätzung der interviewten ostbayerischen Handwerker durch verschiedene **Hemmnisse**, die diese von einer aktiven Bearbeitung des ostbayerischen Grenzraums abhal-

147

ten. So wird das als gering wahrgenommene Ausmaß grenzüberschreitender Leistungserbringung mit der schlechten Verkehrsinfrastruktur im bayerisch-tschechischen Grenzraum sowie der dünnen Besiedlung und geringen Betriebsdichte jenseits der Grenze begründet. Nach Einschätzung der Betriebsinhaber sind zudem die Neigung deutscher Kunden, lange Zahlungsziele in Anspruch zu nehmen und häufig Gewährleistungsansprüche geltend zu machen, sowie der hohe bürokratische Aufwand einer grenzüberschreitenden Marktbearbeitung weitere Gründe für die wahrgenommene Zurückhaltung. Ferner verstärken die kleinbetriebliche, familiengeprägte Struktur v.a. der tschechischen Ausbaubetriebe und die Wertsteigerung der tschechischen Krone gegenüber dem Euro diesen „Schutz" vor grenzüberschreitender Konkurrenz. Vereinzelt wird von Entscheidungsträgern in privatkundenorientierten Betrieben zudem auf Kundenvorbehalte gegenüber tschechischen Unternehmen im Hinblick auf Pünktlichkeit, Sauberkeit und Ehrlichkeit hingewiesen[241].

Schließlich gehen die ostbayerischen Betriebsinhaber davon aus, dass ihre durch unterdurchschnittliche Kaufkraft gekennzeichnete Heimatregion für die Unternehmen jenseits der Grenze ohnehin wenig attraktiv ist und daher eine verstärkte grenzüberschreitende Tätigkeit tschechischer Betriebe eher in Richtung der urbanen Wachstumsregionen Oberbayerns und Mittelfrankens zu erwarten ist[242]. Im Bereich der Bau- und Ausbauhandwerke betonen die ostbayerischen Handwerker auch den anhaltenden, durch den EU-Beitritt noch verstärkten Bauboom in Tschechien, der für eine hervorragende Auftragslage der tschechischen Betriebe im eigenen Land sorgt und die Bearbeitung des Heimatmarktes vorrangig erscheinen lässt.

Obwohl die Konkurrenz durch Betriebe aus den MOEL derzeit noch als zurückhaltend wahrgenommen wird, gehen Entscheidungsträger des ostbayerischen Handwerks mittelfristig durchaus davon aus, dass tschechische Betriebe verstärkt im deutschen Grenzraum tätig werden.

---

[241] Beispielhaft erklärt ein ostbayerischer Ausbauhandwerker, dass manche seiner Kunden ausländischen Betrieben keinen Zugang zu ihrem Haus gewähren und daher nur deutschen Firmen Renovierungs- oder Umgestaltungsaufträge erteilen würden. Gerade bei der Erbringung spezifischer Leistungen für Privatkunden wird auch die Sprachbarriere als wesentliches Hindernis für die Auftragsübernahme durch Unternehmen aus den MOEL angesehen.

[242] Auch aus Expertensicht steht der ostbayerische Grenzraum nur dann im Mittelpunkt des grenzüberschreitenden Geschäftsinteresses der Unternehmen aus den MOEL, wenn einfachere Dienstleistungen vom grenznahen tschechischen Unternehmenssitz aus erbracht werden können. Betriebe hingegen, die den bayerischen bzw. deutschen Markt systematisch und längerfristig bearbeiten wollen, konzentrieren sich auf die großen Verdichtungsräume (vgl. Experteninterview E1).

5 Anpassungsdruck und Anpassungsstrategien des ostbayerischen Handwerks

„Kurzfristig bauen die erst mal ihren tschechischen Markt aus, das ist klar, da haben die ja Nachholbedarf ohne Ende. Und dann, wenn das alles gesättigt ist, dann werden sich die sicher auch zu uns weiter orientieren. (...) Jetzt momentan kann man die wahrscheinlich noch rausdrücken, aber dann, irgend wann mal, ist da Schluss, dann sind die da" (Handwerkerinterview H12).

Zusammenfassend bleibt festzuhalten, dass die wahrgenommene Wettbewerbsverschärfung auf den handwerksrelevanten Märkten durch Ich-AGs bzw. Ein-Mann-Betriebe, Großbetriebe mit unausgelasteten Kapazitäten und Billigarbeitskräften sowie zusätzliche Anbieter aus Ostdeutschland und den MOEL nach Einschätzung der befragten ostbayerischen Handwerker die Segmentierung des Angebots auf den handwerksrelevanten Märkten verstärkt. Viele der befragten Betriebsinhaber nehmen wahr, dass ihre überwiegend traditionellen Handwerksunternehmen kleiner bis mittlerer Größe der Konkurrenz von in- und ausländischen Großbetriebsformen – die mitunter ebenfalls in die Handwerksrolle eingetragen sind, ohne jedoch kleinbetriebliche bzw. handwerkstypische Charakteristika aufzuweisen – sowie ggf. auch von nichthandwerklichen Kleinstunternehmen ausgesetzt sind. Die konkrete Ausgestaltung der wahrgenommenen Marktsegmentierung variiert dabei von Branche zu Branche. So erwartet ein Sanitärhandwerker für das Ausbaugewerbe eine Dreiteilung der Anbieter:

„Ich sehe es auch so, dass sich die Handwerksbetriebe allgemein aufspalten werden. In Großunternehmen, die hauptsächlich die Industrie bedienen und Großprojekte abwickeln, dann wird es die Kleinen geben, die Ein-Mann-Betriebe, die hauptsächlich Reparaturen machen und solche Sachen, und dann wird es Betriebe wie uns geben, die sich auf den Renovierungsmarkt spezialisiert haben. Also in diese drei Bereiche wird es sich, schätze ich, aufteilen" (Handwerkerinterview H18).

Im Baugewerbe zeichnet sich nach Einschätzung mancher Entscheidungsträger eher eine Zweiteilung des Marktes ab, da hier ein hoher Maschineneinsatz das Tätigwerden kostengünstiger Kleinstbetriebe erschwert. Auch im Nahrungsmittelgewerbe beobachten die interviewten Betriebsinhaber tendenziell eine Zweiteilung der Hersteller in industrielle oder industrieähnliche Großbetriebe, die Filialen, Discounter und gewerbliche Großkunden beliefern, sowie traditionelle, qualitätsorientierte Handwerksbetriebe. Kleinstunternehmen bzw. Ein-Mann-Betriebe sind auch im Nahrungsmittelgewerbe aufgrund der Werkstattgebundenheit der Leistung und der Notwendigkeit eines Ladengeschäfts nicht von Bedeutung.

Über die Handwerksbereiche und Branchen hinweg wird also eine zunehmende **Konsolidierung der Märkte zu Lasten von „Betrieben mittlerer Größe"** wahrgenommen. Die Kontextanalyse dieser zunächst missverständlichen Begrifflichkeit zeigt, dass damit nach dem Verständnis der interviewten Entscheidungsträger verhältnismäßig große Handwerksbetriebe gemeint sind, die sich von den traditionellen, handwerklichen Formen der Leistungserstellung entfernt haben, teilweise mehrere Filialen unterhalten, maschinenintensiv produzieren und in direkter Konkurrenz zu inländischen und ausländischen Großbetrieben stehen[243]. Ein grenznaher Bauunternehmer beschreibt die besondere Problematik dieser Betriebsgröße:

> „Für die von 20 bis 50 ist es besonders schwer, weil einfach die internen Kosten sehr hoch sind. Büro, Bauleitung usw., das kostet ein Wahnsinnsgeld. Man braucht alles wie bei einer großen Firma. (...) Personal im Büro läuft im Winter durch, also das ist schon sehr schwierig" (Handwerkerinterview H1).

5.2.1.2 Wahrnehmung nachfrageseitiger Veränderungen

Die Überkapazitäten auf den handwerksrelevanten Märkten, die aus der zunehmenden inländischen und ausländischen Konkurrenz resultieren, verstärken in der Wahrnehmung der grenznahen Handwerker den Preiskampf auf einem Markt, der von einer tendenziell **stagnierenden bzw. rückläufigen Gesamtnachfrage** geprägt ist. Als Ursache hierfür wird v.a. die Strukturschwäche des ostbayerischen Grenzraums und die allgemein schlechte Wirtschaftslage genannt. Einige der befragten Unternehmer betonen hierbei die zunehmenden Wachstumsdisparitäten innerhalb Bayerns bzw. Deutschlands sowie die immer größere Lücke zwischen der Wirtschaftsentwicklung im Grenzraum und derjenigen in den „Boomregionen". In diesem Zusammenhang verweisen einzelne Interviewpartner auf das Förder- und Lohnkostengefälle gegenüber Tschechien, das die strukturellen Probleme Ostbayerns weiter verschärft. Das Potenzial grenzüberschreitender Nachfrage nach deutschen Handwerksleistungen im Zuge von EU-Ereiterung und Marktintegration wird von der Mehrzahl der Betrieb hingegen als gering eingestuft.

---

[243] Die Charakteristika dieser „Betriebe mittlerer Größe" entsprechen damit weitgehend den Charakteristika des handwerksspezifischen Betriebstypus des industrieähnlichen Mittel- bzw. Großbetriebs, so auch im Hinblick auf den besonderen Konkurrenzdruck und die rückläufige Geschäftsentwicklung. Die schwierige Wettbewerbssituation dieser Handwerksbetriebe steht in engem Zusammenhang mit den veränderten Kundenpräferenzen. Auf die diesbezügliche Wechselwirkung wird im nachfolgenden Kapitel genauer eingegangen.

5 Anpassungsdruck und Anpassungsstrategien des ostbayerischen Handwerks

Fehlende Nachfragedynamik bekommt nach eigener Einschätzung insbesondere die Baubranche zu spüren. Als besonders negativ wird die Entwicklung der Baunachfrage gewerblicher und öffentlicher Kunden wahrgenommen. Gründe hierfür sind nach Meinung der befragten Handwerker neben der Finanzknappheit von Unternehmen und Kommunen auch die Erhöhungen der relevanten Losgrößen bei Ausschreibungen, die zu Lasten des überwiegend kleinbetrieblich strukturierten Handwerks gehen. Die Ausbauhandwerker, die häufig auch Reparatur- und Sanierungsaufträge erledigen, betrachten sich als weniger abhängig von der allgemeinen Baukonjunktur und nehmen die Nachfrageentwicklung insgesamt weniger negativ wahr als die Entscheidungsträger im Baugewerbe.

Auch in den Nahrungsmittelhandwerken ist die Geschäftsentwicklung häufig eng mit der Wirtschaftsentwicklung in der Heimatregion verflochten, da der Gesamtumsatz stark vom Ladengeschäft abhängt.

„Ich darf Ihnen eine kleine Zahl sagen, nur eine unter vielen. Als wir das Geschäft 1988 vom Vater übernommen haben, hatte Selb noch 21 000 Einwohner, jetzt sind wir bei 17 000 und ein paar Zerquetschte, und es werden jedes Jahr weniger. (...) Dieser Entwicklung kann sich ein kleiner Betrieb natürlich nicht entgegenstellen" (Handwerkerinterview H6).

Das **Förder- und Lohngefälle** im unmittelbaren Grenzraum, das nach dem Zusammenwachsen von Ostbayern und Westböhmen zu Nachbarregionen innerhalb eines einheitlichen Wirtschaftsraums noch deutlicher zutage tritt, wirkt sich nach Einschätzung der interviewten Entscheidungsträger in doppelter Hinsicht negativ auf das Handwerk aus. Einerseits verliert das lokal verwurzelte Handwerk durch die Verlagerung von Betrieben seine gewerblichen Kunden, zum anderen werden durch Entlassungen bzw. Angst vor Arbeitsplatzverlust Kaufkraft und Konsumneigung der Privatkunden vermindert. Viele Kunden kaufen aufgrund der Sparzwänge nur noch in Ausnahmefällen im handwerklichen Fachgeschäft. Die im Bayerischen Wald ansässigen Handwerksunternehmen des Nahrungsmittelgewerbes betonen in diesem Zusammenhang auch die negativen Auswirkungen der zuletzt stagnierenden bzw. rückläufigen Tourismusumsätze in der Region. Allerdings zeigt die Auswertung der Fallstudien auch, dass einzelne Betriebsinhaber – entgegen dem Gesamttrend – die aktuelle und künftige Wettbewerbssituation optimistisch einschätzen und Nachfrageentwicklung bzw. Auftragslage in der Grenzregion positiv wahrnehmen.

Über die verschiedenen Gewerke und Handwerksbereiche hinweg betonen die interviewten Entscheidungsträger zudem **veränderte Kundenpräferenzen** bzw. verändertes Kundenverhalten auf den handwerksrelevanten Märkten. Der Trend hin zu Fertighäusern und die zunehmende Eigenerstellung im Zuge des „Do it yourself", verbunden mit dem Einkauf des benötigten Materials im Baumarkt, werden als Gefahr für die weitere Entwicklung der Nachfrage nach Handwerksleistungen im Bau- und Ausbaugewerbe betrachtet. Im Nahrungsmittelgewerbe werden die veränderten Einkaufsgewohnheiten der jüngeren Kundengruppen und die um sich greifende „Geiz ist geil"-Mentalität als kritisch eingestuft. Für Nahrungsmittelhandwerker mit Ladengeschäft in Innenstadtlage stellt die zunehmende Verlagerung der Kaufkraft von den Innenstädten hin zu den Einkaufszentren an der Peripherie einen weiteren nachfragehemmenden Faktor dar.

Doch manche Betriebsinhaber weisen auch auf positive Auswirkungen der veränderten Kundenpräferenzen und -gewohnheiten für die künftige Nachfrageentwicklung hin. Sowohl im Nahrungsmittelgewerbe als auch in den Bau- und Ausbauhandwerken wird etwa das zunehmende Ökologie- und Umweltbewusstsein vieler Kunden als Gegentrend zur ausschließlichen Preisorientierung sehr begrüßt. Der oben angesprochenen „Geiz ist geil"-Mentalität zum Trotz wird insbesondere in den Handwerksbereichen, die überwiegend für Privatkunden tätig sind, ein anhaltender Trend zu Qualitätsleistungen und -produkten wahrgenommen. Als Ausgleich für den rückläufigen Umsatzanteil bei standardisierten Leistungen, auf den insbesondere in Bau- und Ausbaubetrieben mit Umsatzschwerpunkt im Privatkundenbereich hingewiesen wird, eröffnen sich im Bereich kundenindividueller, qualitativ hochwertiger Speziallösungen zusätzliche Geschäftsmöglichkeiten für Handwerksbetriebe.

> „Wenn man als Standardleistung ein Fenster oder eine Haustüre oder einen Parkettboden bezeichnet, dann ist das eigentlich überall tot, also das ist eher rückläufig. Wir machen meistens Komplettsachen, bei denen alles aus einer Hand kommen muss, oder eben Spezialsachen. (...) Irgendwo ist etwas dabei, was es so vielleicht von der Stange nicht gibt" (Handwerkerinterview H8).

In der Wahrnehmung mancher Entscheidungsträger bieten die zunehmende Individualisierung der Kundenbedürfnisse und der Trend zu gewerkeübergreifender Leistungserstellung auch handwerklichen Kleinbetrieben die Möglichkeit, sich über Formen zwischenbetrieblicher Zusammenarbeit neue Marktfelder zu erschließen[244].

---

[244] Vgl. vertiefend hierzu die Ausführungen zur Kooperationstätigkeit des grenznahen Handwerk in Kapitel 5.3.2.4.

5 Anpassungsdruck und Anpassungsstrategien des ostbayerischen Handwerks

Die direkten Nachfragewirkungen der zunehmenden Marktintegration der MOEL im Zuge der **EU-Erweiterung** werden seitens der interviewten Betriebsinhaber eher negativ eingeschätzt. Nur wenige Betriebe sehen dadurch zusätzliches Nachfragepotenzial für ihren Betrieb und nutzen die Erweiterung für Kundenkontakte nach Tschechien[245]. Vielmehr werden Befürchtungen hinsichtlich aktueller oder künftiger Kundenabwanderungen angesichts der günstigeren Preise tschechischer Produkte und Leistungen geäußert.

Für die Erbringer **werkstattgebundener** Handwerksleistungen stehen dabei der grenzüberschreitende Einkauf in Tschechien bzw. der Kauf in Tschechien produzierter Billigware durch bisherige Kunden im Mittelpunkt. In diesem Zusammenhang verweisen die interviewten Handwerker auf die Werbeaktivitäten von tschechischen Nahrungsmitteldiscountern in Form von Briefwurfsendungen an die ostbayerischen Haushalte. Allerdings relativiert sich der wahrgenommene Wettbewerbsdruck für die Nahrungsmittelhandwerke durch die schnelle Verderblichkeit der hergestellten Produkte und verbreitete Bedenken der eigenen Kunden im Hinblick auf die Hygienestandards in Tschechien. Die zusätzliche Kostenkonkurrenz durch tschechische Betriebe zielt nach Einschätzung der handwerklichen Betriebsinhaber ohnehin eher auf typische „Billigkäufer" ab, die ihren Nahrungsmittelbedarf nicht im handwerklichen Fachgeschäft, sondern im Supermarkt decken. Insbesondere diese Kundengruppe sei daran interessiert, künftig jenseits der Grenze noch günstiger einzukaufen.

Auch die Erbringer **werkstattungebundener** Handwerksleistungen – hierzu zählt die Mehrzahl der Bau- und Ausbaubetriebe – relativieren die Auswirkungen der EU-Erweiterung auf die Nachfrage nach den von Ihnen erbrachten Leistungen. So sehen viele Handwerker nur ein eingeschränktes Interesse ihrer eigenen, qualitätsorientierten Kunden an den kostengünstigen Leistungen grenzüberschreitend tätiger tschechischer Konkurrenzbetriebe. Die stark preisorientierten Kundengruppen, die Interesse an einer kostengünstigeren Leistungserbringung durch tschechische Betriebe haben, zählten ohnehin kaum zum Kundenkreis des Handwerks.

Zusammenfassend kann festgehalten werden, dass sich die interviewten Betriebsinhaber einer stagnierenden bzw. rückläufigen Gesamtnachfrage auf den handwerksrelevanten Märkten im Grenzraum gegenübersehen. Gleichzeitig wird – über die verschie-

---

[245] Vgl. vertiefend hierzu die Ausführungen zur grenzüberschreitenden Geschäftstätigkeit des grenznahen Handwerk in Kapitel 5.3.2.3.

Anpassungsdruck und Anpassungsstrategien des grenznahen Handwerks angesichts veränderter Wettbewerbsbedingungen im Zuge der EU-Erweiterung 2004

denen Gewerke und Handwerksbereiche hinweg – eine zunehmende **Polarisierung der Nachfrage** wahrgenommen, die durch zwei gegenläufige Trends gekennzeichnet ist. Einerseits führt die zunehmende Nachfrage nach Billigprodukten und -leistungen zu einer Stärkung des unteren Preissegments, andererseits gibt es weiterhin eine stabile – in Teilbereichen steigende – Nachfrage qualitätsorientierter Kunden nach Produkten und Leistungen des oberen Preissegments. Beide Entwicklungen verstärken in der Perzeption der handwerklichen Entscheidungsträger die zunehmende Verdrängung des mittleren Marktsegments zugunsten von Billigprodukten oder Premiumprodukten[246].

Vor diesem Hintergrund relativiert sich auch die Problematik einer möglichen Verschiebung der Nachfrage auf den handwerksrelevanten Märkten im Grenzraum in Richtung tschechischer Anbieter. Nach Einschätzung der interviewten Entscheidungsträger betrifft diese Tendenz v.a. den Bereich der Billigprodukte und -leistungen. Für das Handwerk sind direkte Nachfrageverschiebungen aufgrund der geschilderten Kundenvorbehalte nur von eingeschränkter Bedeutung. Ein grenznaher Nahrungsmittelhandwerker verdeutlicht:

„Dieser Preisdruck kommt eigentlich mehr auf die Supermärkte zu als auf das Handwerk. Es gibt einfach den Kunden, der dem Handwerk treu ist. Der andere ist mehr der Discounter. Aber der Preisdruck wird wahrscheinlich unter den Großen untereinander ausgemacht" (Handwerkerinterview H14).

Eine auf die direkten Auswirkungen der EU-Erweiterung verengte Betrachtung greift allerdings zu kurz. Die Analyse der durchgeführten Fallstudien zeigt, dass neben den unmittelbaren Nachfragewirkungen auch **indirekte** Folgen der EU-Erweiterung bzw. der zunehmenden Marktintegration der MOEL zu berücksichtigen sind. Wesentlich sind hierbei insbesondere Verlagerungen bzw. Schließungen ostbayerischer Industriebetriebe bzw. -betriebsteile aufgrund von Standortnachteilen gegenüber den MOEL, die dazu beitragen, dass dem Handwerk gewerbliche Kunden verloren gehen. Die dadurch verringerte Kaufkraft und Konsumneigung der Bevölkerung kann sich mittelfristig auch auf Handwerksbetriebe auswirken, die für private Kunden tätig sind.

---

[246] Die Polarisierung der Nachfrage auf den handwerksrelevanten Märkten ist das Gegenstück zu der im vorangehenden Kapitel beschriebenen Segmentierung der Angebotsseite. Dabei ist jedoch die Nachfrageentwicklung Ursache und Ausgangspunkt dieses wechselseitigen Prozesses (vgl. Kapitel 3.3.2.1).

5 Anpassungsdruck und Anpassungsstrategien des ostbayerischen Handwerks

5.2.1.3 Wahrnehmung sonstiger Veränderungen

Im Rahmen der Auswertung der qualitativen Fallstudien konnten weitere Veränderungen der Wettbewerbssituation herausgearbeitet werden, die weder der Angebots- noch der Nachfrageseite zuzuordnen sind. So betonen einzelne Entscheidungsträger des Nahrungsmittel- bzw. des Baugewerbes, dass aus der zusätzlichen Nachfrage nach handwerksrelevanten Vorprodukten im Zuge der dynamischen Marktentwicklung in den MOEL eine Verteuerung der Beschaffung resultiert. Da die damit eigentlich notwendig werdenden Preiserhöhungen für den Endkunden nach Einschätzung der Betriebsinhaber nicht durchsetzbar sind, verstärkt die Verteuerung des Einkaufs den Druck auf die Margen der Handwerksbetriebe noch zusätzlich.

„Wir hatten im vergangenen Jahr mehrere explodierende Rohstoffpreise, die nicht vom Inlandsmarkt, sondern mehr vom Export ausgingen. Es wurde also sehr viel fettreiche Ware, Verarbeitungsfleisch usw. nach Osteuropa exportiert. Diese Rohstoffe wurden dann hier im Land knapp und teuer. Auf der anderen Seite war der Handel nicht bereit, größere Preiserhöhungen zu akzeptieren, so dass wissentlich Ware hergestellt und gehandelt werden musste, die ohne Deckungsbeitrag oder mit Verlust ausgeliefert werden musste" (Handwerkerinterview H2).

Von mehreren der interviewten Entscheidungsträger wird auch die zunehmende Finanzierungszurückhaltung der Banken im Grenzraum als negative Veränderung der betrieblichen Rahmenbedingungen wahrgenommen. Die fehlende Gesprächsbereitschaft der Hausbanken und die daraus resultierenden Schwierigkeiten bei der Kapitalaufbringung für Erweiterungs- oder Ersatzinvestitionen verschärfen nach Einschätzung mancher Betriebsinhaber den Strukturwandel im Grenzraum noch zusätzlich. Aufgrund der passiven Haltung der deutschen Banken im Grenzraum wenden sich Betriebe alternativen Finanzierungsquellen, etwa ausländischen Banken, zu.

„Wir arbeiten mit einer österreichischen Bank zusammen, und zwar sehr gut. Wir werden das mit Sicherheit auch noch weiter ausbauen. Wir werden uns von den deutschen Banken restlos zurückziehen, weil es einfach keine Art und Weise mehr ist, wie die Banken mit dem Handwerker umgehen, also das ist fast schon beleidigend" (Handwerkerinterview H15).

Allerdings sind im Untersuchungspanel auch Entscheidungsträger vertreten, die ihr hervorragendes Verhältnis zur Hausbank betonen und darauf verweisen, dass die gestiegenen Anforderungen der Banken im Hinblick auf Transparenz, Kostenkontrolle

Anpassungsdruck und Anpassungsstrategien des grenznahen Handwerks angesichts veränderter Wettbewerbsbedingungen im Zuge der EU-Erweiterung 2004

und Ertragskraft positive Auswirkungen auf die Betriebsorganisation des eigenen Unternehmens haben.

Zudem wird seitens einzelner Betriebsinhaber eine zunehmende Verschlechterung der Zahlungsmoral insbesondere bei öffentlichen und gewerblichen Kunden beklagt. Ein langes Hinauszögern der Zahlung durch den Kunden wird dabei als bewusste Taktik zur Kosteneinsparung wahrgenommen. Die Problematik der Zahlungsmoral stellt sich allerdings weniger ausgeprägt bei Unternehmen, die ihr Leistungsangebot auf Privatkunden ausrichten. Ein grenznaher Ausbauhandwerker betont die Gefährdung des Fortbestands des eigenen Unternehmens, falls bei mehreren wichtigen Kunden ein Zahlungsverzug in einen Zahlungsausfall mündet:

> „Sie machen mit einem 30 Jahre Geschäfte, (...) und dann kippt er auf einmal um und reißt Sie mit hinein. Macht nichts, einer tut nicht weh. Dann passiert das aber in einem Jahr viermal, dann sind Sie auch mit weg, obwohl Sie vorsichtig kalkuliert haben" (Handwerkerinterview H26).

Eine große Rolle in der Wahrnehmung der interviewten Entscheidungsträger spielt auch die zunehmende Belastung der Handwerksbetriebe durch Bürokratie und staatliche Regulierung.

> „Die Bürokratie ist in Deutschland unwahrscheinlich, das Gekneble von staatlicher Seite her ist in Deutschland unerträglich. Es kommen ständig neue Auflagen, ständig neue Einwände, die Du zusätzlich erfüllen musst. Ständig neue Statistiken sind zu erstellen, ständig neuer Bürokratiekram ist zu tätigen" (Handwerkerinterview H2).

Die Bindung von betrieblichen Kapazitäten im Bereich Organisation und Unternehmensführung durch die zunehmende Belastung der Betriebe mit staatlichen Auflagen wird gerade im Vergleich zu ausländischen Konkurrenzunternehmen als Wettbewerbsnachteil wahrgenommen[247]. Neben der größeren Zeit- und Kostenbelastung wird auch die damit verbundene Unterdrückung von unternehmerischer Initiative und Pioniergeist als negative Folge staatlicher „Überregulierung" gesehen. Auch die Pflicht-

---

[247] Eine aktuelle Studie des Instituts für Mittelstandsforschung Bonn bestätigt die hohe zeitliche und finanzielle Belastung von Handwerksunternehmen durch bürokratiebedingte Pflichten. Demnach bindet Bürokratie umso mehr betriebliche Arbeitszeit pro Mitarbeiter, je kleiner das Unternehmen ist. In Handwerksbetrieben unter zehn Beschäftigten verbringt jeder Mitarbeiter einschließlich des Betriebsinhabers pro Jahr 70,4 Stunden mit der Erledigung bürokratischer Aufgaben. Die jährlichen Bürokratiekosten pro Beschäftigten summieren sich in diesen Betrieben auf 3 759€. Demnach entstehen dem Handwerk durch die vom Staat auferlegte Bürokratie geschätzte Kosten in Höhe von jährlich 6-7 Mrd. € (vgl. KAYSER/WALLAU 2005: 20ff.).

5 Anpassungsdruck und Anpassungsstrategien des ostbayerischen Handwerks

mitgliedschaft in den Handwerkskammern wird mitunter als negativer Bestandteil dieser bürokratischen Belastung empfunden. Im Vergleich zu Konkurrenzbetrieben in Tschechien sehen sich Entscheidungsträger deutscher Betriebe einer weit strengeren staatlichen Regulierung unterworfen, obwohl seit dem EU-Beitritt der MOEL diesseits und jenseits der Grenze die gleiche EU-Gesetzgebung gilt.

„Der Tscheche sieht alles nicht so eng wie wir. (...) Mit den ganzen EU-Verordnungen: Die Verordnungen gelten überall, aber wir Deutschen sind eben Weltmeister in der Umsetzung. Wir nehmen alles genau bis ins kleinste Detail, und woanders kommt der Tag, geht der Tag, solange keiner etwas sagt, wird es schon gehen" (Handwerkerinterview H14).

Als positive Auswirkung der Marktintegration der MOEL wird hingegen die Verbesserung des Arbeitskräfteangebots für die Unternehmen im Grenzraum betont. Die Situation auf dem Arbeitsmarkt, die in Anbetracht der relativ hohen Arbeitslosigkeit aus Sicht der Betriebe wenig prekär ist, wird in der Wahrnehmung der interviewten Entscheidungsträger durch die zusätzliche Verfügbarkeit tschechischer Arbeitskräfte noch weiter verbessert. Dabei werden tschechische Handwerker bzw. Arbeiter von der Mehrzahl der Betriebsinhaber nicht nur als Billigkräfte betrachtet, sondern auch wegen ihrer handwerklichen Fähigkeiten geschätzt.

5.2.2 Bestimmungsgründe der Wahrnehmung von Wettbewerbssituation und Anpassungsdruck

In Anbetracht der Heterogenität des Untersuchungssamples überrascht es nicht, dass die Wahrnehmung und Gewichtung der veränderten Rahmenbedingungen sehr unterschiedlich ist und die Einschätzung des resultierenden Anpassungsdrucks von Betrieb zu Betrieb stark variiert. Für die Mehrzahl der untersuchten Handwerksunternehmen gilt jedoch, dass die Auswirkungen der zunehmenden Marktintegration der MOEL auf die Wettbewerbssituation und das Unternehmensumfeld im Grenzraum als eher gering beurteilt werden. Wie im vorangegangenen Kapitel gezeigt, stellen die Auswirkungen der EU-Erweiterung in der Wahrnehmung der interviewten Entscheidungsträger nur einen Bestandteil der veränderten Rahmenbedingungen dar. Häufig überlagern sich in den Ausführungen der Betriebsinhaber Einschätzungen zur Veränderung der allgemeinen Rahmenbedingungen und Einschätzungen zu den spezifischen Auswirkungen des EU-Beitritts der MOEL. Nachfolgend werden anhand der in Kapitel 5.1 abgeleiteten Differenzierungskriterien Existenz- bzw. Tendenzaussagen im Hinblick auf die Wahr-

Anpassungsdruck und Anpassungsstrategien des grenznahen Handwerks angesichts veränderter Wettbewerbsbedingungen im Zuge der EU-Erweiterung 2004

nehmung der veränderten Wettbewerbsbedingungen bzw. eines daraus resultierenden Anpassungsdrucks herausgearbeitet. Hierfür sind auch Branchenzugehörigkeit, Grenznähe und Absatzraum als weitere Einflussfaktoren in die Gesamtbetrachtung mit einzubeziehen.

Die **Gesamtwahrnehmung** des Strukturwandels im Grenzraum ist insgesamt durch Pessimismus hinsichtlich der künftigen Nachfrageentwicklung gekennzeichnet. Nur zwei Betriebsinhaber sehen die Entwicklung des Marktumfelds für das eigene Unternehmen insgesamt positiv, einige Entscheidungsträger schätzen die zu erwartenden Veränderungen der betrieblichen Mikro- und Makroumwelt zumindest als neutral ein. Die Mehrzahl der interviewten Handwerker hingegen beurteilt die Veränderungen der betrieblichen Rahmenbedingungen eher negativ. Allerdings ist hierbei zu berücksichtigen, dass das Antwortverhalten der Betriebsinhaber nicht nur die Wahrnehmung des Strukturwandels widerspiegelt, sondern implizit auch von der aktuellen konjunkturellen Lage beeinflusst wird. Da sich das ostbayerische Handwerk zum Zeitpunkt der durchgeführten Interviews im ersten Quartal 2005 inmitten einer rezessiven Phase befand, ist eine negative Verzerrung der Einschätzungen zum Strukturwandel nicht auszuschließen[248]. Die negative Gesamtwahrnehmung mehrerer Betriebsinhaber konkretisiert sich dabei in deutlicher Kritik an den bürokratischen Rahmenbedingungen in Deutschland und den unzureichenden Finanzierungsmöglichkeiten für Klein- und Mittelbetriebe.

Die **Wahrnehmung der Auswirkungen der EU-Erweiterung** stellt sich heterogen dar. Bei der Abwägung zwischen zusätzlicher Konkurrenz und zusätzlichen Marktchancen spiegeln die Aussagen der interviewten Betriebsinhaber vier unterschiedliche Grundhaltungen wider:

➢ Manche Entscheidungsträger stellen die **Chancen der vertieften Marktintegration** in den Vordergrund und betonen die Möglichkeiten, die sich – zumindest mittelfristig – auf den tschechischen Beschaffungs- und Absatzmärkten bieten.

➢ Manche Entscheidungsträger rücken die **Risiken der vertieften Marktintegration** in den Vordergrund und befürchten eine weitere Verschärfung des Wettbe-

---

[248] So konstatiert der Konjunkturbericht der Handwerkskammer Niederbayern-Oberpfalz für das erste Quartal 2005 einen konjunkturellen Tiefstand und den zweitniedrigsten Wert des handwerklichen Geschäftsklimaindex seit zehn Jahren (vgl. HWK NIEDERBAYERN-OBERPFALZ 2005: 2). Der Konjunkturbericht der Handwerkskammer für Oberfranken spricht ebenfalls von einer überwiegend schlechten Geschäftslage und einer sehr niedrigen Auslastung der Betriebe (vgl. HWK FÜR OBERFRANKEN 2005: 2).

5 Anpassungsdruck und Anpassungsstrategien des ostbayerischen Handwerks

werbs auf den handwerksrelevanten Märkten durch das verstärkte Tätigwerden tschechischer Konkurrenzbetriebe sowie Kundenabwanderungen.

➢ Zahlreiche Entscheidungsträger **relativieren bewusst** die konkreten Auswirkungen der EU-Erweiterung auf das eigene Unternehmensumfeld, wobei ihre Einschätzung auf einer abgewogenen Beurteilung der eigenen Markt- und Wettbewerbsstrukturen beruht.

➢ Einig wenige Entscheidungsträger schließlich **ignorieren** die Auswirkungen der vertieften Marktintegration der MOEL auf ihren Betrieb. Eine Betroffenheit des eigenen Unternehmens wird von diesen Handwerkern ohne Angabe nachvollziehbarer Gründe und ohne Kenntnis der tatsächlichen rechtlichen und wettbewerblichen Folgen der EU-Erweiterung verneint.

Dabei gilt tendenziell, dass eine positive oder zumindest neutrale Einschätzung der Auswirkungen des allgemeinen Strukturwandels auf den eigenen Betrieb mit einer chancenorientierten oder bewusst relativierenden Wahrnehmung der EU-Erweiterung einhergeht[249]. Handwerker hingegen, die die Risiken der Marktintegration betonen, schätzen die Veränderungen der generellen Rahmenbedingungen ausnahmslos negativ ein.

Eine differenzierende Betrachtung der Wahrnehmung der Auswirkungen der EU-Erweiterung anhand der obigen **Betriebstypologie** zeigt, dass bestimmte Betriebstypen charakteristische Wahrnehmungsmuster aufweisen. So gilt für sämtliche Entscheidungsträger überregionaler Spezialanbieterbetriebe, dass sie die Chancen der vertieften Marktintegration betonen oder die diesbezüglichen Auswirkungen auf das eigene Unternehmensumfeld bewusst relativieren. Hingegen sind Betriebsinhaber, die die Risiken der EU-Erweiterung betonen oder ihre Auswirkungen ignorieren, in ihrer großen Mehrzahl dem Betriebstypus des konservativen Traditionsbetriebs zuzuordnen. Dies unterstreicht den intuitiven Zusammenhang, dass der als besonders wachstumsorientiert eingestufte Betriebstypus eher die Chancen einer Marktintegration betont oder zumindest die geringe eigene Betroffenheit fundiert begründen kann, während ein als traditionell und konservativ eingestufter Betriebstypus eher die Risiken betont oder die Auswirkungen schlicht ignoriert.

Auch die Mehrzahl der Entscheidungsträger der – in einem besonders schwierigen Wettbewerbsumfeld tätigen – industrieähnlichen Mittel- bzw. Großbetriebe stellt im

---

[249] Allerdings finden sich im Untersuchungssample auch einzelne Entscheidungsträger, die zwar die Auswirkungen des allgemeinen Strukturwandels auf ihren Betrieb negativ einschätzen, aber die unternehmerischen Perspektiven eines Engagements in Tschechien positiv hervorheben.

Hinblick auf die EU-Erweiterung die Chancen in den Vordergrund. Dieser Zusammenhang kann damit begründet werden, dass industrieähnliche Mittel- bzw. Großbetriebe größenbedingt durch ein aktiveres, teilweise systematisches Informationsverhalten gekennzeichnet sind, das ein besseres und früheres Erkennen eventueller Marktchancen auf den tschechischen Beschaffungs- und Absatzmärkten ermöglicht. Dieser Zusammenhang zwischen Informationswesen und Art der Wahrnehmung gilt im gesamten Untersuchungspanel: Betriebe mit einem aktiven und systematischen Informationsverhalten zeigen einen genaueren Kenntnisstand über die konkreten Auswirkungen der EU-Erweiterung und können damit nicht nur die Chancen einer vertieften Marktintegration leichter erkennen, sondern auch die Risiken frühzeitiger einschätzen und besser umgehen.

Eine Differenzierung der Ergebnisse anhand der in Kapitel 5.1.2 diskutierten **Unternehmerkategorisierungen** bestätigt, dass die Wahrnehmung der Auswirkungen der EU-Erweiterung und die Beurteilung der resultierenden Chancen und Risiken vom Unternehmertyp mitbestimmt wird. So zeigt eine Betrachtung anhand der Kategorisierung nach **KIRSCH**, dass der defensiv ausgerichtete Unternehmertyp des Verteidigers eher die Risiken einer weitergehenden Marktintegration der MOEL sieht und durch die Wahrnehmung eines zusätzlichen Anpassungsdrucks in seiner Abwehrhaltung bestätigt wird.

Eine Analyse der Fallstudien auf Grundlage der **STRATOS**-Kategorisierung kommt zu dem Ergebnis, dass die Mehrzahl der Betriebsinhaber, die die Chancen einer stärkeren Marktintegration der MOEL in den Vordergrund stellen, dem Unternehmertypus des Organisators zuzuordnen sind. Dieser ist durch besondere Stärken im administrativ-kaufmännischen Bereich gekennzeichnet und kann sein (üblicherweise) aktiveres und systematischeres Informationsverhalten für eine bessere Beurteilung der Marktchancen nutzen. Im Gegensatz dazu gehören viele Entscheidungsträger, die die Risiken betonen, dem (zahlenmäßig häufigsten) Typus des Allrounders an, dessen Stärken als Unternehmer sich gleichmäßig auf kreative und administrative Tätigkeiten verteilen. Bezieht man das Entscheidungsverhalten im Unternehmen in die Betrachtung mit ein, so zeigt sich, dass mit Verteidiger und Allrounder gerade diejenigen Unternehmertypen, die besonders häufig durch geringe Einbindung interner und externer Expertise gekennzeichnet sind, die Risiken der EU-Erweiterung betonen bzw. den allgemeinen Strukturwandel im Handwerk negativ wahrnehmen.

5 Anpassungsdruck und Anpassungsstrategien des ostbayerischen Handwerks

Die betriebliche Wahrnehmung der durch die EU-Erweiterung veränderten Rahmenbedingungen hängt auch vom **Handwerksbereich** bzw. der Branche ab, in der der Betrieb tätig ist[250]. So zeigt sich, dass Betriebe der gleichen Branche bzw. des gleichen Handwerksbereichs eine ähnliche Betroffenheit von Strukturwandel und EU-Erweiterung empfinden. Die meisten Bauhandwerker etwa relativieren – trotz negativer Einschätzung des generellen Strukturwandels – die Auswirkungen der EU-Erweiterung unter Verweis auf die Übergangsregelungen im Baubereich und die Konzentration der Konkurrenzbetriebe aus den MOEL auf Großbaustellen. Die untersuchten Betriebe des Ausbauhandwerks zeigen eine insgesamt positivere Wahrnehmung des generellen Strukturwandels, relativieren aber gleichfalls die konkrete Betroffenheit ihres Betriebs von der vertieften Marktintegration der MOEL. Als Hauptargumente hierfür werden ebenfalls die Übergangsregelungen zur Dienstleistungsfreiheit und Arbeitnehmerfreizügigkeit sowie die geringen Auftragsvolumina des eigenen Unternehmens angeführt. Die Situation im Nahrungsmittelgewerbe schließlich ist durch eine überwiegend negative Gesamteinschätzung der veränderten Rahmenbedingungen gekennzeichnet. Im Hinblick auf die Chancen und Risiken der Marktintegration der MOEL zeigt sich ein sehr heterogenes Meinungsbild der interviewten Nahrungsmittelhandwerker.

Differenziert man die Wahrnehmung der interviewten Betriebsinhaber schließlich nach der **Grenznähe** des Betriebsstandorts (vgl. Kapitel 2.1.1), so zeigt sich, dass v.a. diejenigen Betriebe die Chancen einer stärkeren Marktintegration der MOEL betonen und die Nähe zum Absatz- und Beschaffungsmarkt Tschechien als Vorteil sehen, die ihren Unternehmenssitz im unmittelbaren Grenzraum haben[251]. Aus der Analyse der Fallstudien lässt sich schließen, dass die unmittelbare Konfrontation mit Marktöffnung und Marktintegration im direkten Grenzgebiet ein frühzeitiges Auseinandersetzen mit den resultierenden Chancen und Risiken fördert[252]. Andererseits schützt ein grenzna-

---

[250] Vgl. hierzu nochmals die Differenzierung der Betroffenheit des grenznahen Handwerks in Kapitel 2.1.3.

[251] Als unmittelbarer Grenzraum wird hierfür näherungsweise ein etwa 30 km breiter Streifen Ostbayerns entlang der alten EU-Außengrenze definiert.

[252] Vertreter der ostbayerischen Handwerkskammern verwiesen gegenüber dem Verfasser dieser Arbeit mehrfach auf das große Interesse der Betriebe im unmittelbaren bayerisch-tschechischen Grenzraum am Thema „EU-Erweiterung". Diesbezügliche Veranstaltungen im direkten Grenzraum haben demnach deutlich höhere Teilnehmerzahlen als Veranstaltungen im westlichen Teil der ostbayerischen Kammerbezirke.

her Betriebsstandort nicht zwangsläufig vor Unkenntnis und fehlendem Bewusstsein im Hinblick auf die Veränderung der Wettbewerbsbedingungen[253].

Wird neben dem Betriebsstandort auch der **Absatzraum** des Leistungsangebots als zusätzlicher räumlicher Aspekt berücksichtigt, so zeigt sich, dass überwiegend lokal bzw. regional tätige Betriebe die Risiken der vertieften Marktintegration der MOEL betonen[254]. Handwerksbetriebe, die überwiegend auf den lokalen Absatzmarkt konzentriert sind, hängen stark von der dortigen Einkommens- und Bevölkerungsentwicklung ab. Dies betrifft insbesondere das werkstattgebundene Nahrungsmittelhandwerk, das sich der stagnierenden bzw. rückläufigen Einkommens- und Bevölkerungsentwicklung in Teilen Ostbayerns nur schwer entziehen kann. Hingegen rücken Betriebsinhaber, die ihre Produkte bzw. Leistungen überregional, mitunter sogar deutschlandbzw. europaweit absetzen, die zusätzlichen Chancen durch die EU-Erweiterung in den Vordergrund. Die Nahbedarfsorientierung stellt demnach einen weiteren Erklärungsfaktor für die Wahrnehmung des Anpassungsdrucks im Rahmen der EU-Erweiterung dar. Unternehmen, deren Absatztätigkeit über die unmittelbaren Nachbarlandkreise hinausreicht, sind durch eine positivere Wahrnehmung von Strukturwandel und EU-Erweiterung gekennzeichnet.

5.3 Ausprägungen und Bestimmungsgründe handwerklicher Anpassungsstrategien

In den vorangegangenen Kapiteln wurden die aus den theoretischen Vorüberlegungen abgeleiteten Einflussfaktoren handwerklicher Wahrnehmung und Anpassung differenziert dargestellt und mit den Ausprägungen des wahrgenommenen Anpassungsdrucks im Grenzraum in Zusammenhang gebracht. Nun soll auf dieser Grundlage die konkrete strategische Ausrichtung genauer untersucht werden, mit der die Handwerks-

---

[253] Beide Handwerker, die in den geführten Interviews die Auswirkungen der EU-Erweiterung auf ihren Betrieb schlichtweg ignorieren, haben den Unternehmenssitz im unmittelbaren Grenzraum.

[254] Die Wahrnehmung der ostbayerischen Handwerksbetriebe steht demnach im Einklang mit den Ergebnissen der Studie von MAYERHOFER/PALME 2001, wonach v.a. Unternehmen mit einem regional eng begrenzten Absatzraum einem besonderen grenzüberschreitenden Konkurrenzdruck durch die zunehmende Marktintegration der MOEL ausgesetzt sind. Für die gegenteilige Einschätzung von GERSTENBERGER ET AL. 2004, die insbesondere für überregional tätige Unternehmen negative Auswirkungen der verschärften Wettbewerbssituation durch die EU-Erweiterung prognostizieren, liegen hingegen keine Anhaltspunkte vor (vgl. Kapitel 2.2.1).

betriebe auf Strukturwandel und EU-Erweiterung reagieren. Dafür werden zunächst Strategieentwicklung und strategische Grundausrichtung der betrachteten Unternehmen nachgezeichnet und unter Bezugnahme auf die skizzierten Einflussfaktoren und Wahrnehmungsmuster differenziert. Anschließend wird analysiert, ob und wie die in Kapitel 3.3 herausgearbeiteten idealtypischen Strategieansätze zur Behebung handwerkstypischer Defizite angesichts der spezifischen Wettbewerbssituation im Grenzraum umgesetzt werden.

5.3.1 Strategieentwicklung und strategische Grundausrichtung

5.3.1.1 Strategieentwicklung des grenznahen Handwerks

Die Analyse der durchgeführten Fallstudien bestätigt, dass die Strategieentwicklung im kleinbetrieblich strukturierten Handwerk nicht immer dem Idealbild einer bewussten strategischen Ausrichtung entspricht. Häufig erscheinen emergente Verläufe und das auf Intuition und Fingerspitzengefühl beruhende Prinzip des „Durchwurstelns" charakteristisch für die handwerkliche Strategiegenese (vgl. Kapitel 3.2.1). In der Mehrzahl der untersuchten Betriebe lassen sich bestenfalls im Rahmen einer Ex-post-Betrachtung der im Zeitablauf getroffenen unternehmerischen Entscheidungen strategische Muster erkennen. Der vorherrschende Strategiestil ist reagierend bzw. improvisierend und eng an den wechselnden Kundenanforderungen ausgerichtet. Ein grenznaher Nahrungsmittelhandwerker beschreibt, wie sich Partyservice-Dienstleistungen durch eine entsprechende Nachfrageentwicklung zum zweiten Standbein seines Betriebs entwickelt haben:

> „Das hat sich immer besser etabliert und herauskristallisiert. Am Anfang war das nicht so gravierend gewesen, aber die letzten Jahre ist das immer mehr gekommen. Im allgemeinen wird der Partyservice mehr beansprucht als vor vielleicht 15 oder 20 Jahren. Ich weiß nicht, wird mehr gefeiert als vor 20 Jahren?" (Handwerkerinterview H21).

Die operativen Einzelentscheidungen der handwerklichen Betriebsinhaber sind durch lokale bzw. regionale Marktkenntnis sowie ein eher intuitives Eingehen auf die Bedürfnisse der Kunden gekennzeichnet und lassen zumeist keine mittel- bzw. langfristige strategische Perspektive erkennen. Sofern eine kontinuierliche Anpassung des Leistungsangebots zu beobachten ist, beruht diese auf der Eigendynamik bestehender Kundenbeziehungen und der Flexibilität des Handwerks gegenüber Weiterentwicklungen der Kundenanforderungen[255]. Dabei sind fließende Übergänge zwischen flexibler Auftragsorientierung ohne strategisches Konzept („alles machen, was der Kunde wünscht") und zukunftsorientierter Anpassung der Geschäftstätigkeit an bestimmte Kundenanforderungen als Ergebnis strategischer Überlegungen zu beobachten[256].

Einige wenige Handwerksunternehmen im Untersuchungspanel sind jedoch durch eine bewusste Strategieentwicklung gekennzeichnet. Die wahrgenommene Umbruchsituationen veranlasst diese Entscheidungsträger, ihre bisherige unternehmerische Ausrichtung in Frage zu stellen und aktiv nach Alternativen zu suchen. Charakteristisch für diese Herangehensweise ist, wie der Inhaber einer grenznahen Konditorei seine Beweggründe für den Entschluss zum überregionalen Absatz seiner Produkte beschreibt:

„Das ist eigentlich aus einer Not heraus entstanden. Wenn hier diese Strukturschwächen nicht so eklatant auch uns betroffen hätten, wären wir vielleicht gar nicht auf die Idee gekommen, unsere Lebkuchen überregional zu vermarkten. (...) Da muss man als Betrieb sich einfach überlegen: Wo sind Deine Stärken? Was kann man noch tun? Wo sind eventuell Absatzmöglichkeiten für Produkte, an die man vielleicht vorher gar nicht gedacht hat? Und daraus kann sich dann eine Geschichte entwickeln wie bei uns, wo wir alle Freude daran haben, weil sie so erfolgreich ist" (Handwerkerinterview H6).

Eine Analyse der Strategieentwicklung der besuchten Betriebe unter Berücksichtigung verschiedener Differenzierungskriterien wie Betriebstypus, Unternehmertypus oder Branche besitzt nur beschränkten Erkenntniswert, da sich Strategieentwicklungsprozesse als sehr unternehmensindividuell darstellen. Dennoch kann die Auswertung der Fallstudien einzelne Zusammenhänge und Muster aufzeigen. So ist der handwerkliche **Betriebstypus** des überregionalen Spezialanbieters durch einen aktiv gestaltenden Strategieverlauf gekennzeichnet. Die Entscheidung für eine Spezialisierung des Leistungsangebots und einen überregionalen Absatz wird bewusst getroffen. Aller-

---

[255] Eine Kontextanalyse des missverständlichen Begriffs „Flexibilität" zeigt, dass verschiedene Unternehmer hierzu jeweils unterschiedliche Vorstellungen haben. Während manche Entscheidungsträger ein passives Abwarten auf Kundenaufträge egal welcher Art und deren routiniertes Abarbeiten als „Flexibilität" bezeichnen, verstehen andere darunter eine bewusste Ausrichtung ihres Betriebs auf individuelle, kundenspezifische Problemlösungen.

[256] Es zeigt sich, dass Betriebe, die ein breites und undifferenziertes Leistungsangebot aufweisen und dieses – zu Unrecht – als „Flexibilität" bezeichnen, nur passiv auf kurzfristige Kundenanforderungen reagieren und nicht über eine zielgerichtete Ausrichtung auf Marktsegmente mit positiver Nachfrageentwicklung nachdenken.

5 Anpassungsdruck und Anpassungsstrategien des ostbayerischen Handwerks

dings sind auch einzelne Vertreter der als weniger wachstumsstark eingestuften Betriebstypen des industrieähnlichen Mittel- bzw. Großbetriebs sowie des konservativen Traditionsbetriebs durch eine bewusste Strategieentwicklung gekennzeichnet.

Eine **branchenspezifische** Betrachtung wiederum zeigt, dass die Mehrzahl der betrachteten Handwerksbetriebe mit einer bewussten Strategieentwicklung dem Ausbaugewerbe zuzuordnen ist. Ein Zusammenhang besteht schließlich auch zwischen dem Informationsverhalten der untersuchten Unternehmen und ihrer Strategieentwicklung. Betriebe, die ihre Unternehmensstrategie bewusst weiterentwickeln bzw. verändern, zeichnen sich häufig durch umfassende Informationsaktivitäten und eine systematische Erfassung und Auswertung interner und externer Informationsquellen aus.

5.3.1.2 Strategische Grundausrichtung des grenznahen Handwerks

Unabhängig davon, ob die Strategieentwicklung der untersuchten Handwerksunternehmen bewusst oder emergent erfolgt, kann fast allen Betrieben eine strategische Grundausrichtung zugeordnet werden. Diese basiert gemäß der Kategorisierung nach PORTER auf den spezifischen Wettbewerbsvorteilen sowie gemäß der Kategorisierung nach ANSOFF auf dem eingesetzten Leistungsprogramm und den bearbeiteten Märkten.

Eine Analyse der strategischen Grundausrichtung nach PORTER zeigt, dass die untersuchten Handwerksbetriebe im ostbayerischen Grenzraum überwiegend einer **Differenzierungsstrategie** folgen. Die Mehrzahl der Betriebe versucht, über Produktqualität, Service und Kundenorientierung den Preiswettbewerb auf den handwerksrelevanten Märkten zu vermindern. Ziel ist es, sich in der Wahrnehmung der Kunden über besondere Produkteigenschaften, das Angebot zusätzlicher Dienstleistungen u.ä. von der – zumeist preisgünstigeren – Konkurrenz abzuheben. In diesem Zusammenhang betonen die interviewten Betriebsinhaber die Vorteile ihrer kleinbetrieblichen Strukturen für Kundennähe und Kundenbindung auf den lokalen bzw. regionalen Märkten[257]. Besondere Möglichkeiten einer Differenzierung ergeben sich im Nahrungsmittelgewerbe, wo sich Kleinbetriebe durch traditionelle handwerkliche Fertigungsverfahren und qualitativ hochwertige Produktideen von den Konkurrenten abheben können.

---

[257] Dies unterstreicht den Erklärungsgehalt der Weiterentwicklung der PORTER'schen Systematik durch FRESE 1993 gerade für den Handwerksbereich. Der von ihm herausgearbeitete Strategietyp C, der kundenspezifisches Know-how auf einem regional begrenzten Markt für eine Anpassung der Leistungserstellung im Hinblick auf Qualität, Einzigartigkeit und Individualität nutzt, beschreibt die handwerkstypische Ausgestaltung einer Differenzierungsstrategie (vgl. Abbildung 11 in Kapitel 3.3.1).

Anpassungsdruck und Anpassungsstrategien des grenznahen Handwerks angesichts veränderter Wettbewerbsbedingungen im Zuge der EU-Erweiterung 2004

Handwerksbetriebe, die einer Differenzierungsstrategie folgen, können ggf. von der Polarisierung der Nachfrage, die neben dem Kundentrend hin zu Billigprodukten und -leistungen auch eine stabile bzw. steigende Nachfrage nach Qualitätsprodukten und -leistungen mit sich bringt, profitieren (vgl. Kapitel 5.2.1.2).

Manche Betriebe hingegen verfolgen stattdessen eine **Nischenstrategie** und bearbeiten gezielt begrenzte Marktsegmente mit geringen Volumina, auf denen sie ihre kleinbetrieblichen Flexibilitätsvorteile nutzen können. Hierdurch kann der Preiswettbewerb gemindert und eine hohe Kundenbindung realisiert werden. Grundlage handwerklicher Nischenstrategien ist, sich durch kundenorientierte Spezialisierung auf einen bestimmten Leistungsbereich möglichst eng zu positionieren und vom konkurrenzintensiven Massenmarkt abzugrenzen. Dies gelingt insbesondere denjenigen Betrieben des Untersuchungspanels, die über eine besondere technologische Kompetenz – etwa auf Grundlage ingenieurswissenschaftlichen Fach-Know-hows – verfügen. Andere Handwerker wiederum rücken kleinbetriebliche Flexibilitätsvorteile in den Mittelpunkt ihrer Nischenstrategie und halten dafür ihre Betriebsgröße bzw. Mitarbeiterzahl bewusst gering[258].

Schließlich folgen einzelne Betriebe der Strategie der **Kostenführerschaft**, d.h. sie versuchen, trotz vergleichsweise geringer Betriebsgröße Kostenvorsprünge zu realisieren. Die Kostenführerstrategien der untersuchten Betriebe basieren dabei hauptsächlich auf Standortvorteilen durch langjährige Kenntnis des lokalen bzw. regionalen Marktes. Ein wesentliches Kriterium stellt gerade für das werkstattgebundene Handwerk die geographische bzw. infrastrukturelle Abgeschiedenheit des eigenen Heimatmarkts dar, die den Markteintritt potenzieller Konkurrenten erschwert und damit verteuert. Ein grenznaher Bäcker betont, dass er bei Auftreten eines großbetrieblichen Konkurrenzbetriebs auf seinem Heimatmarkt den Preiskampf durchaus annehmen würde:

„Dann wäre ich gezwungen, auf dieser Preisschiene mitzubieten und die bessere Ware zu haben – dann sehen wir schon, was los ist. Und gut, dann

---

[258] Als wesentlicher Flexibilitätsvorteil wird beispielsweise die Möglichkeit einer leichteren Kündigung von Mitarbeitern genannt. So findet für Arbeitsverhältnisse, die bereits am 31. Dezember 2003 bestanden haben, das Kündigungsschutzgesetz nur Anwendung, wenn zu diesem Stichtag in der Regel mehr als fünf Mitarbeiter beschäftigt waren. Für Arbeitsverhältnisse, die ab dem 1. Januar 2004 oder danach begonnen wurden, findet das Kündigungsschutzgesetz nur Anwendung, wenn mehr als zehn Arbeitnehmer beschäftigt sind. Zur genauen Ausgestaltung der Kleinbetriebsregelung beim Kündigungsschutz vgl. BMAS (2006: 50).

5 Anpassungsdruck und Anpassungsstrategien des ostbayerischen Handwerks

ist noch die Öffnungszeit in der Früh. So ein Markt macht vielleicht erst um 8 Uhr auf" (Handwerkerinterview H27)[259].

Allerdings bestätigt die Analyse der Fallstudien, dass die Strategie der Kostenführerschaft für eine erfolgreiche betriebliche Anpassung kleinbetrieblich strukturierter Handwerksunternehmen an veränderte Wettbewerbsbedingungen nur in Ausnahmefällen geeignet ist. Eine reine Kostenorientierung ohne gleichzeitige Konzentration auf ein bestimmtes Marktsegment konfrontiert die Handwerksunternehmen mit einem Preiswettbewerb gegenüber Konkurrenzbetrieben, den sie aufgrund struktureller Nachteile wie geringerer Skalen- und Verbundeffekte, ungünstigerer Fixkostenstruktur usw. nur schwer bestehen können[260]. Insofern ist auch kritisch zu sehen, dass von Betriebsberatern der Kammern bzw. Verbände berichtet wird, die grenznahen Handwerksbetrieben undifferenziert kostenorientierte Anpassungsstrategien empfehlen.

„Vor 14 Tagen habe ich mit Einem vom Fleischerverband diskutiert. Dann habe ich gesagt: Welche Randgruppen gibt es denn noch? In welchem Sektor kann man sich denn noch etablieren? Nichts, gar nichts! Der hat mir sogar den Tipp gegeben, preiswerter zu produzieren, damit die Spanne höher wird" (Handwerkerinterview H12).

Manche Handwerksunternehmen schließlich können keiner der strategischen Ausrichtungen nach PORTER zugeordnet werden. Charakteristisch für diese Betriebe ist zumeist, dass sie einerseits eine Position als Kostenführer zu erreichen suchen, sich andererseits aber durch die Spezifität ihres Leistungsangebots von ihren Wettbewerbern zu differenzieren versuchen. Beide Ansätze werden gleichzeitig, aber nur halbherzig verfolgt[261].

Eine Betrachtung der strategischen Grundausrichtung nach ANSOFF zeigt, dass die untersuchten grenznahen Handwerksbetriebe im Hinblick auf das eingesetzte Leistungsprogramm und die bearbeiteten Märkte sehr unterschiedliche strategische Stoßrichtungen verfolgen. So wählt etwa jeder dritte Betrieb eine Strategie der **Markt-**

---

[259] Der letzte Satz des Zitats nimmt Bezug auf die ungewöhnlich frühen Öffnungszeiten dieses Nahrungsmittelhandwerkers, der seinen Laden täglich schon um 6 Uhr morgens öffnet.

[260] Sämtliche Betriebe des Untersuchungspanels, die eine Kostenführerstrategie verfolgen, sind nach eigener Aussage durch eine stagnierende oder rückläufige Umsatz- und Mitarbeiterentwicklung gekennzeichnet. Allerdings kann hieraus nicht zwingend auf einen Kausalzusammenhang geschlossen werden, da die verstärkte Kostenorientierung möglicherweise nur die Reaktion auf einen Umsatzrückgang ist.

[261] MEFFERT (2005: 23) verweist in diesem Zusammenhang auf die Gefahren solcher „Sowohl-als-auch"-Strategien, die zur Verwässerung des Unternehmensprofils bzw. der Marke führen können.

durchdringung, bei der der angestammte Markt mit einem unveränderten Leistungsprogramm erfolgreicher bearbeitet werden soll. Problematisch hierbei ist, dass gerade die handwerksrelevanten Märkte im Grenzraum durch ein hohes Maß an Sättigung gekennzeichnet sind und dadurch zusätzliche Umsatzakquise erschwert wird. Grundlage der Marktdurchdringungsstrategie der untersuchten Handwerksbetriebe ist der persönliche Kundenkontakt auf dem lokalen bzw. regionalen Heimatmarkt und die daraus resultierende Marktkenntnis und Nähe zu potenziellen Auftraggebern.

> „Wir werden mit Sicherheit unser Einzugsgebiet nicht ausdehnen. Das habe ich auf gar keinen Fall geplant. Sie müssen sich das so vorstellen: Man kennt in seinem Raum die zuständigen Menschen in den Bauämtern, bei den Stadtwerken, bei den Energieversorgern usw. Und durch dieses kleine Netzwerk habe ich natürlich einen Vorteil, und wenn ich jetzt aus meinem Gebiet rausgehe, müsste ich dort erst wieder das Netzwerk aufbauen" (Handwerkerinterview H11).

Ein weiteres Drittel der Betriebe wählt die **Marktentwicklung** als strategische Stoßrichtung und versucht, neue Märkte mit den bisherigen Produkten und Dienstleistungen zu bedienen. Dabei wird sowohl die Erschließung zusätzlicher Kundengruppen als auch die Bearbeitung zusätzlicher Absatzregionen angestrebt. Die Analyse der durchgeführten Fallstudien zeigt, dass das kleinbetrieblich strukturierte Handwerk dabei seine Wettbewerbsvorteile als Problemlöser für spezifische Kundenbedürfnisse einbringt, um sich mit einem kundenindividuell angepassten, aber dennoch weitgehend unveränderten Leistungsangebot zusätzliche Kundengruppen zu erschließen. Insbesondere im Ausbaugewerbe nutzen grenznahe Handwerksbetriebe zudem ihre im Vergleich zu Konkurrenzbetrieben aus den (deutschen) Ballungsgebieten günstigere Kostenstruktur, um sich in Wachstumsregionen zu etablieren und dort zusätzliche Kunden anzusprechen. Ein grenznaher Ausbauhandwerker beschreibt seine Marktentwicklungsstrategie Richtung München:

> „Am Anfang waren Aufträge aus dem Münchener Raum eigentlich mehr über Bekannte, über diese Schiene. (...) Dann ist im Landkreis selbst die Arbeit ein bisschen zurückgegangen, und dann haben wir eben überlegt: Entweder wir halten unsere Belegschaft und weiten unser Aktionsgebiet etwas aus, oder wir bauen mit der Mannschaft ab. Und da haben wir gesagt: Wir probieren es einmal in München auf der Messe, und das hat dann recht gut geklappt" (Handwerkerinterview H9).

Einzelne Betriebe wiederum versuchen, im Zuge einer **Produktentwicklungsstrategie** ihren Marktanteil auf den angestammten Märkten mit Hilfe von Innovationen,

5 Anpassungsdruck und Anpassungsstrategien des ostbayerischen Handwerks

Produktweiterentwicklungen und dem Anbieten zusätzlicher, kundenorientierter Dienstleistungen zu erhöhen. Das kleinbetrieblich strukturierte Handwerk profitiert hierbei von seiner Flexibilität und Kundennähe, hat aber bei einer Veränderung des eigenen Leistungsangebots das Risiko einer Vernachlässigung des bisherigen Kundenstamms zu berücksichtigen. Die strategische Orientierung mancher Betriebe in Richtung Produktentwicklung bestätigt den Trend zur zunehmenden Ausrichtung des Handwerks auf servo-gewerbliche Aktivitäten, die durch die Verbindung von Sachgüterproduktion und Dienstleistungen im Zuge einer kundenindividuellen Problemlösung gekennzeichnet sind (vgl. Kapitel 1.2.2)[262].

Schließlich wählt eine kleine Anzahl von Betrieben die **Diversifikation** als strategische Stoßrichtung und kombiniert damit die Zielsetzungen von Marktentwicklung und Produktentwicklung. Mit Hilfe neuer bzw. weiterentwickelter Leistungsangebote wird versucht, zusätzliche Kundengruppen oder Absatzregionen zu erschließen. Obwohl diese Strategie in der Literatur aufgrund ihrer Ressourcenintensität als sehr anspruchsvoll für kleinbetrieblich strukturierte Unternehmen eingeschätzt wird (vgl. FRÖHLICH/PICHLER 1988: 106), zeigen sich die untersuchten Handwerksbetriebe, die einer Diversifikationsstrategie folgen, den erhöhten Anforderungen durchaus gewachsen. Allerdings kann diese strategische Stoßrichtung nicht auf die Mehrzahl der „klassischen" Handwerksbetriebe übertragen und diesen unreflektiert empfohlen werden, da sie erhöhte Anforderungen an Unternehmensführung und Mitarbeiterqualifikation stellt. So sind die erfolgreich diversifizierenden Handwerksunternehmen des Untersuchungspanels allesamt durch ingenieurwissenschaftliches Know-how gekennzeichnet.

Abschließend wird eine differenzierende Analyse der verfolgten strategischen Grundausrichtungen nach PORTER bzw. ANSOFF anhand der handwerksspezifischen Betriebstypologie sowie der Branchenzugehörigkeit vorgenommen. Die Untersuchung der strategischen Grundausrichtung nach **PORTER** zeigt dabei folgende Zusammenhänge:

---

[262] Gerade im Handwerksbereich stellt sich hierbei das Problem fließender Übergänge zwischen Marktentwicklung und Produktentwicklung. Die Abgrenzung zwischen der kundenspezifischen Anpassung einer unveränderten Leistung und einer Produkt-/Leistungsweiterentwicklung – etwa durch das Angebot ergänzender Dienstleistungen – ist mitunter schwierig. Daher bewegt sich auch die für den Handwerksbereich charakteristische Ausrichtung auf kundenindividuelle Problemlösungen häufig in einem Spannungsfeld zwischen Marktentwicklung und Produktentwicklung.

- Die als wenig handwerksgeeignet eingestufte Strategie der Kostenführerschaft wird ausschließlich von Betriebstypen des konservativen Traditionsbetriebs sowie des industrieähnlichen Mittel- bzw. Großbetriebs verfolgt.
- Handwerksunternehmen, die eine Nischenstrategie verfolgen, sind überwiegend dem wachstumsorientierten Typus des überregionalen Spezialanbieters (oder einem verwandten Mischtyp) zuzuordnen[263].
- Alle Betriebe des Untersuchungspanels, die eine Kostenführerstrategie verfolgen, sind dem Bauhandwerk zuzuordnen. Diese Betriebe versuchen, mit Kostensenkungsprogrammen auf den Preiswettbewerb mit (zumeist großbetrieblichen) Konkurrenzbetrieben zu reagieren.
- Das Nahrungsmittelhandwerk ist durch die Dominanz von Differenzierungsstrategien – zumeist auf Grundlage traditioneller Herstellungsverfahren und qualitativ hochwertiger Produktideen – geprägt.
- Im Ausbaubereich sind neben Handwerksunternehmen, die Nischenstrategien bzw. Differenzierungsstrategien verfolgen, auch mehrere Betriebe, die keiner der Wettbewerbsstrategien zugeordnet werden können, anzutreffen.

Auch die Untersuchung der strategischen Grundausrichtung nach **ANSOFF** zeigt im Hinblick auf Betriebstypen und Handwerksbereiche aufschlussreiche Zusammenhänge:

- Betriebe, die eine Marktdurchdringungsstrategie verfolgen, sind überwiegend dem Betriebstypus des konservativen Traditionsbetriebs zuzuordnen.
- Die strategischen Stoßrichtungen der Marktentwicklung sowie der Diversifikation werden überwiegend von Handwerksunternehmen gewählt, die dem wachstumsorientierten Typus des überregionalen Spezialanbieters (oder einem verwandten Mischtypus) entsprechen.
- Im Baugewerbe wird überwiegend die Strategie der Marktdurchdringung verfolgt.
- Im Ausbauhandwerk folgen die Betriebe überwiegend den ambitionierteren strategischen Stoßrichtungen der Marktentwicklung oder Diversifikation.
- Im Nahrungsmittelhandwerk verfolgt die Mehrzahl der untersuchten Betriebe eine Strategie der Marktdurchdringung oder Produktentwicklung.

---

[263] Hierbei ist zu berücksichtigen, dass der Zusammenhang zwischen Betriebstypus und strategischer Grundausrichtung nach PORTER auch aus den Erklärungsbestandteilen der handwerksspezifischen Betriebstypologie folgt. Die Klassifizierung der analysierten Handwerksunternehmen in fünf Betriebstypen erfolgte (auch) auf Grundlage der Bandbreite des Leistungsspektrums sowie der Überregionalität des Absatzraums. Allerdings ist die Betriebstypologie ausschließlich handwerksorientiert, während die Klassifizierung nach PORTER für sämtliche Arten von Unternehmen angewendet werden kann.

5 Anpassungsdruck und Anpassungsstrategien des ostbayerischen Handwerks

Abschließend ist darauf hinzuweisen, dass ein Vergleich der Zuordnungen der Betriebe zu den Kategorien nach PORTER sowie nach ANSOFF keine darüber hinaus gehenden Muster oder Strukturen von Zusammenhängen oder gleichgerichteten Aussagen beider Typisierungen erkennen lässt.

5.3.2 Konkrete Strategieansätze zur Behebung handwerkstypischer Defizite

Im Theorieteil dieser Arbeit wurden vier konkrete Strategieansätze vorgestellt, die geeignet erscheinen, angesichts des Anpassungsdrucks im Grenzraum zu einer Überwindung handwerkstypischer Defizite und damit zu einer Verbesserung der handwerklichen Wettbewerbsfähigkeit beizutragen (vgl. Kapitel 3.3.2). Nachfolgend ist nun herauszuarbeiten, inwieweit Verlauf und Umsetzung der tatsächlichen Anpassungshandlungen der untersuchten Handwerksbetriebe diesen idealtypischen Strategieansätzen entsprechen und welche Wechselwirkungen zu den unternehmensinternen Einflussfaktoren bestehen.

5.3.2.1 Marktorientierung des grenznahen Handwerks

In der Handwerksliteratur wird häufig thematisiert, dass Handwerksbetriebe strukturelle Schwächen im Hinblick auf Absatzorientierung und Marktbewusstsein aufweisen (vgl. SCHWARZ 1998: 45f.; ZDH 1998: 69f.). Die Analyse der durchgeführten Fallstudien kann diesen Eindruck nur teilweise bestätigen. So zeigt sich, dass die Mehrzahl der interviewten Entscheidungsträger Vertrieb und Absatz als wesentlichem Teilbereich handwerklicher Unternehmensführung durchaus Bedeutung beimisst. Grundlage der Marktorientierung der betrachteten Unternehmen ist dabei die kontinuierliche **Kontaktpflege** mit dem vorhandenen Kundenstamm. Diese gilt häufig als „Chefsache" und basiert auf langjährigen persönlichen Beziehungen zwischen Handwerker und Kunde.

> „Ich habe es schon immer als Allerwichtigstes angesehen, dass der Kunde weiß, dass ich ihn sehe. (...) Unser Geschäft beruht auf Persönlichkeit, das machen manche verkehrt, die brauchen auch nicht zu jammern. (...) Ich habe immer den Kopf ein bisschen im Laden, dann gehe ich schnell raus, sage zwei, drei Worte, und dann passt es wieder. (...) Das ist die billigste und effektivste Werbung" (Handwerkerinterview H21).

Die Pflege der Kundenbeziehungen ist zumeist nicht formalisiert bzw. systematisiert, sondern beruht auf der individuellen Ausgestaltung der Unternehmerrolle durch den Betriebsinhaber. Nur vereinzelt betreiben Betriebe ein formalisiertes, EDV-gestütztes Kundenmanagement, das die regelmäßige Durchführung und Auswertung von Kundenbefragungen, den Aufbau eines systematischen Reklamationsmanagements u.ä. umfasst.

Neben dem Kontakt zum Kundenstamm ist insbesondere im Bau- und Ausbaubereich auch der Kontakt zu Auftragsmittlern von großer Bedeutung. Durch ein eng geknüpftes persönliches Netzwerk zu Intermediären, insbesondere Architekten, können Handwerksbetriebe ihre Kostennachteile gegenüber Großbetrieben mindern. Die Ausführungen eines grenznahen Ausbauhandwerkers zeigen, dass dabei die Grenzen bloßer Zusammenarbeit mitunter überschritten werden:

„30-35% unserer Aufträge erfolgen aus Architektenbeziehungen, und wenn sie aus solchen Beziehungen erfolgen, dann habe ich meistens die Ausschreibung mit kreiert. (...) Der Architekt bekommt Geld für seine Leistung, und umso reibungsloser sein Objekt abgewickelt wird, umso weniger eigene Arbeit er an Überwachung, Schadensbeseitigung usw. hineinsteckt, umso mehr erhöht er seine Rendite. (...) Das ist dann, sagen wir mal symbiotisch – er kommt weiter, ich komme weiter" (Handwerkerinterview H26).

Die **Gewinnung zusätzlicher Kunden** ist neben der Pflege bestehender Kundenbeziehungen und Netzwerke der zweite Kernbereich einer marktorientierten Unternehmensführung im Handwerk. Die Auswertung der Fallstudien unterstreicht dabei die herausragende Bedeutung von „Mund-zu-Mund"-Propaganda und gutem Ruf als wichtigstem Marketinginstrument handwerklicher Neukundengewinnung. Ein grenznaher Bauhandwerker beschreibt den angestrebten Idealzustand:

„Wenn die einen Gedanken verschwenden an eine Dachsanierung oder an einen Neubau, dann muss bei ihnen im Zusammenhang „Dach" oder sonst etwas mit diesem Gewerk sofort der Name (...) kommen" (Handwerkerinterview H25).

Qualität der Leistungserstellung, Service und Kundenorientierung gelten als Grundlage erfolgreicher „Mund-zu-Mund"-Propaganda. Besonders wichtig für Handwerkskunden sind nach Einschätzung der interviewten Entscheidungsträger Pünktlichkeit, Schnelligkeit der Auftragserledigung, Erreichbarkeit und die Bereitschaft, auch nach Feierabend und am Wochenende den Kundenwünschen nachzukommen[264]. Die Be-

---

[264] Allerdings zeigten sich schon bei der Vereinbarung der Termine für Handwerkerinterview bzw. Betriebsbesichtigung große Unterschiede in der tatsächlichen Erreichbarkeit und Serviceorientierung der befragten Betriebe.

5 Anpassungsdruck und Anpassungsstrategien des ostbayerischen Handwerks

sichtigung der Betriebsräume der untersuchten Unternehmen zeigte, dass viele Betriebe ihre Produkte bzw. Leistungen bewerten lassen und errungene Qualitätsauszeichnungen für Kunden und Besucher sichtbar im Laden bzw. in der Werkstatt platzieren. Werbung über Printmedien oder das Internet hingegen wird nur von wenigen Entscheidungsträgern als sinnvoll erachtet. Auch Sponsoringaktivitäten, Sonderaktionen wie die Durchführung verkaufsoffener Sonntage sowie Direktmailings erfolgen nur vereinzelt. Mitunter wird über negative Erfahrungen mit klassischem Marketing berichtet.

„Wir haben letztes Jahr sehr viel Zeitungswerbung gemacht, ein richtiges Marketingkonzept zusammenstellen lassen (...) mit mehreren themenbezogenen Anzeigen. Wir haben das ein viertel Jahr durchgezogen und dann festgestellt, dass es uns nur Geld kostet und nichts bringt und sind dann komplett davon weggegangen" (Handwerkerinterview H18).

Auch die kontinuierliche **Marktbeobachtung** über Messebesuche, Lektüre von Fachzeitschriften oder Durchführung von Fachgesprächen mit Lieferanten ist ein wichtiger Bestandteil marktorientierter Unternehmensführung[265]. Fast alle untersuchten Betriebe besuchen die für ihre Branche relevanten Leitmessen, manche Handwerksbetriebe sind auch als Aussteller vertreten.

„Messen sind auf der einen Seite sehr wichtig, um den Bekanntheitsgrad der Firma zu erweitern. Zum anderen ist es auch ein Treffpunkt vieler Kunden, (...) mit denen man dann vor Ort Probleme oder Anregungen besprechen kann. (...) Früher war vielleicht die Neukundenwerbung wichtig, in der heutigen Zeit eher nicht. Es ist eher Information: Was machen die Mitbewerber? (...) Was gibt es Neues am Markt? Welche Anregungen findet man für den eigenen Betrieb?" (Handwerkerinterview H2).

Kontinuierliche Marktbeobachtung und bewusste Kundennähe geben dem Handwerk die Möglichkeit, zusätzliche Marktchancen besser zu erkennen. Übergeordnete Markt- bzw. Nachfragetrends wie das zunehmende Ökologiebewusstsein in der Bevölkerung oder die veränderten Essgewohnheiten eröffnen Marktlücken, die von manchen Handwerksbetrieben konsequent besetzt werden. Ein Beispiel hierfür ist der Rückgriff auf traditionelle Herstellungsverfahren oder die konsequente Ausrichtung auf regionale Spezialitäten im Nahrungsmittelgewerbe. Einzelne Betriebe im Untersuchungspanel konnten auf diesem Weg für ihren Betrieb ein zweites Standbein – etwa im Bereich

---

[265] Vgl. hierzu MÜLLER 2006, der anhand einer aktuellen empirischen Untersuchung das Messeverhalten von Handwerksbetrieben untersucht.

Spezialitätenproduktion oder durch Herstellung und Lieferung warmer Mahlzeiten – auf- bzw. ausbauen. Gerade in Anbetracht des Strukturwandels im Handwerk und der zunehmenden Konkurrenz durch preisgünstige Betriebe aus den MOEL wird das konsequente Erkennen und Nutzen von kundenspezifischen Marktchancen als geeigneter Weg erkannt, sich im Wettbewerb zu behaupten.

Dabei stellt eine konsequente Kundenorientierung die Handwerksbetriebe immer wieder vor neue Herausforderungen. Im Nahrungsmittelgewerbe sind regelmäßige Sortimentsanpassungen an den Kundengeschmack üblich. Ein grenznaher Fleischermeister verbindet dabei Kundennähe und kaufmännische Überlegungen:

"Es gibt immer wieder einen Wechsel. Wenn man bei der Auswertung vom Betriebswirtschaftlichen ausgeht, dann gibt es eine sogenannte Renner- und Pennerliste, wobei man nie einen Renner aus dem Programm schmeißen wird, sondern eher einen Artikel, der eben nicht so nachgefragt wird. Und dann versucht man, diesen Artikel immer wieder einmal mit etwas Neuem zu ersetzen. Manchmal gelingt es einem gut, manchmal weniger, es ist immer ein Experimentieren" (Handwerkerinterview H14).

Im Ausbauhandwerk wiederum werden individuelle Maßanfertigungen, Unterstützung bei Behördengängen und die Abstimmung mit anderen Handwerkern zur Lieferung umfassender Komplettlösungen aus einer Hand vom Handwerker erwartet. Die Mehrzahl der untersuchten Ausbaubetriebe stellt sich aktiv den gestiegenen Kundenanforderungen und versucht, sich durch möglichst umfassenden Service von den Wettbewerbern abzuheben. Auch die Bereitschaft, bei der Umsetzung außergewöhnlicher Kundenwünsche neue Wege zu beschreiten, ist Teil der konsequenten Kundenorientierung einzelner Betriebe. Die besondere Wettbewerbssituation im bayerisch-tschechischen Grenzraum legt auch den Ausbaubetrieben nahe, sich über besondere Kunden- und Serviceorientierung gegenüber der zunehmenden kostengünstigen Konkurrenz aus den MOEL zu positionieren.

Die durchgeführten Fallstudien konnten nicht bestätigen, dass das „durchschnittliche Handwerksunternehmen" durch mangelhafte Marktorientierung gekennzeichnet ist. Dennoch gibt es einzelne Entscheidungsträger, die für sich keinerlei Notwendigkeit sehen, durch zielgerichtete Marketingaktivitäten zusätzliche Aufträge zu generieren. Sie beschränken sich auf eine zufriedenstellende Auftragserfüllung und hoffen auf positive „Mund-zu-Mund"-Propaganda.

„Meine ganzen Aufträge kommen alleine durch die Mundpropaganda, da habe ich es noch nicht nötig, dass ich überhaupt Werbung mache. Deswe-

5 Anpassungsdruck und Anpassungsstrategien des ostbayerischen Handwerks

gen käme es mir auch nicht in den Sinn, dass ich mir die Arbeit mache und schreibe meine Kunden an oder setze mich mit denen in Verbindung. Die kommen schon zu mir!" (Handwerkerinterview H10).

Eine differenzierende Betrachtung der Markt- und Absatzorientierung der untersuchten Handwerksbetriebe zeigt, dass die handwerksspezifischen Betriebstypen hierfür nur geringen Erklärungsgehalt besitzen. Sowohl bei denjenigen Betrieben, die durch eine besonders geringe Marktorientierung gekennzeichnet sind, als auch bei den besonders marktorientierten Handwerksunternehmen finden sich viele unterschiedliche handwerkliche Betriebstypen. Hingegen zeigt eine Differenzierung anhand der **Unternehmertypisierung** nach KIRSCH, dass Handwerksunternehmen, die durch eine hohe Markt- und Kundenorientierung gekennzeichnet sind, häufig vom Unternehmertyp des Architekten geführt werden, der durch die regelmäßige Analyse seiner Geschäftsbereiche und eine ausgeprägte Wachstumsorientierung gekennzeichnet ist.

Eine **branchenorientierte** Betrachtung kommt zu dem Ergebnis, dass besonders Nahrungsmittelhandwerker umfangreiche kundenorientierte Aktivitäten durchführen und überdurchschnittlich stark marktorientiert agieren[266]. Im Gegensatz dazu sind die meisten der untersuchten Bauhandwerker durch eine eher begrenzte Marktorientierung gekennzeichnet und begnügen sich zumeist mit solider Auftragsbearbeitung und Aufrechterhaltung bestehender Kundenbeziehungen. Eine Analyse der Marktorientierung der Handwerksbetriebe anhand ihres **Informationsverhaltens** schließlich zeigt, dass Betriebe mit einem professionellen und systematischen Informationswesen aktiver Kundenbindung, Kundenakquise und Marktbeobachtung insgesamt größere Bedeutung beimessen. Aktive und zielgerichtete Informationsgewinnung bzw. -verarbeitung erleichtert es ihnen, bestehende oder potenzielle Kunden zielgerichtet anzusprechen und marktrelevante Entwicklungen aufmerksam zu verfolgen. Die regelmäßige Nutzung und Auswertung externer Informationsquellen – insbesondere Fachzeitschriften bzw. Informationsangebote von Innungen, Verbänden oder Kammern – erweist sich als wichtige Voraussetzung für eine marktorientierte Ausrichtung des Unternehmens.

---

[266] Beispiele für die marktorientierte Ausrichtung des Nahrungsmittelgewerbes sind die regelmäßige Durchführung von lokalen Veranstaltungen, Festivitäten und Aktionswochen sowie die persönliche Belieferung von Stammkunden durch den Betriebsinhaber.

5.3.2.2 Unternehmens- und Personalführung des grenznahen Handwerks

Zahlreiche Beiträge aus der handwerkswissenschaftlichen Literatur bemängeln Defizite in der handwerklichen Unternehmens- und Personalführung (vgl. ZDROWOMYSLAW/DÜRIG 1999: 14; ZDH 1998: 102ff.). Demnach seien Aufgabenverteilung und Betriebsorganisation sowie Motivation und Qualifikation der Mitarbeiter im Handwerksbereich häufig verbesserungswürdig. Die Analyse der durchgeführten Fallstudien zeigt zunächst, dass in vielen Betrieben im Hinblick auf die Unternehmensführung noch immer der patriarchalische **Führungsstil** dominiert. Während dies einerseits ausgeprägte Hierarchien und eine traditionelle Rollenverteilung impliziert, kommt darin andererseits auch die besondere Fürsorge des Handwerkers für seine Mitarbeiter und das besondere soziale Umfeld eines Handwerksbetriebs zum Ausdruck. Ein grenznaher Bauhandwerker beschreibt die Bandbreite seiner Tätigkeit als Betriebsinhaber:

> „Ich bin Mädchen für alles. Das macht viel Spaß, weil – wie gesagt – man kriegt mehr oder weniger alles mit. Das geht dann vom Personalchef bis zum Betriebspsychologen. (...) Wenn jetzt einer Probleme mit seiner Frau hat, dann hört man sich das auch an und guckt, dass man eine Lösung findet" (Handwerkerinterview H25).

Im Hinblick auf die **Organisationsstruktur** profitieren Handwerksunternehmen von ihrer zumeist geringen Mitarbeiterzahl, die nach Einschätzung der interviewten Entscheidungsträger die Verteilung der Aufgaben und die Selbstorganisation im Betrieb erleichtert. Manche der untersuchten Betriebe sind dadurch gekennzeichnet, dass angestellte Meister und Gesellen als Leiter von auftragsbezogen zusammengesetzten Projektteams volle Projektverantwortung tragen. Einer der untersuchten Ausbaubetriebe geht noch einen Schritt weiter und bezahlt die Mitarbeiter der unterschiedlichen Projektteams outputabhängig, sofern die Art der Auftragsgestaltung dies zulässt[267]. Die Nutzung der Vorteile, die aus der kleinbetrieblichen Struktur des Handwerks resultieren, hängt dabei stets vom Betriebsinhaber und seiner Art der Unternehmensführung ab.

> „Die Eigenverantwortlichkeit bei unseren Mitarbeitern ist sehr hoch, d.h. ich greife da relativ wenig ein. Außer sie kommen zu mir und fragen ganz konkret: Da steht es jetzt an, da brauche ich eine Entscheidung! Das Ganze

---

[267] Zum Einsatz flexibler Entgeltsysteme als Personalführungsinstrument im Handwerk vgl. BURGER (2005: 66ff.).

5 Anpassungsdruck und Anpassungsstrategien des ostbayerischen Handwerks

muss natürlich vorbereitet werden, das ist meine Hauptaufgabe neben der Kundenbetreuung. (...) In erster Linie geht es um organisatorische Sachen, d.h. dass alles so weit vorbereitet ist, dass die Mitarbeiter selbst entscheiden können. Dass alles am Laufen bleibt, das ist meine Hauptaufgabe" (Handwerkerinterview H16).

Die empirische Untersuchung bestätigt, dass in zahlreichen Betrieben der Entscheidungsträger (zu) viele operative Aufgaben selbst erledigt. Häufig ist eine Diskrepanz zwischen der Erkenntnis dieses Missverhältnisses und seiner Behebung zu beobachten, zumal viele Betriebsinhaber die Bedeutung von Führungsaufgaben und Informationswesen durchaus betonen. Dennoch wird beispielsweise das kontinuierliche Wissen um die finanzielle Situation des eigenen Betriebs, das Voraussetzung für eine zeitnahe Reaktion auf eventuelle Fehlentwicklungen ist, nur von wenigen Betriebsinhabern als Kernbereich ihrer Unternehmensführung betrachtet. Ein grenznaher Nahrungsmittelhandwerker beschreibt das Spannungsfeld, in dem sich handwerkliche Entscheidungsträger im Hinblick auf ihre Betriebsführung bewegen:

„Manche forcieren die Arbeit und meinen, nur mit der Arbeit geht das und verlieren dann den Überblick über die Kostenstruktur. Und die anderen jagen nur den Kosten nach (...) und da leidet wieder die Qualität" (Handwerkerinterview H24).

Die im Anschluss an die Handwerkerinterviews durchgeführten Betriebsbesichtigungen bestätigten signifikante Unterschiede in der Organisation der betrieblichen Abläufe. Während in einzelnen Betrieben die Arbeitsabläufe selbstorganisiert und gleichsam automatisch abliefen, erschien die Aufgabenverteilung in anderen Werkstätten bzw. Produktionsstätten als unzureichend organisiert. In diesen Unternehmen wurden das Interview bzw. die Betriebsbesichtigung mehrfach durch „Notfälle" unterbrochen, die vom Handwerksmeister gelöst werden mussten. Eine ausufernde „Zettelwirtschaft" ohne erkennbares übergeordnetes System unterstrich den Eindruck einer mangelhaften Betriebsorganisation.

Gerade im Handwerksbereich sind häufig Familienbetriebe anzutreffen, in denen verschiedene Familienmitglieder Aufgaben der Unternehmensführung übernehmen. Die Analyse der durchgeführten Fallstudien zeigt, dass gerade in solchen Handwerksunternehmen eine klare und eindeutige Trennung der Aufgaben und Verantwortlichkeiten innerhalb der Inhaberfamilie von großer Bedeutung ist, aber leider nicht immer optimal gelingt.

Anpassungsdruck und Anpassungsstrategien des grenznahen Handwerks angesichts veränderter Wettbewerbsbedingungen im Zuge der EU-Erweiterung 2004

Im Hinblick auf die **Mitarbeitermotivation** profitiert das Handwerk von seiner eher kleinbetrieblichen Struktur. Charakteristisch für die Mehrzahl der betrachteten Handwerksunternehmen ist eine weitgehende Kontinuität der Mitarbeiterentwicklung, die in einer geringen Fluktuation selbst in Wachstums- und Rezessionsphasen zum Ausdruck kommt. Die Analyse der durchgeführten Fallstudien zeigt dabei, dass sich lange Betriebszugehörigkeiten und ein gutes Betriebsklima wechselseitig verstärken. Die von manchen handwerklichen Entscheidungsträgern vorbildlich praktizierte Einbindung der Mitarbeiter in betriebliche Prozesse und Entscheidungen verstärkt die Identifikation mit dem Arbeitgeber. Durch kleine Gesten und Maßnahmen wie gemeinsame Messebesuche mit den Mitarbeitern oder Weitergabe und betriebsinterne Bekanntmachung von Kundenlob wird versucht, einen Beitrag zur Mitarbeitermotivation zu leisten.

Die Mehrzahl der interviewten Handwerker betont die Wichtigkeit des betrieblichen **Humankapitals**. In fast allen Betrieben werden Lehrlinge ausgebildet und Weiterbildungsmaßnahmen in Form interner Schulungen, externer Seminare usw. durchgeführt. Daneben kommt auch der Übernahme und Bearbeitung neuartiger Aufträge große Bedeutung für den innerbetrieblichen Know-how-Aufbau zu. Ein grenznaher Nahrungsmittelhandwerker betont den engen Zusammenhang zwischen der langfristigen Know-how-Vermittlung an die Mitarbeiter und der eigenen, qualitätsorientierten Betriebsphilosophie:

> „Es hat sich bei uns in einer sehr gewachsenen Struktur entwickelt. Ich sagte Ihnen ja vorhin, dass wir im Moment fünf Auszubildende haben, dass wir die Leute eigens ausbilden, dass wir sie im Betrieb halten wollen, dass sie auch ihre Gesellenjahre hier verbringen, dass sie schon von den ersten Tagen an (...) mit den Rezepturen und mit der Herstellungsweise vertraut sind. (...) Wir legen sehr viel Wert auf eigene Ausbildung der Leute (...) und dieses Gelebte, das wir über Jahre und Jahrzehnte bei uns im Betrieb weitervermitteln vom Großvater über den Vater zum Bruder zu den Angestellten, das ist für uns eigentlich das größte Gut, das wir haben" (Handwerkerinterview H6).

Für hochspezialisierte Handwerksbetriebe im Bau- und Ausbaubereich ist die kontinuierliche Weiterbildung der Mitarbeiter besonders bedeutsam. Sie stellt eine Voraussetzung dafür dar, dass die Fähigkeit zur Erbringung bestimmter Leistungen zertifiziert und damit das Anbieten dieser Leistung erst ermöglicht wird. Mehrere Betriebsinhaber betonen in diesem Zusammenhang, dass das Finden und Halten qualifizierter Mitarbeiter eine große Herausforderung für ihr Unternehmen darstellt. Gerade bei spe-

5 Anpassungsdruck und Anpassungsstrategien des ostbayerischen Handwerks

zialisierten Betrieben ist das Know-how häufig bei wenigen altgedienten Schlüsselmitarbeitern konzentriert, die kaum zu ersetzen sind. Einzelne Entscheidungsträger versuchen daher bewusst, in ihrem Betrieb flexibel einsetzbare Generalisten heranzubilden, die sich bei der Bearbeitung der verschiedenen Aufgabenbereiche wechselseitig ersetzen können. Auf diese Weise wird auch beim Ausscheiden wichtiger Mitarbeiter die Weitergabe des im Betrieb vorhandenen Humankapitals erleichtert. Ein grenznaher Bäckermeister beschreibt, wie er versucht, Betriebsstruktur und Know-how-Transfer zu optimieren:

„Die Struktur im Betrieb wird bei uns so gehalten: Die Älteren sind jetzt so 50, 52, die nächsten dann so 35, dann 23, so dass immer von unten die Jungen eingebaut werden. (...) Dann profitieren die Jüngeren auch vom Wissen der Älteren, und das hat sich als sehr positiv herausgestellt, so dass das (...) in der Backstube vom Wissen, vom Umsetzen, vom Zusammenarbeiten her ideal ist" (Handwerkerinterview H24).

Nur in Einzelfällen ist das dem kontinuierlichen Humankapitalaufbau entgegengesetzte Phänomen sichtbar, dass nämlich der Betriebsinhaber mit Hilfe einer weitgehenden Technisierung der Abläufe und einer konsequenten Ersetzung von Fachkräften durch Aushilfskräfte oder Lehrlinge das betriebliche Know-how bewusst bei sich monopolisiert. In diesen Betrieben sind die Arbeitsabläufe nach Einschätzung der Inhaber durch wenig humankapitalintensive Routinetätigkeiten bestimmt, so dass man glaubt, auf Schulungen, Weiterbildungen und die Partizipation der Mitarbeiter verzichten zu können.

Die Nutzung des tschechischen Arbeitskräfteangebots durch grenznahe ostbayerische Handwerksbetriebe stellt bei den untersuchten Betrieben bislang eher eine Ausnahme dar[268]. Die wenigen Handwerksunternehmen jedoch, die tschechische Mitarbeiter beschäftigten oder beschäftigen, äußern sich durchweg positiv über deren Motivation und Qualifikation.

Eine differenzierende Betrachtung der Personal- und Unternehmensführung der untersuchten Handwerksbetriebe anhand ihrer Zugehörigkeit zu den handwerksspezifischen **Betriebstypen** zeigt, dass insbesondere überregionale Spezialanbieter bzw. verwandte Mischtypen dadurch gekennzeichnet sind, dass sie Personalführung und Betriebsorganisation große Bedeutung beimessen und die Qualifikation und Motivati-

---

[268] Hier ist darauf hinzuweisen, dass die Möglichkeiten einer Beschäftigung tschechischer Arbeitskräfte nach wie vor durch die Übergangsregelungen zur Arbeitnehmerfreizügigkeit beschränkt werden.

on ihrer Mitarbeiter als wichtige strategische Ressource begreifen. Eine Differenzierung der Ergebnisse anhand der **Unternehmertypologie** nach KIRSCH bestätigt, dass Entscheidungsträger, die den wachstums- und innovationsorientierten Unternehmertypen des Architekten, des Prospektors und des Innovators zuzuordnen sind, in ihrer Mehrzahl ebenfalls durch effiziente Betriebsorganisation und vorausschauende Personalführung gekennzeichnet sind.

Auch das **Entscheidungsverhalten** übt einen großen Einfluss auf die Qualität der Unternehmens- und Personalführung aus. Die Analyse der durchgeführten Fallstudien zeigt dabei, dass sich insbesondere Betriebsinhaber, die (leitende) Mitarbeiter, Familienmitglieder und externe Berater in ihre Entscheidungsfindung miteinbeziehen, durch effizientere Betriebsorganisation und Unternehmensführung auszeichnen. Betriebsinhaber mit autoritärem Führungsstil, der mit einer weitreichenden Zentralisierung sämtlicher betrieblicher Entscheidungen beim Inhaber einhergeht, sind hingegen durch eine unzeitgemäße Betriebsorganisation und eine wenig effiziente Personalführung gekennzeichnet.

Abschließend ist auf den engen Zusammenhang zwischen einem aktiven **Informationsverhalten** und der Qualität von Betriebsorganisation und Personalführung hinzuweisen. Unternehmen mit systematischer Informationsgewinnung und -verarbeitung messen Personalführung und Betriebsorganisation eher die nötige Bedeutung bei als Unternehmen mit Informationsdefiziten. Der verbesserte Kenntnisstand über unternehmensrelevante Parameter erhöht offensichtlich das Verständnis der Entscheidungsträger für die Bedeutung von Mitarbeitermotivation und -qualifikation.

5.3.2.3 Grenzüberschreitende Geschäftstätigkeit des grenznahen Handwerks

Auch die zu geringe internationale Ausrichtung von Handwerksunternehmen und das bei weitem nicht ausgeschöpfte Außenwirtschaftspotenzial werden von Handwerksforschung und Handwerksorganisation bemängelt (vgl. MÜLLER 2004: 7). Die Analyse der grenzüberschreitenden Geschäftstätigkeit der untersuchten ostbayerischen Handwerksbetriebe unterstreicht, dass die Auslandstätigkeit trotz Grenznähe insgesamt nur gering ausgeprägt ist. Für die Beobachtung einer handwerkswissenschaftlichen Studie, dass der Auslandsumsatz des Handwerks in Grenzregionen deutlich höher ist als derjenige des Handwerks im Binnenland (vgl. MÜLLER 1997: 11ff.), konnten im

Untersuchungspanel keine Anhaltspunkte gefunden werden[269]. Die interviewten Entscheidungsträger teilen sich in zwei Gruppen mit stark gegensätzlicher Haltung zu Auslandsmärkten bzw. zur Geschäftstätigkeit im Nachbarland Tschechien. Während die Mehrzahl der Betriebsinhaber bewusst auf Auslandsaktivitäten verzichtet und kein konkretes Interesse am tschechischen Markt zeigt, ist etwa ein Drittel der befragten Handwerker sehr interessiert am Auslandsgeschäft, insbesondere an der Erschließung des Absatzmarkts Tschechien bzw. an der Vertiefung der dorthin bereits bestehenden Verbindungen.

Das **geringe Interesse** an einer grenzüberschreitenden Geschäftstätigkeit wird häufig mit dem geringen Absatzpotenzial im direkten Grenzraum, der schlechten Verkehrsanbindung und insbesondere dem großen Preisgefälle gegenüber der tschechischen Konkurrenz begründet. Daneben werden auch die Sprachbarriere, die geringe Kaufkraft tschechischer Kunden, der rasche technische Aufholprozess tschechischer Konkurrenzbetriebe und die persönliche Distanz gegenüber dem östlichen Nachbarland angeführt. Ein grenznaher Bauhandwerker beschreibt seine ablehnende Haltung:

„Damit haben wir uns eigentlich noch überhaupt nicht befasst. Aber das kommt für mich jetzt auch gefühlsmäßig – ohne dass ich mich da im Detail kundig gemacht hätte – momentan nicht in Frage" (Handwerkerinterview H11)[270].

Im Nahrungsmittelhandwerk verweisen die interviewten Entscheidungsträger zudem auf unterschiedliche Geschmacksgewohnheiten jenseits der Grenze, die etwa in der Nachfrage nach fetterem Essen zum Ausdruck kommen. Die langjährige Subventionierung des tschechischen Nahrungsmittelsektors im Zuge einer sozialistischen Wirtschaftspolitik wirke noch immer nach und stehe einer ausreichenden Nachfrage nach Qualitätsprodukten entgegen. Im Bau- und Ausbaubereich hingegen sind unterschiedliche technische Kennzeichnungen und Normen sowie die Furcht vor dem damit verbundenen bürokratischen Aufwand dafür verantwortlich, dass manche Betriebe von einer grenzüberschreitenden Leistungserbringung absehen. Dabei beruhen die negativen Einschätzungen der Betriebsinhaber im Hinblick auf eine grenzüberschreitende Leistungserbringung in Tschechien zumeist nicht auf eigener Erfahrung. Nur einer der

---

[269] Dies deckt sich mit der Einschätzung der Experten, wonach insbesondere Betriebe des Bau- und Ausbaugewerbes Marktchancen in Tschechien noch zu wenig wahrnehmen (vgl. Experteninterview E3).

[270] Auch DICHTL ET AL. (1983: 440f.) betonen, dass die Unternehmerpersönlichkeit eine wichtige Filterfunktion für die Aufnahme einer unternehmerischen Auslandstätigkeit ausübt.

untersuchten ostbayerischen Handwerksbetriebe hat selbst schlechte Erfahrungen in Tschechien gemacht[271].

In diesem Zusammenhang ist jedoch darauf hinzuweisen, dass eine Geschäftstätigkeit im Ausland nicht für jedes grenznahe Handwerksunternehmen eine sinnvolle Option darstellt. Vielmehr setzt die strategische Bearbeitung eines Auslandsmarktes voraus, dass bestimmte finanzielle und personelle Ressourcen vorhanden sind und der Betrieb über ein auslandsmarkttaugliches Produkt (bzw. eine auslandsmarkttaugliche Leistung) verfügt. Manche Handwerksunternehmen erfüllen schon aufgrund ihrer Betriebsgröße bzw. ihres Leistungsangebots diese Voraussetzungen nicht.

Etwa ein Drittel der befragten Betriebsinhaber bringt dem Absatzmarkt Tschechien hingegen **konkretes Interesse** entgegen oder ist bereits dort aktiv. Ein bereits seit mehreren Jahren auf dem tschechischen Markt tätiger Ausbauhandwerker betont die Wettbewerbsvorteile seines Betriebs gegenüber der Konkurrenz aus den MOEL:

„Vor vier Jahren haben wir in der Tschechei zu wirken begonnen. In der Tschechei ist unser Vorteil, dass wir von der Produktivität her ziemlich hoch liegen. Der Maschineneinsatz ist bei uns wesentlich höher als in Tschechien. Und durch die letzten Jahre, als es mit der bayerischen Bauwirtschaft (...) niedergegangen ist, haben wir eine schärfere Kostenstruktur, und das bringt Vorteile in Bezug auf die Flexibilität" (Handwerkerinterview H26).

Daneben betonen grenzüberschreitend tätige Handwerker auch die schnellere Angebotserstellung und Auftragsbearbeitung, die günstigeren Material- und Rohstoffpreise in Deutschland und den guten Ruf deutscher Handwerker als mögliche Wettbewerbsvorteile ihrer Betriebe. Gerade im Bau- und Ausbaugewerbe setzen manche Entscheidungsträger große Hoffnungen darauf, dass im Zuge des wirtschaftlichen Aufholprozesses zunehmend auch qualitätsorientierte Leistungen im Hochpreissegment nachgefragt werden. Dies gilt insbesondere für Handwerksunternehmen, die hochspezialisierte, technologiebasierte Leistungen anbieten[272]. Im Nahrungsmittelgewerbe sehen die handwerklichen Entscheidungsträger das Marktpotenzial in Tschechien eher für industrielle Großbetriebe, die dort Abpackware in großen Mengen preisgünstig

---

[271] Dieser Unternehmer beklagt einen nicht unwesentlichen Zahlungsausfall durch Konkurs seines damaligen tschechischen Auftraggebers.
[272] Dabei zeigt sich, dass gerade grenzüberschreitend orientierte Handwerksbetriebe die Einschränkungen der Dienstleistungsfreiheit im Rahmen der Übergangsregelungen zur EU-Erweiterung als Belastung empfinden.

fertigen und absetzen können. Qualitätsorientierte Betriebsinhaber hingegen befürchten eher, durch grenzüberschreitende Geschäftstätigkeit Richtung Tschechien ihre eigene Qualitätsstrategie zu unterlaufen.

Diejenigen Betriebe, die dem Absatzmarkt Tschechien konkretes Interesse entgegenbringen, sind entweder bereits grenzüberschreitend aktiv oder informieren sich auf verschiedenen Wegen umfassend über einen möglichen Markteintritt. Dabei wird häufig auf das Angebot der Handwerkskammern und Innungen zurückgegriffen. Im Mittelpunkt der Informationsaktivitäten stehen zumeist die Teilnahme an Unternehmerfahrten, der Besuch von Informationsveranstaltungen und der Austausch mit tschechischen oder in Tschechien aktiven Betrieben. Die EU-Erweiterung am 01.05.2004 wirkte dabei als Initialzündung oder zumindest Beschleuniger des Interesses grenznaher Betriebe am Nachbarmarkt Tschechien. Das gestiegene Interesse wird v.a. mit geringeren Transaktionskosten – etwa dem Abbau bürokratischer Hemmnisse im Zuge des EU-Beitritts – begründet.

„Ich sage Ihnen ein einfaches Beispiel: Wir beliefern auch einige Kunden in der Schweiz. Die Schweiz ist nicht EU-Mitglied, es ist jedes Mal ein wahnsinniger Aufwand an Formularen, an Zollabfertigung und Gebühren, bis man die Ware in der Schweiz hat. Und ich habe auch gar keine Lust mehr, in die Schweiz zu liefern, weil es einfach für uns als Kleinbetrieb viel zu aufwändig ist. (...) Ähnlich hat es sich auch in Tschechien verhalten, und dadurch, dass Tschechien jetzt EU-Mitglied ist und ich mit dem Lieferwagen rüberfahren kann (...) und sage: Ich schreibe Dir eine Rechnung, bezahle sie bitte, ist das eine ganz andere Sache" (Handwerkerinterview H6).

Dabei steht nicht in jedem Fall der Entschluss zum Markteintritt am Ende des Informationsprozesses. Vielmehr haben sich einzelne Handwerker nach umfassender Information über Marktchancen und -risiken dafür entschieden, mit einem Einstieg auf dem tschechischen Markt noch zu warten.

Diejenigen Handwerker, die bereits Erfahrungen mit tschechischen Geschäftspartnern haben, betonen bestimmte **Besonderheiten** im Hinblick auf Geschäftsumfeld und Mentalität. Insbesondere Geduld, das Bewusstsein für kulturelle Unterschiede und die Bereitschaft, (z.B. durch die Einstellung tschechischer Mitarbeiter) die Sprachbarriere zu überbrücken, werden als wesentliche Voraussetzungen für erfolgreiche grenzüberschreitende Geschäftsbeziehungen genannt. Im Hinblick auf die Kundenakquise wird die Wichtigkeit des persönlichen Zugangs zu tschechischen Unternehmernetzwerken betont:

„Es ist gut, wenn man einen tschechischen Kontakt hat, der schon eine Vertrauensbasis hat. (...) Über die privat geschaffenen Kontakte (...) da baue ich unheimlich schnell ein Vertrauensverhältnis und einen Vertrauensvorschuss auf, den ich nicht habe, wenn ich hingehe und sage: Ich bin der Estrichleger aus Deutschland und wir machen jetzt mal was. Das wächst langsam, aber stetig. (...) Die sprechen sich gut ab, kennst Du einen am Ort, kennst Du alle, und das ist dann eine Rundumwirkung. Und wenn der eine sagt: Das ist in Ordnung, was der macht, dann nimmt das der andere für bare Münze" (Handwerkerinterview H26).

Doch Tschechien ist für manche grenznahen Handwerker nicht nur als Absatzraum interessant. Einzelne Betriebsinhaber erwähnen daneben auch die Möglichkeit, mittelfristig Kosteneinsparungen durch die Beschäftigung tschechischer Facharbeiterteams im Rahmen von Werkverträgen oder durch die Verlagerung von Fertigungsschritten jenseits der Grenze zu realisieren[273]. Seitens der Nahrungsmittelhandwerker wird vereinzelt auch die Möglichkeit betont, durch tschechische Kundschaft – Durchreisende, Touristen oder bewusste Käufer ostbayerischer Spezialitäten – zusätzliches Ladengeschäft zu realisieren.

Die Formen grenzüberschreitender Tätigkeit der untersuchten Handwerksbetriebe beschränken sich bislang auf den Export von Waren bzw. Dienstleistungen. Dabei ist trotz der (für unmittelbare Nachbarländer) verhältnismäßig großen kulturellen Distanz noch keine Weiterentwicklung des Produkt- bzw. Leistungsangebots in Richtung einer Anpassung an die tschechischen Kunden zu beobachten. Die Erklärung hierfür liegt vermutlich darin, dass die (wenigen) grenzüberschreitenden Geschäftsbeziehungen der untersuchten Betriebe sich erst im Anfangsstadium befinden und eine kundenorientierte Differenzierung des Leistungsangebots erst im Zeitablauf erfolgen wird.

Eine differenzierende Betrachtung der grenzüberschreitenden Geschäftstätigkeit der untersuchten ostbayerischen Handwerksbetriebe anhand der handwerksspezifischen **Betriebstypologie** zeigt, dass überregionale Spezialanbieter häufiger als andere Betriebstypen Interesse am Absatzmarkt Tschechien haben oder bereits dort aktiv sind.

---

[273] Nach Experteneinschätzung geht mit unterschiedlichen Motiven einer grenzüberschreitenden Geschäftstätigkeit auch ein unterschiedlicher regionaler Schwerpunkt einher. Handwerksunternehmen mit eher kostenorientierten Motiven, die Teile ihrer Wertschöpfungskette auslagern oder die Beschaffungskosten senken wollen, konzentrieren ihre Aktivitäten demnach auf das unmittelbar angrenzende Westböhmen. Handwerksunternehmen mit eher absatzorientierten Motiven hingegen orientieren sich stärker in Richtung der kaufkraftstarken Ballungsräume wie Prag oder Pilsen (vgl. Experteninterview E2).

5 Anpassungsdruck und Anpassungsstrategien des ostbayerischen Handwerks

Wichtiger Einflussfaktor ist die Einzigartigkeit ihrer spezialisierten Leistungserbringung, die einer erfolgreichen Nachahmung im Zielland entgegensteht und somit den Wettbewerb mit den lokal ansässigen tschechischen Betrieben reduziert. Betriebe mit zweitem Standbein hingegen sind kaum an einer grenzüberschreitenden Geschäftstätigkeit interessiert, sondern konzentrieren sich auf ihren lokalen bzw. regionalen Markt. Handwerksunternehmen, die dem unter besonderem Anpassungsdruck stehenden Typus des industrieähnlichen Mittel- bzw. Großbetriebs zuzuordnen sind, sind am Auslandsmarkt Tschechien sehr interessiert bzw. dort bereits aktiv. Hier zeigen sich die betriebsgrößenbedingten Vorteile dieser Unternehmen, die aufgrund eines aktiven und professionellen Informationswesens sowie dem Vorhandensein personeller Kapazitäten einen grenzüberschreitenden Markteinstieg leichter vorbereiten bzw. durchführen können. Auch manche konservativen Traditionsbetriebe zeigen Interesse an grenzüberschreitenden Aktivitäten, während sich Einzelkämpferbetriebe auf ihren lokalen bzw. regionalen Markt konzentrieren.

Eine Differenzierung anhand der **STRATOS**-Unternehmerkategorisierung zeigt, dass gerade der Typus des Organisators, der über besondere unternehmerische Stärken im administrativ-durchführenden Bereich verfügt, auffallend häufig grenzüberschreitend tätig ist bzw. dies anstrebt. Entscheidungsträger, die ihre Unternehmensführung eher an kaufmännischen Gesichtspunkten als an handwerklicher Kreativität und technischem Know-how ausrichten, bringen Auslandsmärkten offensichtlich größeres Interesse entgegen[274].

Eine **branchenorientierte** Betrachtung wiederum zeigt, dass bislang ausschließlich Betriebe des Ausbauhandwerks in Tschechien tätig waren bzw. sind. Im Baugewerbe und im Nahrungsmittelhandwerk hingegen sind einzelne Entscheidungsträger anzutreffen, die großes Interesse an einer grenzüberschreitenden Geschäftstätigkeit bekunden, bislang aber noch nicht in Tschechien aktiv sind.

Der tatsächliche Standort des Betriebs und die räumliche Nähe zur Grenze liefern hingegen keinen eigenständigen Erkenntnisbeitrag im Hinblick auf die grenzüberschreitende Geschäftstätigkeit. Dieses Bild ändert sich, sobald man neben dem Unternehmensstandort der untersuchten Betriebe auch den **Absatzraum** in eine räumliche Betrachtung mit einbezieht. Betriebe, die überregional tätig sind, unternehmen dem-

---

[274] Eine Differenzierung anhand der Unternehmerkategorisierung nach KIRSCH liefert keinen zusätzlichen Erklärungswert im Hinblick auf die grenzüberschreitende Geschäftstätigkeit.

Anpassungsdruck und Anpassungsstrategien des grenznahen Handwerks angesichts veränderter Wettbewerbsbedingungen im Zuge der EU-Erweiterung 2004

nach deutlich häufiger konkrete Schritte in Richtung einer grenzüberschreitenden Geschäftstätigkeit oder sind bereits auf dem tschechischen Markt aktiv.

Schließlich ist auch ein enger Zusammenhang zwischen einem aktiven und systematischen innerbetrieblichen **Informationswesen** und dem konkreten Interesse an bzw. dem tatsächlichen Tätigwerden auf dem tschechischen Markt festzustellen. Die Vorbereitung oder Umsetzung einer Bearbeitung zusätzlicher Märkte setzt ein aktives Informationsverhalten im Hinblick auf die Voraussetzungen und Ziele voraus. Betriebe, die sich grundsätzlich durch professionelle und aktive Informationsgewinnung bzw. -verarbeitung auszeichnen, sind eher in der Lage, sich über die Chancen und Risiken neuer Märkte sowie die Möglichkeiten ihrer Bearbeitung hinreichend zu informieren[275].

5.3.2.4 Kooperationstätigkeit des grenznahen Handwerks

Handwerksliteratur und Handwerksorganisation sind sich einig darin, dass Kooperationen für Handwerksbetriebe eine sinnvolle Möglichkeit darstellen, um kleinbetriebliche Ressourcenbeschränkungen auszugleichen. Durch aktive Zusammenarbeit mit einem Partner ist es Handwerksunternehmen leichter möglich, das eigene Leistungsangebot kundenorientiert zu erweitern, Kostenvorteile zu realisieren und den Eintritt in neue Märkte zu beschleunigen (vgl. Kapitel 3.3.2.4). Vor diesem Hintergrund wird die unzureichende Kooperationstätigkeit von Handwerksunternehmen beklagt (vgl. KUCERA 2001: 8f.; ZDH 2000: 9).

Die Auswertung der durchgeführten Fallstudien bestätigt, dass die Mehrzahl der interviewten handwerklichen Entscheidungsträger festen Strukturen, die über informelle Absprachen und auftragsbezogene Zusammenarbeit hinaus gehen, skeptisch gegenüber steht. Eine Abstimmung mit anderen erfolgt bei den meisten der untersuchten Betriebe nur soweit, wie es für die Erfüllung des (zunehmend häufiger werdenden) Kundenwunsches nach Leistungserbringung aus einer Hand unbedingt erforderlich ist. Nur wenige Betriebsinhaber kooperieren in Form regelmäßiger gegenseitiger Auftragsweitergabe oder gemeinsamer Angebotserstellung für Ausschreibungen. Insbesondere im Bau- und Ausbaubereich fürchten die kleinbetrieblichen Handwerksbetriebe, durch zu

---

[275] Dieser Zusammenhang liegt nahe, da konkretes Interesses an grenzüberschreitender Marktbearbeitung gerade durch eine verstärkte diesbezügliche Informationstätigkeit deutlich wird. Diese wiederum trägt zum Gesamteindruck eines aktiven und systematischen Informationsverhaltens des Unternehmens bei.

5 Anpassungsdruck und Anpassungsstrategien des ostbayerischen Handwerks

enge Kooperationen mit größeren Betrieben in Abhängigkeitsbeziehungen und Subunternehmerpositionen zu geraten. Allerdings weist ein jüngerer Betriebsinhaber darauf hin, dass die Fähigkeit und Bereitschaft, Kooperationen mit anderen Betrieben einzugehen, in der jüngeren Handwerkergeneration insgesamt zugenommen hat.

Im Hinblick auf eine mögliche **grenzüberschreitende** Kooperation mit einem tschechischen Unternehmen bekunden einige Betriebe durchaus Interesse. Im Vordergrund steht dabei zumeist das Motiv des Marktzugangs bzw. der Markterschließung. Einzelne Betriebsinhaber erwähnen auch die Möglichkeiten einer Kostensenkung durch Auslagerung eigener Leistungsbereiche an tschechische Subunternehmer. Durch die Verbindung des technischen Know-hows deutscher Betriebe mit dem lokalen Know-how tschechischer Betriebe sollen Win-Win-Situationen entstehen. Ein hochspezialisierter Ausbauhandwerker beschreibt seine Vorstellungen von einem tschechischen Kooperationspartner:

„...die teilweise ähnlich strukturiert sind wie wir – wobei die mehr im häuslichen Bereich tätig sind und daher Interesse haben an dem Know-how, das wir vom Gewerblichen her mitbringen, aber im kommunalen Bereich schon über entsprechende Kontakte und Informationen verfügen, was uns wiederum sehr wichtig ist – so dass man das Ganze als wirkliche Ergänzung, als Symbiose erkennen kann, so dass jeder was davon hat" (Handwerkerinterview H3).

Dennoch stellen sich für die ostbayerischen Betriebe verschiedene Probleme bei der Anbahnung grenzüberschreitender Kooperationen mit möglichen tschechischen Partnerunternehmen. Neben der Sprachbarriere, die auch hier die Kontaktaufnahme erschwert, ist das eher geringe Interesse geeigneter tschechischer Betriebe ein hemmender Faktor. Nach Einschätzung der betroffenen ostbayerischen Entscheidungsträger sind potenzielle tschechische Partner aufgrund der hervorragenden Auftragslage auf ihrem Heimatmarkt nur schwer von den Vorteilen einer grenzüberschreitenden Kooperation zu überzeugen. Ohne hinreichendes Eigeninteresse des Partners fehlt allerdings eine wesentliche Voraussetzung für den Erfolg einer Kooperation. Im Nahrungsmittelbereich stellt auch die Sensibilität der Kunden auf dem Heimatmarkt ein Hemmnis für den Aufbau grenzüberschreitender Kooperationen dar.

„Ich glaube, da spreche ich den falschen Kundenkreis an. Wenn ich z.B. zu meiner Kundschaft sage: Ich arbeite jetzt mit einem tschechischen Metzger zusammen, dann weiß ich nicht, ob die Leute noch einkaufen würden. Weil dann sagt jeder: Das Fleisch – was weiß ich was die da alles haben. Das Vertrauen wäre nicht mehr da" (Handwerkerinterview H12).

Anpassungsdruck und Anpassungsstrategien des grenznahen Handwerks angesichts veränderter Wettbewerbsbedingungen im Zuge der EU-Erweiterung 2004

Eine differenzierende Betrachtung von Kooperationsinteresse und -tätigkeit der untersuchten ostbayerischen Handwerksbetriebe anhand ihrer Zugehörigkeit zu den jeweiligen handwerksspezifischen **Betriebstypen** zeigt, dass insbesondere überregionale Spezialanbieter konkretes Interesse am Aufbau einer Kooperation zeigen oder bereits aktiv und eng mit Partnerunternehmen zusammenarbeiten. Daneben erweisen sich aber auch einige industrieähnliche Mittel- bzw. Großbetriebe und konservative Traditionsbetriebe als kooperationsinteressiert.

Eine **branchenorientierte** Betrachtung zeigt, dass die Mehrzahl der Betriebe in allen drei betrachteten Handwerksbereichen – Bau-, Ausbau- und Nahrungsmittelgewerbe – einer Kooperationstätigkeit eher ablehnend gegenüber steht. Dennoch finden sich jeweils einzelne Betriebe, die aktiv nach einem Kooperationspartner suchen oder bereits in enge Strukturen der Zusammenarbeit eingebunden sind. Zudem zeigt die Analyse der durchgeführten Fallstudien, dass insbesondere solche Betriebe aktiv den Aufbau von (zumeist grenzüberschreitenden) Kooperationen planen, die im unmittelbaren Grenzraum angesiedelt sind bzw. einen überregionalen Absatzraum aufweisen.

Auch in Bezug auf das Interesse an Kooperationen bestätigt sich die besondere Bedeutung eines aktiven innerbetrieblichen **Informationswesens**. Diejenigen Betriebe, die der systematischen Erhebung und Auswertung unternehmensrelevanter Informationen einen hohen Stellenwert einräumen, zeigen – analog zum Interesse an einer grenzüberschreitenden Geschäftstätigkeit – auch ein stärkeres und konkreteres Interesse am Aufbau von Kooperationen.

5.4 Implikationen der empirischen Ergebnisse

Die Analyse der durchgeführten Fallstudien liefert über die verschiedenen Betriebsgrößen, Branchen und Regionen hinweg Anhaltspunkte dafür, dass sich die Marktchancen für Handwerksbetriebe auf „klassischen" handwerksrelevanten Märkten verschlechtert haben. Die zunehmende Polarisierung der Märkte und die Konkurrenz durch Kleinstbetriebsformen und großbetriebliche Industrie- und Handelsunternehmen aus dem In- und Ausland verstärken den Druck auf das Handwerk, sich von einer Ausrichtung als „Allesanbieter" mit breitem, undifferenzierten Leistungsspektrum zu lösen. Nachfolgend werden wesentliche empirische Muster strategischer Anpassung zusammengefasst und daraus Ansatzpunkte für eine Stärkung der Wettbewerbsfähigkeit des grenznahen Handwerks abgeleitet.

5.4.1 Zusammenfassung wesentlicher Muster strategischer Anpassung

In der Wahrnehmung der interviewten Handwerker stellt die EU-Erweiterung lediglich eine Komponente des übergeordneten Strukturwandels dar, dem das Handwerk ausgesetzt ist. Von manchen Entscheidungsträgern wird die EU-Erweiterung kaum als wettbewerbsverschärfender Faktor empfunden. Offensichtlich tragen die bestehenden Übergangsfristen zur Dienstleistungsfreiheit, verschiedene andere Markteintrittsbarrieren wie Sprachdefizite und bürokratische Hürden sowie die geringe Attraktivität des ostbayerischen Grenzraums dazu bei, dass auf bestimmten handwerksrelevanten Märkten nur wenig Konkurrenz durch Betriebe aus den MOEL wahrgenommen wird.

Allerdings dürfte sich diese Situation zumindest mittelfristig verändern, da das Auslaufen der Übergangsfristen spätestens in 2011 und die zu erwartenden sinkenden Transaktionskosten grenzüberschreitender Tätigkeit die grenznahen Märkte attraktiver für Unternehmen aus den MOEL machen werden. Zudem können die indirekten Wirkungen der EU-Erweiterung nicht außer Acht gelassen werden. Aufgrund des bestehenden Förder- und Lohnkostengefälles zwischen den Alt- und Neumitgliedsstaaten der EU sind im Grenzraum Standortverlagerungen, Betriebsschließungen und Stellenabbau von Industrieunternehmen zu beobachten. Diese Prozesse haben durch die EU-Erweiterung bzw. die zunehmende Marktintegration der MOEL an Dynamik gewonnen. Hieraus resultiert – neben geringerer industrieller Nachfrage nach Handwerkleistungen – eine rückläufige Kaufkraft bzw. Konsumneigung in den Grenzregionen, die auch zu einem Rückgang der Nachfrage handwerklicher Privatkunden beiträgt.

Die durchgeführten Fallstudien zeigen, dass Betriebe, die sich aufgrund ihrer strategischen Ausrichtung trotz Strukturwandels im Hinblick auf Mitarbeiterzahl und Umsatz positiv entwickelt haben, auch gegenüber zusätzlicher Konkurrenz durch Unternehmen aus den MOEL als wettbewerbsfähiger einzuschätzen sind. Zukunftsfähige Strategien zielen demnach darauf ab, das eigene Unternehmen außerhalb der Märkte für Standardprodukte und -leistungen zu positionieren. Die im Rahmen der empirischen Untersuchung dieser Arbeit herausgearbeitete handwerksspezifische Betriebstypologie erweist sich dabei als hilfreiches Instrument für ein besseres Verständnis handwerkstypischer Wahrnehmungs- und Anpassungsmuster. Tabelle 9 fasst die Charakteristika der verschiedenen Handwerkstypen nochmals überblicksartig zusammen:

Anpassungsdruck und Anpassungsstrategien des grenznahen Handwerks angesichts veränderter Wettbewerbsbedingungen im Zuge der EU-Erweiterung 2004

Tabelle 9: Charakteristika verschiedener Handwerkstypen

Betriebstyp	Unternehmensentwicklung	Unternehmertyp	Entscheidungsverhalten	Informationsverhalten	Wahrnehmungsmuster zur EU-Erweiterung	Verfolgung handwerkstypischer Strategieansätze
Konservativer Traditionsbetrieb	Stagnierend bzw. rückläufig	Verteidiger bzw. Reagierer (nach KIRSCH) sowie Allrounder bzw. Routinier (nach STRATOS)	zentralisiert	passiv	Betonung der Risiken bzw. Ignorieren der Auswirkungen	Teilweise Interesse an grenzüberschreitender Geschäftstätigkeit und Kooperationen
Überregionaler Spezialanbieter	Überwiegend positiv	Architekt bzw. Innovator bzw. Prospektor (nach KIRSCH) sowie Allrounder bzw. Pionier (nach STRATOS)	Einbindung interner und externer Expertise	aktiv	Betonung der Chancen bzw. Relativierung der Risiken	Verbesserung von Personalführung und Organisation; großes Interesse an grenzüberschreitender Geschäftstätigkeit und Kooperationen
Industrieähnlicher Mittel- bzw. Großbetrieb	rückläufig	Verteidiger (nach KIRSCH) sowie Organisator (nach STRATOS)	(Tendenzaussage nicht möglich)	aktiv	Betonung der Chancen	Interesse an grenzüberschreitender Geschäftstätigkeit
Betrieb mit zweitem Standbein	Überwiegend positiv	Architekt (nach KIRSCH) sowie Allrounder (nach STRATOS)	Einbindung interner Expertise	aktiv	(Tendenzaussage nicht möglich)	Starke Marktorientierung
Einzelkämpferbetrieb	Stagnierend bzw. rückläufig	(Tendenzaussage nicht möglich)	Abstimmung im Familienkreis	(Tendenzaussage nicht möglich)	Relativierung der Risiken	Konzentration auf lokalen bzw. regionalen Markt

Quelle: eigene Darstellung.

5 Anpassungsdruck und Anpassungsstrategien des ostbayerischen Handwerks

Die Auswertung der Fallstudien zeigt, dass sich insbesondere Betriebe mit zweitem Standbein und überregionale Spezialanbieter besser im Wettbewerb behaupten können. Die für diese Betriebstypen charakteristischen Strategien – Erschließung und Ausbau angrenzender Wertschöpfungsfelder bzw. überregionales Anbieten eines spezialisierten Leistungsangebots – stellen geeignete Ansätze für eine zukunftsorientierte strategische Anpassung des Handwerks dar.

Der Aufbau eines „zweiten Standbeins" ist zumeist dadurch gekennzeichnet, dass neben das traditionelle Leistungsspektrum auf einem räumlich eng begrenzten Markt der bewusste Ausbau eines wachstumsstarken Randbereichs des eigenen Produkt- bzw. Leistungsportfolios tritt. Für **Erschließung und Ausbau angrenzender Wertschöpfungsfelder** bieten sich insbesondere Service- und Beratungsleistungen an[276]. Handwerksunternehmen können hier ihre besondere Kundennähe als Ideenquelle für ein zielgerichtetes Angebot nutzen. Typisches Beispiel aus dem Untersuchungspanel ist eine Metzgerei, die – auf Anregung von Kundenseite hin – „heiße Theke" und Partyservice konsequent ausgebaut hat. Inzwischen beliefert das Unternehmen einen festen Stamm vorwiegend älterer Kunden täglich mit warmen Mahlzeiten und bedient mit einem Rundum-Partyservice einen überregionalen Absatzraum. Häufig ist das „zweite Standbein" angesichts eines stagnierenden bzw. rückläufigen Kerngeschäfts von zunehmender Bedeutung für die gesamte Geschäftsentwicklung des Unternehmens.

Der Typus des „überregionalen Spezialanbieters" wiederum setzt auf die kundenindividuelle, qualitativ hochwertige Herstellung von Spezialprodukten bzw. Erbringung von Spezialleistungen für einen erweiterten Absatzmarkt[277]. Dies bietet die Möglichkeit, die zunehmende Polarisierung der Märkte durch aktive Besetzung eines stabilen, ggf. sogar wachsenden Premiumsegments für eine zukunftsorientierte Neuausrichtung des Betriebs zu nutzen (vgl. Kapitel 3.3.2.1). Folgerichtig sehen überregionale Spezialanbieter die EU-Erweiterung eher als (aktiv zu nutzende) Chance, ihre Spezialisierungsvorteile künftig auch jenseits der Grenze umzusetzen bzw. die dorthin bereits bestehenden Geschäftsverbindungen auszubauen. Sowohl die weitreichende **Speziali-**

---

[276] Auch MECKE (1999: 220ff.) betont die Chancen, die sich dem Handwerk durch eine dienstleistungsorientierte Ausweitung des Leistungsangebots und das gezielte Anbieten von Problemlösungsbündeln eröffnen. Vgl. hierzu die Ausführungen zur zunehmenden Tertiarisierung handwerklicher Tätigkeit in Kapitel 1.2.2.

[277] Dabei kann zwischen Betrieben, die trotz Überregionalität ihres Absatzraums durch eine starke lokale Verankerung geprägt sind, und Betrieben, die aufgrund ihres hochspezialisierten Leistungsangebots über keinen lokalen Heimatmarkt verfügen, unterschieden werden.

sierung des Leistungsangebots, die eine Nachahmung durch preisgünstige Konkurrenz erschwert, als auch die vorhandene Expertise bei der **Bearbeitung eines überregionalen Absatzraums** erhöhen dabei die Fähigkeit zur erfolgreichen Erschließung von Auslandsmärkten[278]. Daneben trägt die weitreichende Spezialisierung auch zu einer geringeren (passiven) Betroffenheit vom verschärften Wettbewerbsdruck im Zuge der EU-Erweiterung bei, da die frühzeitige strategische Positionierung auf einem engen Markt für nicht-standardisierte Produkte und Leistungen die Wettbewerbsvorteile von Betrieben aus den MOEL relativiert.

Voraussetzung für eine erfolgreiche Abgrenzung vom konkurrenzintensiven Massenmarkt ist dabei häufig eine entsprechende technologische Kompetenz, die aus langjähriger handwerklicher Fertigkeit bzw. ingenieurswissenschaftlichem Fach-Know-how resultiert[279]. Betriebe, deren Anpassungsmuster auf einer Spezialisierung des Leistungsangebots beruht, zeichnen sich durch große Offenheit gegenüber neuen Technologien aus. Allerdings ist eine strategische Ausrichtung, die auf den überregionalen Absatz spezialisierter Produkte bzw. Leistungen abzielt, nicht auf alle Betriebe übertragbar. Viele Handwerksunternehmen bringen die nötigen Voraussetzungen im Hinblick auf Know-how, Humankapital und Technologie (noch) nicht mit.

Besondere Bedeutung für eine realistische Wahrnehmung der Unternehmensumwelt und eine erfolgversprechende Anpassung an veränderte Rahmenbedingungen kommt schließlich auch dem betrieblichen Informationswesen zu. Ein aktives und systematisches **Informationsverhalten** ist wichtig, um Impulse aus dem Umfeld wahrzunehmen und mit einer rechtzeitigen und zielführenden Anpassung der Unternehmensstrategie darauf zu reagieren. Betriebe mit zeitgemäßem Informationswesen können bestehende und potenzielle Kunden gezielter ansprechen und rascher auf relevante Marktentwicklungen reagieren. Daher sind „gut informierte" Betriebe mit einem aktiven und systematischen Informationswesen durch eine positivere bzw. fundiertere Wahrnehmung ihrer Unternehmensumwelt gekennzeichnet, die auch ein besseres und früheres Erkennen eventueller Chancen und Risiken, die mit der EU-Erweiterung in Zusam-

---

[278] Auch LAHNER/MÜLLER (2004: 24) betonen die positive Bedeutung einer überregionalen Ausrichtung. Auf Grundlage einer Untersuchung von 148 Handwerksunternehmen, die an einem niedersächsischen Innovationsförderprogramm teilgenommen haben, konnten sie zeigen, dass besonders innovative Betriebe durch einen deutlich weiteren Absatzraum gekennzeichnet sind.

[279] Daher stellt für hochspezialisierte, humankapitalintensive Handwerksunternehmen das Finden und Halten qualifizierter Mitarbeiter eine große betriebliche Herausforderung dar.

menhang stehen, ermöglicht. Die Auswertung der Fallstudien zeigt ferner, dass ein hinreichender Kenntnisstand über unternehmensrelevante Parameter auch das Verständnis der Entscheidungsträger für die Bedeutung von Betriebsorganisation, Mitarbeitermotivation und Qualifikation erhöht.

5.4.2 Ansatzpunkte zur Stärkung der Wettbewerbsfähigkeit des Handwerks im Grenzraum

Im vorangegangenen Kapitel wurden drei Strategieansätze hervorgehoben, die – teilweise separat verfolgt, teilweise miteinander kombiniert – diejenigen Handwerksbetriebe kennzeichnen, die trotz Strukturwandel und zunehmender Konkurrenz kostengünstiger Anbieter Marktchancen nutzen und eine positive Unternehmensentwicklung aufweisen:

➢ Spezialisierung des Leistungsangebots,
➢ Ausweitung des Absatzraums sowie
➢ Erschließung angrenzender Wertschöpfungsfelder

Daneben wurde die Bedeutung eines aktiven Informationsverhaltens für eine erfolgreiche betriebliche Anpassung an Strukturwandel und Wettbewerbsverschärfung herausgearbeitet. Nachfolgend werden nun verschiedene Möglichkeiten einer Förderung dieser strategischen Ansätze zur Stärkung der handwerklichen Wettbewerbsfähigkeit diskutiert. Zudem werden aus der Analyse der durchgeführten Fallstudien Ansatzpunkte für eine Verbesserung der staatlich gesetzten Rahmenbedingungen des grenznahen Handwerks abgeleitet.

Voraussetzung für eine **Spezialisierung des Leistungsangebots** ist häufig eine hinreichende Technologie- und Innovationskompetenz im Unternehmen. Die Analyse der durchgeführten Fallstudien zeigt die besondere Bedeutung ingenieurswissenschaftlichen Know-hows für die Entwicklung dieser Kompetenz. Hier bieten sich Ansatzpunkte für eine Stärkung handwerklicher Wettbewerbsfähigkeit. So könnte von Seiten der Handwerksorganisation die Weiterbildung von Meistern zu Ingenieuren im Rahmen eines Fachhochschulstudiums sowie die Anerkennung von (Teil-)Abschlüssen bzw. Qualifikationen zwischen Fachhochschulen und Aus- und Weiterbildungseinrichtungen des Handwerks stärker gefördert werden. Weitere Bausteine zum Aufbau von ingenieurswissenschaftlichem Humankapital in Handwerksunternehmen können Aktivitäten zur Erhöhung der Attraktivität des Handwerks als Arbeitgeber für Akademiker sowie eine gezielte Förderung von Kooperationen zwischen Handwerksbetrieben und

Fachhochschulen bzw. Hochschulen sein[280]. In diesem Zusammenhang sollten auch innovations- und technologieorientierte Fördermöglichkeiten stärker an den Bedarf kleinbetrieblich strukturierter Unternehmen angepasst werden. Dies beinhaltet beispielsweise die Reduzierung der Mindestvolumina von förderfähigen Vorhaben, die Begrenzung des mit der Antragstellung verbundenen bürokratischen Aufwands und eine stärkere Berücksichtigung handwerksspezifischer Anforderungen und Bedürfnisse bei der Ausgestaltung der Förderprogramme[281]. Ziel eines solchen Maßnahmenpakets sollte sein, mehr Handwerksunternehmen zu Anbietern anspruchsvoller Speziallösungen zu machen und damit ihre Wettbewerbsposition gegenüber kostengünstiger Konkurrenz – etwa Betrieben aus den MOEL – zu verbessern.

Zudem zeigt die Analyse der durchgeführten Fallstudien, dass eine **Ausweitung des Absatzraums** Wettbewerbssituation und Anpassungsfähigkeit grenznaher Handwerksbetriebe verbessern kann. Dies setzt voraus, bestehende Defizite bei der Ausschöpfung überregionaler bzw. internationaler Vermarktungschancen konsequent zu beheben. Hier können Fachverbände, Handwerksorganisation und Staat im Rahmen von Unternehmerveranstaltungen, auf denen „Best-Practice"-Beispiele überregional erfolgreicher Handwerksunternehmen vorgestellt werden, Anregungen liefern und ein Bewusstsein für bislang ungenutzte Marktchancen vermitteln. Da erfolgreiche Absatzstrategien häufig stark branchenbezogene Charakteristika aufweisen, können insbesondere die Fachverbände und Innungen eine aktive Rolle dabei spielen, Handwerksunternehmen von den Chancen einer überregionalen Marktbearbeitung zu überzeugen. Für das grenznahe Handwerk bieten sich hier aufgrund der geringen Distanz zu wachstumsstarken Auslandsmärkten besondere Möglichkeiten.

Auch die konsequente **Erschließung angrenzender Wertschöpfungsfelder** kann zu einer Stärkung handwerklicher Wettbewerbsfähigkeit angesichts veränderter Rahmenbedingungen beitragen. Große Praxisrelevanz besitzt beispielsweise die Erweiterung des eigenen Leistungsangebots um angrenzende Dienstleistungen, etwa durch das Anbieten von Partyserviceleistungen im Fleischergewerbe bzw. die Wartung von Hei-

---

[280] SCHMALHOLZ/VÖGTLE (1999: 44f.) fordern bei der innovationsorientierten Zusammenarbeit von Handwerksunternehmen und Forschungseinrichtungen von beiden Seiten eine verbesserte Transferfähigkeit und -bereitschaft.

[281] Zu Bedeutung und Möglichkeiten einer Stärkung der Technologie- und Innovationskompetenz im Handwerk vgl. ausführlich ASTOR ET AL. (2006: 82ff.).

5 Anpassungsdruck und Anpassungsstrategien des ostbayerischen Handwerks

zungen, Klimaanlagen usw. in den Ausbaugewerken[282]. Hier können wiederum Fachverbände, Handwerksorganisation und Staat im Rahmen von Unternehmerveranstaltungen ein Bewusstsein für die diesbezüglichen Marktchancen des Handwerks vermitteln. Daneben gilt es, durch eine Stärkung der Kooperationsfähigkeit und -bereitschaft die Voraussetzung für das Anbieten handwerklicher Komplettlösungen zu schaffen und auch auf diesem Wege angrenzende Leistungsbereiche zu erschließen bzw. auszubauen. Hierfür sind die Möglichkeiten der Kontaktanbahnung – etwa durch Etablierung zusätzlicher Plattformen für den Erfahrungsaustausch – auszuweiten und Handwerksunternehmen zu einer stärkeren Nutzung von Kooperationsbörsen, Unternehmerfahrten usw. zu animieren.

Im vorangegangenen Kapitel wurde die Bedeutung eines aktiven und systematischen Informationsverhaltens für die Erarbeitung und Verfolgung zielführender Anpassungsstrategien im Handwerk betont. Daher stellt die **Verbesserung von Informationswesen und Planungsverhalten** im Handwerk eine Querschnittsaufgabe dar, der besondere Bedeutung zukommt. Im Mittelpunkt dieser Bestrebungen sollte die Entwicklung handwerksspezifischer Analyse- und Planungsinstrumente stehen, um der bislang offenkundig unzureichenden Nutzung des vorhandenen Instrumentariums entgegenzuwirken. Einen geeigneten Ansatzpunkt hierfür bietet die Erarbeitung branchen- bzw. gewerkespezifischer Stärken-Schwächen-Analysen oder Checklisten, mit denen Handwerker bei der Unternehmensführung unterstützt werden. Dieser Weg wird von der Handwerksforschung bereits beschritten, sollte aber künftig noch intensiviert und stärker an die Betriebe herangetragen werden[283]. Daneben gilt es, das vorhandene Informations- und Beratungsangebot, das von Staat, Handwerksorganisation und Fachverbänden zur Verfügung gestellt wird, bekannter zu machen[284]. Die Fallstudienanalyse zeigt, dass viele Betriebe mit einer erfolgreichen strategischen Positionierung auf externe Expertise, häufig in Form handwerksspezifischer Beratung, zurückgreifen

---

[282] Auch die Handwerksforschung hat die große Bedeutung einer stärkeren Dienstleistungskompetenz erkannt. Verschiedene aktuelle Studien konzentrieren sich auf den Dienstleistungsbereich und betonen die zusätzlichen Marktchancen für handwerkliche Anbieter (vgl. BAUMANN ET AL. 2001: 131f.; CUPOK ET AL. 2003: 100).

[283] So bieten verschiedene Veröffentlichungen des LFI München, die sich an Entscheidungsträger ausgewählter Gewerke richten, branchenspezifische Unterstützung bei der Stärken-Schwächen- bzw. Chancen-Risiken-Analyse an. Vgl. beispielhaft BURGER 2006 sowie BILLESBERGER 2006.

[284] Eine aktuelle Übersicht über das breite Spektrum handwerksspezifischer Beratungsangebote gibt ZDH (2006b: 39ff.).

und so ihren Kenntnisstand über unternehmensrelevante Entwicklungen verbessern. Besondere Bedeutung kommt einer besseren Nutzung vorhandener Informations- und Unterstützungsangebote im Hinblick auf Marktchancen auf den „Auslandsmärkten vor der Haustüre" zu. Durch stärkere Inanspruchnahme von Hilfe bei der Überwindung bestehender Markteintrittsbarrieren können Transaktionskosten gesenkt und handwerkstypische Hemmnisse einer stärkeren Ausschöpfung grenzüberschreitender Absatzpotentiale beseitigt werden.

Schließlich kann auch eine **Verbesserung der staatlich gesetzten Rahmenbedingungen** zu einer Stärkung der Wettbewerbsfähigkeit des Handwerks beitragen. So sollten insbesondere kleinbetrieblich strukturierte Handwerksunternehmen vom zunehmenden Verwaltungsaufwand, etwa für statistische Informations- und Auskunftspflichten, für die Dokumentation der Einhaltung von Umweltschutz- und Sicherheitsbestimmungen oder für die Erstellung von Genehmigungen und Anträgen, entlastet werden. Zahlreiche Betriebsinhaber beklagen ihre Überlastung mit operativen und administrativen Pflichten, die zur Vernachlässigung strategischer und planender Tätigkeiten beiträgt. So könnte der diesbezügliche Wettbewerbsnachteil, den traditionelle Handwerksunternehmen insbesondere gegenüber ausländischer Konkurrenz aufweisen, reduziert und die Freisetzung von unternehmerischer Initiative und Pioniergeist gefördert werden. Durch eine Reduzierung der Losgrößen bei öffentlichen Ausschreibungen und die stärkere Nutzung der Möglichkeiten einer freihändigen Vergabe von Aufträgen kann ferner zu einer Stärkung der Wettbewerbsposition handwerklicher Bau- und Ausbaubetriebe beigetragen werden.

Daneben sollte seitens Staat und Handwerksorganisation auch die eigene Haltung im Hinblick auf eine Verkürzung der Übergangsfristen zu Dienstleistungsfreiheit und Arbeitnehmerfreizügigkeit nochmals diskutiert bzw. hinterfragt werden. Insbesondere eine stärkere regionale und branchenspezifische Differenzierung der Einschränkungen der Dienstleistungsfreiheit würde den Bedürfnissen des grenznahen Handwerks möglicherweise besser gerecht werden als eine volle Ausschöpfung der Übergangsfristen. Diese bedeutet nämlich im Umkehrschluss, dass auch weiterhin (spiegelbildliche) Marktzugangsbarrieren für deutsche Betriebe in den MOEL aufrecht erhalten bleiben. Der unumgängliche Anpassungsprozess in deutschen Grenzregionen wird so zwar verzögert, möglicherweise aber gerade dadurch verschärft bzw. verstetigt. Die Analyse der Fallstudien zeigt jedenfalls, dass insbesondere aktive Handwerksunternehmen lan-

5 Anpassungsdruck und Anpassungsstrategien des ostbayerischen Handwerks

ge Übergangsfristen eher als Belastung denn als Schutz empfinden und für eine flexible, bedarfsgerechte Regelung plädieren.

6 FAZIT UND AUSBLICK

Die Situation des grenznahen Handwerks in den Alt-Mitgliedsstaaten der EU ist durch die doppelte Herausforderung des allgemeinen Strukturwandels und der zusätzlichen Wettbewerbsverschärfung durch die Auswirkungen der EU-Erweiterung gekennzeichnet. Aufgrund seiner kleinbetrieblichen Struktur ist es für das inhabergeprägte und lokal verwurzelte Handwerk von besonderer Bedeutung, sich frühzeitig und aktiv auf die Entwicklungen der Unternehmensumwelt einzustellen. Die vorliegende Arbeit untersucht die handwerkliche Wahrnehmung des resultierenden Anpassungsdrucks und zeigt Muster der strategischen Anpassung grenznaher Unternehmen auf. Aufgrund der besonderen Rolle des handwerklichen Betriebsinhabers als zentralem Entscheidungsträger innerhalb seines Unternehmens und des engen Zusammenhangs zwischen der Wahrnehmung der Unternehmensumwelt und der resultierenden Anpassungsstrategie wurde für die Untersuchung der Fragestellung eine qualitative Herangehensweise gewählt. Wesentliche Deutungs- und Handlungsmuster konnten so im jeweiligen betrieblichen Kontext untersucht und nachgezeichnet werden.

Als theoretischer Bezugsrahmen der Arbeit dient ein akteurszentriertes, verhaltens- und handlungstheoretisch fundiertes Analyseschema, das drei unterschiedliche Betrachtungsweisen verbindet:

➢ Grundlage der Untersuchung ist das **Analysemodell einer sozialtheoretisch fundierten Wirtschaftsgeographie**, das vom Menschenbild eines beschränkt rational handelnden „satisfizers" ausgeht. Im Mittelpunkt der Betrachtung stehen dabei Akteure und ihr unternehmerisches Verhalten bzw. Handeln, das entscheidend von der subjektiven Wahrnehmung einer veränderten Unternehmensumwelt abhängt. Die daraus folgenden Anpassungshandlungen vollziehen sich im speziellen räumlichen Kontext der Grenzregion, der durch die Überlagerung von allgemeinem Strukturwandel und Auswirkungen der zunehmenden Marktintegration der MOEL gekennzeichnet ist.

➢ Daneben werden **betriebswirtschaftliche** Überlegungen zu Strategieentwicklung und Unternehmensführung in kleinbetrieblich strukturierten Unternehmen diskutiert und in das Analyseschema aufgenommen.

➢ Schließlich werden aus der **handwerkswissenschaftlichen** Literatur Strategiefelder identifiziert, in denen handwerksspezifische Defizite bestehen, die eine erfolgreiche strategische Anpassung an den Strukturwandel erschweren. Die herausgearbeiteten Handlungsbereiche – stärkere Marktorientierung, verbesserte Unternehmens- und Personalführung, Ausbau grenzüberschreitender Geschäftstätigkeit und stärkere Kooperationstätigkeit – dienen als idealtypische Ansatzpunkte für mögliche handwerksspezifische Anpassungsstrategien.

Die empirischen Ergebnisse zeigen, dass die Wahrnehmung des Anpassungsdrucks und das Bewusstsein für die Notwendigkeit geeigneter Anpassungsstrategien sehr unterschiedlich ausgeprägt sind. Wesentlich für eine gezielte strategische Anpassung an veränderte Rahmenbedingungen sind mutige und aktive Entscheidungsträger, die die relevanten Entwicklungen ihres Unternehmensumfelds frühzeitig erkennen, interne und externe Expertise bei der Entscheidungsfindung berücksichtigen und sich von einem breiten, undifferenzierten Angebot an Standardprodukten und -leistungen lösen.

Die qualitative Inhaltsanalyse der durchgeführten Fallstudien ermöglichte die Herausarbeitung von fünf handwerksspezifischen **Betriebstypen**, die durch eine unterschiedliche Dynamik der Unternehmensentwicklung und spezifische Ausrichtungen von Leistungsbereichen und Absatzraum gekennzeichnet sind:

> Konservative Traditionsbetriebe,
> Einzelkämpferbetriebe,
> überregionale Spezialanbieter,
> industrieähnliche Mittel- bzw. Großbetriebe und
> Betriebe mit zweitem Standbein.

Anhand der verschiedenen einzelbetrieblichen Anpassungsverläufe konnten auf Grundlage dieser Typologie Erkenntnisse über bestimmte Muster strategischer Ausrichtung gewonnen werden. Charakteristisch für Betriebe mit positiver Unternehmensentwicklung und erfolgreicher Anpassung sind demnach eine gezielte Spezialisierung des Leistungsangebots, eine überregionale Ausweitung des Absatzraums und die Bearbeitung angrenzender – häufig dienstleistungs- oder serviceorientierter – Wertschöpfungsfelder. Zudem zeigt die Auswertung der Fallstudien über sämtliche Betriebe und Gewerke hinweg, dass einem aktiven und systematischen Informationsverhalten zentrale Bedeutung für die Konzeption und Umsetzung zielführender handwerklicher Anpassungsstrategien zukommt. Aufgrund der großen Heterogenität der betrieblichen Strukturen im Hinblick auf Branche, Betriebsgröße, Wettbewerbsintensität usw. stellen die genannten Ansätze jedoch keine verallgemeinerbaren „Musterstrategien" dar. Monokausale Erklärungsversuche und eindimensionale Strategieempfehlungen sind für das Handwerk mit seinen unterschiedlichen Branchen, Betriebsgrößen und Leistungsbereichen generell ungeeignet.

Abschließend sei darauf hingewiesen, dass sich aus der Fragestellung und den Ergebnissen dieser Arbeit möglicherweise Anstöße für künftige Forschungsaktivitäten

Anpassungsdruck und Anpassungsstrategien des grenznahen Handwerks angesichts veränderter Wettbewerbsbedingungen im Zuge der EU-Erweiterung 2004

ergeben. So liegt zweieinhalb Jahre nach der größten Erweiterungsrunde in der Geschichte der EU nach Kenntnis des Verfassers noch keine Studie vor, die das tatsächliche Ausmaß der Tätigkeit von Betrieben und Arbeitnehmern aus den MOEL in den Grenzräumen der Alt-EU quantitativ untersucht[285]. Forschungsbedarf besteht hier insbesondere im Hinblick auf branchenspezifische Untersuchungen, die die tatsächlichen Veränderungen der Markt- und Wettbewerbsstrukturen in sensiblen Bereichen – etwa dem Bau- und Ausbaugewerbe – großzahlig erheben und unter Einbeziehung der Erkenntnisse dieser Arbeit auswerten.

Schließlich verdient auch das handwerkliche Informationsverhalten, das sich im Rahmen dieser Arbeit als wesentlicher Einflussfaktor der Wahrnehmung von bzw. Anpassung an veränderte Rahmenbedingungen erwiesen hat, größere Aufmerksamkeit. Einen Ansatzpunkt künftiger Forschung könnten hier die internen Abläufe der Informationsgewinnung und -verarbeitung von Handwerksunternehmen bzw. KMU darstellen. Defizite des betrieblichen Informationswesens, wie sie für kleinbetriebliche Strukturen in traditionellen Branchen noch immer charakteristisch sind, stellen ein wesentliches Hemmnis für eine erfolgreiche Anpassung an Strukturwandel und veränderte Rahmenbedingungen dar. Ihre Erforschung und Überwindung könnte einen wichtigen Beitrag zur Zukunftssicherung kleinbetrieblicher Handwerksunternehmen leisten.

---

[285] In einer kurzen Bestandsaufnahme der Auswirkungen der EU-Erweiterung 2004 betonen BERNREUTHER/MAIER (2005: 3ff.) für das bayerische Grenzland, dass bislang eher geringe Migrationseffekte zu verzeichnen sind und die Inanspruchnahme von Arbeitsgenehmigungen für Grenzgänger tendenziell rückläufig ist. Ihre Einschätzung basiert allerdings ausschließlich auf den jüngsten Entwicklungen der (ost-)bayerischen Arbeitsmarktstatistik. Für eine Bestandsaufnahme der wirtschaftlichen Situation in der Tschechischen Republik ein Jahr nach EU-Erweiterung vgl. DOKOUPIL/MATUSKOVA (2005: 71ff.).

LITERATUR

ALECKE, BJÖRN / HOFMANN, HERBERT / MEIER, VOLKER / RIEDEL, JÜRGEN / SCHARR, FRANK / UNTIEDT, GERHARD / WERDING, MARTIN (2001): EU-Osterweiterung – Auswirkungen auf Wirtschaft und Arbeitsmarkt in Bayern. München.

ALECKE, BJÖRN / UNTIEDT, GERHARD (2001a): Die wirtschaftliche Entwicklung in den deutschen Grenzregionen an der EU-Außengrenze. In: Riedel, Jürgen / Untiedt, Gerhard (Hrsg.): EU-Osterweiterung und deutsche Grenzregionen – Strukturpolitik und Raumplanung in den Regionen an der mitteleuropäischen EU-Außengrenze zur Vorbereitung auf die EU-Osterweiterung (=ifo Dresden Studien, Nr. 28/II). Dresden, S. 1 – 20.

ALECKE, BJÖRN / UNTIEDT, GERHARD (2001b): Regionale und sektorale Wettbewerbsfähigkeit der deutschen Grenzregionen an der EU-Außengrenze. In: Riedel, Jürgen / Untiedt, Gerhard (Hrsg.): EU-Osterweiterung und deutsche Grenzregionen – Strukturpolitik und Raumplanung in den Regionen an der mitteleuropäischen EU-Außengrenze zur Vorbereitung auf die EU-Osterweiterung (=ifo Dresden Studien, Nr. 28/II). Dresden, S. 85 – 177.

ANDESSNER, RENÉ C. (1995): Wachstum als Managementproblem in Klein- und Mittelbetrieben. In: Stiegler, Harald / Kotek, Heinz / Petermandl, Monika / Kemmetmüller, Wolfgang (Hrsg.): Erfolgspotentiale für Klein- und Mittelbetriebe – Festschrift für Walter Sertl zum 65. Geburtstag. Linz, S. 1 – 14.

ANSOFF, H. IGOR (1965): Corporate Strategy. An Analytic Approach to Business Policy for Growth and Expansion. New York / San Francisco / Toronto / London / Sydney.

ASTOR, MICHAEL / BUCKSTEEG, MATHIAS / PFEIFFER, IRIS (2006): Zukunft Handwerk! Der Beitrag des Handwerks im Innovationsprozess. Basel.

AUFENANGER, STEFAN (1991): Qualitative Analyse semi-struktureller Interviews – Ein Werkstattbericht. In: Garz, Detlef / Kraimer, Klaus (Hrsg.): Qualitativ-empirische Sozialforschung. Konzept, Methoden, Analysen. Opladen, S. 35 – 59.

AUSWÄRTIGES AMT [Hrsg.] (2004): Binnenmarktregeln für Staatsangehörige aus den Beitrittsländern – Dienstleistungsfreiheit. In: Auswärtiges Amt (Hrsg.): Häufig gestellte Fragen (FAQ's) und Antworten zur Erweiterung der Europäischen Union – Teil III. Berlin, S. 1 – 4.

AX, CHRISTINE (1997): Das Handwerk der Zukunft – Leitbilder für nachhaltiges Wirtschaften. Basel / Boston / Berlin.

BAMBERGER, INGOLF / PLEITNER, HANS J. (1988): Strategische Ausrichtung kleiner und mittlerer Unternehmen (=Internationales Gewerbearchiv, Sonderheft 2). Berlin / München / St. Gallen.

BAMBERGER, INGOLF / WRONA, THOMAS (1997): Globalisierungsbetroffenheit und Anpassungsstrategien von Klein- und Mittelunternehmen. In: Zeitschrift für Betriebswirtschaft. 67. Jg., Nr. 7, S. 713 – 735.

BAMBERGER, INGOLF / WRONA, THOMAS (2002): Ursachen und Verläufe von Internationalisierungsentscheidungen mittelständischer Unternehmen. In: Macharzina, Klaus / Oesterle, Michael-Jörg (Hrsg.): Handbuch Internationales Management. Grundlagen – Instrumente – Perspektiven. 2. Auflage. Wiesbaden, S. 273 – 313.

BARRETT, FRANK J. (1998): Creativity and Improvisation in Jazz and Organizations: Implications for Organizational Learning. In: Organization Science. Vol. 9, No. 5, S. 605 – 622.

BATHELT, HARALD / GLÜCKLER, JOHANNES (2002): Wirtschaftsgeographie – Ökonomische Beziehungen in räumlicher Perspektive. Stuttgart.

BAUMANN, MICHAEL / HEINEN, EWALD / HOLZBACH, WIEBKE (2001): Entwicklung innovativer Dienstleistungen im Handwerk. Ergebnisse eines vom Bundesministerium für Bildung und Forschung (BMBF) geförderten Projektes. Karlsruhe.

BEAL, REGINALD M. (2000): Competing Effectively: Environmental Scanning, Competitive Strategy, and Organizational Performance in Small Manufacturing Firms. In: Journal of Small Business Management. Vol. 38, No. 1, S. 27 – 47.

BECK, GÜNTER (1981): Darstellung und Kritik des verhaltens- und entscheidungstheoretischen Ansatzes in der Geographie. In: Ostheider, Monika / Steiner, Dieter (Hrsg.): Theorie und Quantitative Methodik in der Geographie (=Züricher Geographische Schriften, Heft 1). Zürich, S. 119 – 139.

BECKER, VOLKER (2005): Bauleistungen und neue Dienstleistungen des Handwerks im Marktfeld Seniorengerechtes Wohnen. In: Seminar für Handwerkswesen an der Universität Göttingen (Hrsg.): Demographischer Wandel – Auswirkungen auf das Handwerk. Duderstadt, S. 125 – 168.

BEHR, MARHILD VON (2004): Im Sog der Internationalisierung – Startpunkte, Wege und Ziele kleiner und mittlerer Unternehmen. In: Behr, Marhild von / Semlinger, Klaus (Hrsg.): Internationalisierung kleiner und mittlerer Unternehmen. Neue Entwicklung bei Arbeitsorganisation und Wissensmanagement. München, S. 45 – 98.

BERNREUTHER, ANGELUS / MAIER, JÖRG (2005): Erwartungen und erste Ergebnisse der EU-Erweiterung: Die Entwicklung der EU-Erweiterungspolitik und Rückwirkungen auf Bayern. In: Maier, Jörg (Hrsg.): Erwartungen und erste Ergebnisse der EU-Erweiterung. Tagung des Forschungssechsecks der Universitäten Bayreuth, Bratislava, Graz, Maribor, Pecs und Plzen. Bayreuth, S. 3 – 13.

BERRA, LORENZO / PIATTI, LAURO / VITALI, GIAMPAOLO (1995): The Internationalization Process in the Small and Medium Sized Firms: A Case Study on the Italian Clothing Industry. In: Small Business Economics. Vol. 7, No. 1, S. 67 – 75.

Literatur

BILLESBERGER, UWE B. (2006): Praxisanleitung zur Chancen-Risiken-Analyse im Land- und Baumaschinenhandwerk. München.

BMAS [Bundesministerium für Arbeit und Soziales; Hrsg.] (2006): Arbeitsrecht – Informationen für Arbeitnehmer und Arbeitgeber. Bonn.

BMWA [Bundesministerium für Wirtschaft und Arbeit; Hrsg.] (2004): Informationen über die Anwendung des EU-Beitrittsvertrages bei der Beschäftigung von Staatsangehörigen der Beitrittsstaaten. Bonn.

BORTZ, JÜRGEN / DÖRING, NICOLA (2002): Forschungsmethoden und Evaluation für Human- und Sozialwissenschaftler. 3. Auflage. Berlin.

BOVING, DAGMAR (2004): Übergangsfristen nach der EU-Erweiterung. Berlin.

BOVING, DAGMAR / KLETTE, TORSTEN (2000): Standort MOE. Fakten, Kontakte, Bedingungen für die EU-Erweiterung. Bonn.

BRÜGGEMANN, BEATE / RIEHLE, RAINER (1995): Umweltschutz durch Handwerk? Frankfurt am Main / New York.

BRÜSEMEISTER, THOMAS (2000): Qualitative Forschung. Ein Überblick. Wiesbaden.

BUDE, HEINZ (2000): Die Kunst der Interpretation. In: Flick, Uwe / Kardorff, Ernst von / Steinke, Ines (Hrsg.): Qualitative Forschung. Ein Handbuch. Reinbek, S. 569 – 578.

BUNDESANSTALT FÜR ARBEIT (2003): Ausländerbeschäftigung. In: Bundesanstalt für Arbeit (Hrsg.): Informationen für die Beratungs- und Vermittlungsdienste. Nr. 9, S. 1135 – 1148.

BUNDESAGENTUR FÜR ARBEIT [Hrsg.] (2006a): Beschäftigung ausländischer Arbeitnehmer aus den neuen Mitgliedsstaaten der EU im Rahmen von Werkverträgen in der Bundesrepublik Deutschland (=Merkblatt 16a). Nürnberg.

BUNDESAGENTUR FÜR ARBEIT [Hrsg.] (2006b): Werkvertragskontingente – Verfügbares Kontingent und Verbrauch im Durchschnitt (unveröffentlicht). Nürnberg.

BUNDESAGENTUR FÜR ARBEIT [Hrsg.] (2006c): Arbeitslosenquoten im September 2006. Regionaldirektionen und Agenturen für Arbeit. URL: http://www.pub.arbeitsamt.de/hst/services/statistik/000000/html/start/karten/aloq_aa.html. Abrufdatum: 04.10.2006.

BUNDESAGENTUR FÜR ARBEIT [Hrsg.] (2006d): Förderung der Aufnahme einer selbständigen Tätigkeit (unveröffentlicht). Nürnberg.

BUNDESAGENTUR FÜR ARBEIT [Hrsg.] (2006e): Hinweise und Hilfen für Existenzgründer. Ein Wegweiser für den Schritt in die Selbständigkeit. Nürnberg.

BURGER, TOBIAS (2005): Mitarbeiterbeteiligung und flexible Entgeltsysteme als Personalführungsinstrumente im Handwerk. In: Bertelsmann-Stiftung / ZDH [Zentralverband des Deutschen Handwerks] (Hrsg.): Strategien für ein zukunftsfähiges Handwerk. Bielefeld, S. 66 – 69.

Anpassungsdruck und Anpassungsstrategien des grenznahen Handwerks angesichts veränderter Wettbewerbsbedingungen im Zuge der EU-Erweiterung 2004

BURGER, TOBIAS (2006): Praxisanleitung zur Chancen-Risiken-Analyse im Bäckerhandwerk. München.

BUSCHMANN, BIRGIT / GOLEMBIEWSKI, WOJCIECH (2003): Kooperationen im Handwerk mit Blick auf die EU-Osterweiterung (=Grüne Reihe des Instituts für Mittelstandsforschung, Nr. 55). Mannheim.

BUSE, HANS P. (1997): Kooperationen. In: Pfohl, Hans-Christian (Hrsg.): Betriebswirtschaftslehre der Mittel- und Kleinbetriebe – Größenspezifische Probleme und Möglichkeiten zu ihrer Lösung. 3. Auflage. Berlin. S. 441 – 477.

CHAFFEE, ELLEN E. (1985): Three Models of Strategy. In: Academy of Management Review. Vol. 10, No. 1, S. 89 – 98.

CHANDLER, ALFRED D. (1962): Strategy and Structure – Chapters in the History of the Industrial Enterprise. Cambridge / London.

CHETTY, SYLVIE (1996): The Case Study Method for Research in Small- and Medium-Sized Firms. In: International Small Business Journal. Vol. 15, No. 1, S. 73 – 85.

CHICHA, JOSEPH / JULIEN, PIERRE-ANDRÉ / MARCHESNAY, MICHEL (1990): Strategieformulierung und -anwendung in kleinen und mittleren Unternehmen. In: Internationales Gewerbearchiv. Zeitschrift für Klein- und Mittelunternehmen. 38. Jg., Nr. 3, S. 188 – 201.

CUPOK, UTA / GANZ, WALTER / HEINEN, EWALD / THIER, KARIN (2003): Stärkung der Dienstleistungskompetenz des Handwerks. Abschlussbericht zu einem vom Wirtschaftsministerium Baden-Württemberg geförderten Projekt im Rahmen der „Zukunftsoffensive Junge Generation". Gifhorn.

D'AMBOISE, GERALD / MULDOWNEY, MARIE (1986): Zur betriebswirtschaftlichen Theorie der kleinen und mittleren Unternehmung. In: Pleitner, Hans J. (Hrsg.): Aspekte einer Managementlehre für kleinere Unternehmen. Berlin / München / St. Gallen, S. 9 – 31.

DANYLOW, PETER (2002): EU-Erweiterung: Chancen und Risiken (=Institut der Deutschen Wirtschaft, Thema Wirtschaft, Nr. 77). Köln.

DASCHMANN, HANS-ACHIM (1993): Erfolgsfaktoren mittelständischer Unternehmen – Ein Beitrag zur Erfolgsfaktorenforschung. Stuttgart.

DEISS, MANFRED / MENDIUS, HANS G. (2004): Risiken und Chancen der EU-Osterweiterung für die ArbeitnehmerInnen am Beispiel der ostbayerisch/tschechischen Grenzregion. München.

DEITMER, LUDGER (1995): Innovationsprozesse im Handwerk – Bedingungen und Chancen. In: Deitmer, Ludger / Rauner, Felix (Hrsg.): Zukunft Handwerk. Das Handwerk als regionaler Innovationsträger. Bremen, S. 39 – 52.

DEUTSCHE HANDWERKSZEITUNG [Hrsg.] (2002): EU-Osterweiterung, Teil II: Forderungen der Grenzregionen. Sonderdruck / Ausgabe Oberfranken 2002. Bad Wörishofen.

Literatur

DEUTSCHER BUNDESTAG [Hrsg.] (2006): Fünfunddreißigster Rahmenplan der Gemeinschaftsaufgabe „Verbesserung der regionalen Wirtschaftsstruktur" für den Zeitraum 2006 bis 2009. Drucksache 16/1790. Berlin.

DEUTSCH-TSCHECHISCHE INDUSTRIE- UND HANDELSKAMMER [Hrsg.] (2006): Die Wirtschaft Tschechiens im Jahr 2006. Prag.

DICHTL, ERWIN / LEIBOLD, MARIUS / BEESKOW, WERNER / KÖGLMAYR, HANS-GEORG / MÜLLER, STEFAN / POTUCEK, VLADIMIR (1983): Die Entscheidung kleinerer und mittlerer Unternehmen für die Aufnahme einer Exporttätigkeit. In: Zeitschrift für Betriebswirtschaft. 53. Jg., Nr. 5, S. 428 – 444.

DIEFENBACH, WILHELM (2006): Einwirkungen des EU-Rechts auf das deutsche Kammerrecht. In: Gewerbearchiv – Zeitschrift für Gewerbe- und Wirtschaftsverwaltungsrecht. 52. Jg., Nr. 6, S. 217 – 227.

DISPAN, JÜRGEN (2003): Regionale Strukturen und Beschäftigungsperspektiven im Handwerk (=Informationsdienst des Instituts für Medienforschung und Urbanistik, Heft 4). München.

DÖHRN, ROLAND / MILTON, ANTOINE-RICHARD / WELTER, FRIEDERIKE / PEISTRUP, MATTHIAS / RAINES, PHIL / HELINSKA-HUGHES, EWA / MICHIE, RONA / ADRIMI, FOTOULA / DELAPINA, FRANZ / TÖDTLING-SCHÖNHOFER, HERTA / EISENKOLB, GÜNTER / LLADOS, JOSEP / DUCH, NESTOR / RIBERA, RAMON (2000): Impact of the Enlargement of the European Union on Small and Medium-sized Enterprises in the Union. Essen / Glasgow.

DOKOUPIL, JAROSLAV / MATUSKOVA, ALENA (2005): Erwartungen und erste Ergebnisse der EU-Erweiterung in der Tschechischen Republik. In: Maier, Jörg (Hrsg.): Erwartungen und erste Ergebnisse der EU-Erweiterung. Tagung des Forschungssechsecks der Universitäten Bayreuth, Bratislava, Graz, Maribor, Pecs und Plzen. Bayreuth, S. 71 – 80.

DORNIEDEN, MICHAEL (2001): Ausprägungen und Erfolgspotential des Zulieferwesens im Metallhandwerk (=Göttinger Handwerkswirtschaftliche Studien, Nr. 65). Duderstadt.

DOWNS, ROGER M. (1970): Geographic Space Perception – Past Approaches and Future Prospects. In: Progress in Geography – International Reviews of Current Research. Vol. 2, S. 65 – 108.

DÜRIG, WOLFGANG (2002): Wandel des Berufsbildes des selbständigen Handwerksmeisters in der wissensbasierten Ökonomie. In: RWI-Mitteilungen, 53. Jg., S. 107 – 126.

EDEN, HARO (2002): Kleine und mittlere Unternehmen im Prozess der Internationalisierung. In: Krystek, Ulrich / Zur, Eberhard (Hrsg.): Handbuch Internationalisierung. Globalisierung – eine Herausforderung für die Unternehmensführung. 2. Auflage. Berlin, S. 35 – 80.

EGGERT, ULRICH (1997): Konsumententrends. Düsseldorf.

EISENHARDT, KATHLEEN M. (1989): Building Theories from Case Study Research. In: Academy of Management Review. Vol. 14, No. 4, S. 532 – 550.

ENGELBRECHT, ARNE (1999): Kooperationszwang für Handwerksunternehmen? Virtuelle Unternehmen im Handwerk. In: Heinz-Piest-Institut für Handwerkstechnik an der Universität Hannover (Hrsg.): Das Handwerk zwischen neuen Technologien und Globalisierung. Hannover, S. 85 – 100.

ENGELBRECHT, ARNE (2003): Merkmale erfolgreicher Kooperationen. In: ZDH [Zentralverband des Deutschen Handwerks] / BMBF [Bundesministerium für Bildung und Forschung] (Hrsg.): Fertigung im Netzwerk – Handwerk als Hersteller kundenindividueller Produkte. Hamburg, S. 62 – 76.

ESSER, FRIEDRICH H. (2002): Meisterprüfungsberufsbilder in der Entwicklung. In: Twardy, Martin (Hrsg.): Berufsbildung im Handwerk – Reihe B, Heft 56. Köln.

EUROPÄISCHE UNION (2003): Verordnung (EG) Nr. 1059/2003 des Europäischen Parlaments und des Rates vom 26. Mai 2003 über die Schaffung einer gemeinsamen Klassifikation der Gebietseinheiten für die Statistik. Brüssel.

FIETEN, ROBERT / FRIEDRICH, WERNER / LAGEMAN, BERNHARD (1997): Globalisierung der Märkte – Herausforderung und Optionen für kleine und mittlere Unternehmen, insbesondere für Zulieferer (=Schriften zur Mittelstandsforschung, Nr. 73). Stuttgart.

FILION, LOUIS J. (1999): Zwei Unternehmertypen: Operateur und Visionär – Die Konsequenzen für die Ausbildung. In: Internationales Gewerbearchiv. 47. Jg., Nr. 2, S. 91 – 102.

FLECK, ANDRÉE (1995): Hybride Wettbewerbsstrategien – Zur Synthese von Kosten- und Differenzierungsvorteilen. München.

FLICK, UWE (1991): Stationen des qualitativen Forschungsprozesses. In: Flick, Uwe / Kardorff, Ernst von / Keupp, Heiner / Rosenstiel, Lutz von / Wolff, Stephan (Hrsg.): Handbuch qualitative Sozialforschung. Grundlagen, Konzepte, Methoden und Anwendungen. München, S. 147 – 173.

FLICK, UWE (2000): Design und Prozess qualitativer Forschung. In: Flick, Uwe / Kardorff, Ernst von / Steinke, Ines (Hrsg.): Qualitative Forschung. Ein Handbuch. Reinbek, S. 252 – 265.

FLICK, UWE (2002): Qualitative Sozialforschung. Eine Einführung. 6. Auflage. Hamburg.

FREDEBEUL-KREIN, MARKUS / SCHÜRFELD, ANGELA (1998): Marktzutrittsregulierungen im Handwerk und bei technischen Dienstleistungen – Eine ökonomische Analyse. Köln.

FRESE, ERICH (1993): Geschäftssegmentierung als organisatorisches Konzept – zur Leitbildfunktion mittelständischer Strukturen für Großunternehmungen. In: Zeitschrift für betriebswirtschaftliche Forschung. 45. Jg., Nr. 12, S. 999 – 1024.

FRETER, HERMANN (1983): Marketing-Strategien im Mittelstand. In: Gabele, Eduard (Hrsg.): Erfolgreiche Führung kleiner und mittlerer Unternehmen. Bamberg, S. 23 – 46.

FREVEL, ALEXANDER / HEINEN, EWALD (2000): Facility Management – Erfahrungen und Perspektiven zu Kooperationsansätzen im Handwerk (=Schriftenreihe des Zentralverbands des Deutschen Handwerks, Nr. 58). Berlin.

FRÖHLICH, ERWIN (1995): Familie als Erfolgsfaktor im Gewerbe und Handwerk. In: Stiegler, Harald / Kotek, Heinz / Petermandl, Monika / Kemmetmüller, Wolfgang (Hrsg.): Erfolgspotentiale für Klein- und Mittelbetriebe – Festschrift für Walter Sertl zum 65. Geburtstag. Linz, S. 105 – 136.

FRÖHLICH, ERWIN / PICHLER, J. HANNS (1988): Werte und Typen mittelständischer Unternehmen (=Beiträge zur ganzheitlichen Wirtschafts- und Gesellschaftslehre, Band 8). Berlin.

GANZ, WALTER (2000): Erfolgsfaktoren für handwerkliche Zulieferer. In: Seminar für Handwerkswesen an der Universität Göttingen (Hrsg.): Das Handwerk im Zeichen der Globalisierung. Duderstadt, S. 149 – 171.

GASSMANN, OLIVER (1999): Praxisnähe mit Fallstudienforschung. In: Wissenschaftsmanagement. 6. Jg., Nr. 3, S. 11 – 16.

GERHARDT, UTE (1991): Typenbildung. In: Flick, Uwe / Kardorff, Ernst von / Keupp, Heiner / Rosenstiel, Lutz von / Wolff, Stephan (Hrsg.): Handbuch qualitative Sozialforschung. Grundlagen, Konzepte, Methoden und Anwendungen. München, S. 435 – 439.

GERSTENBERGER, WOLFGANG / GRUNDIG, BEATE / HOFMANN, HERBERT / POHL, CARSTEN / SCHMALHOLZ, HEINZ / VÖGTLE, CAROLA / VOTTELER, MICHAELA / WERDING, MARTIN (2004): Auswirkungen der EU-Osterweiterung auf Wirtschaft und Arbeitsmarkt in Sachsen (=ifo Dresden Studien, Nr. 35). Dresden.

GIBB, ALLAN / SCOTT, MIKE (1985): Strategic Awareness, Personal Commitment and the Process of Planning in the Small Business. In: Journal of Management Studies. Vol. 22, No. 6, S. 597 – 624.

GLASL, MARKUS (2002): Auswirkungen der EU-Osterweiterung auf das Handwerk in Sachsen (=Handwerkswirtschaftliche Reihe, Nr. 115). München.

GRAMSS, RUPERT J. (1990): Strategische Planung in kleinen und mittleren Unternehmen. Bamberg.

GRANT, ROBERT M. (2002): Contemporary Strategy Analysis – Concepts, Techniques, Applications. 4. Auflage. Malden / Oxford (UK).

GROCHLA, ERWIN / PUHLMANN, MANFRED / VAHLE, MANFRED (1984): Die Entlastung mittelständischer Unternehmer durch organisatorische Maßnahmen. In: Zeitschrift für betriebswirtschaftliche Forschung. 36. Jg., Nr. 5, S. 395 – 411.

GROEBEN, NORBERT / RUSTEMEYER, RUDI (2002): Inhaltsanalyse. In: König, Eckard / Zedler, Peter (Hrsg.): Qualitative Forschung. Grundlagen und Methoden. 2. Auflage. Weinheim / Basel, S. 233 – 258.

GROEGER, HERBERT (1991): Erschließung von Auslandsmärkten durch Kooperationen. In: Seminar für Handwerkswesen an der Universität Göttingen (Hrsg.): Auslandskooperationen im Handwerk. Göttingen, S. 31 – 42.

GROS, JOCHEN (2003): C-Moebel. Elektronisches Musterbuch für CNC-gerechtes Design. In: ZDH [Zentralverband des Deutschen Handwerks] / BMBF [Bundesministerium für Bildung und Forschung] (Hrsg.): Fertigung im Netzwerk – Handwerk als Hersteller kundenindividueller Produkte. Hamburg, S. 38 – 51.

HAAKE, KLAUS (1987): Strategisches Verhalten in europäischen Klein- und Mittelunternehmen. Berlin / München / St. Gallen.

HAAS, HANS-DIETER (1994): Europäischer Luftverkehr und der neue Flughafen Münchens. In: Geographische Rundschau. 46. Jg., Nr. 5, S. 274 – 281.

HAAS, HANS-DIETER (2006a): Globalisierung der Märkte und Internationalisierung der Wirtschaft. In: Haas, Hans-Dieter (Hrsg.): Internationale Wirtschaft – Rahmenbedingungen, Akteure, räumliche Prozesse. München / Wien, S. 3 – 16.

HAAS, HANS-DIETER (2006b): Marktbearbeitungsformen – das Spektrum einer internationalen Unternehmenstätigkeit. In: Haas, Hans-Dieter (Hrsg.): Internationale Wirtschaft – Rahmenbedingungen, Akteure, räumliche Prozesse. München / Wien, S. 605 – 644.

HAAS, HANS-DIETER / FLEISCHMANN, ROBERT (1986): Probleme industrieller Standortentwicklung im Münchner Raum aus der Sicht einer verhaltensorientierten Industriegeographie. In: Schaffer, Franz / Poschwatta, Wolfgang (Hrsg.): Angewandte Sozialgeographie: Karl Ruppert zum 60. Geburtstag (=Beiträge zur angewandten Sozialgeographie, Band 12). Augsburg, S. 303 – 328.

HAAS, HANS-DIETER / FLEISCHMANN, ROBERT (1991): Geographie des Bergbaus (=Erträge der Forschung, Band 273). Darmstadt.

HAAS, HANS-DIETER / HESS, WOLFGANG / SCHERM, GEORG (1983): Industrielle Monostrukturen an Mikrostandorten – Ansätze zur Arbeitsplatzsicherung im Rahmen der Stadtentwicklungsplanung, dargestellt am Beispiel Albstadt (=Münchner Studien zur Sozial- und Wirtschaftsgeographie, Band 24). Kallmünz / Regensburg.

HAATHI, ANTTI (2002): Eine Längsschnittstudie europäischer Klein- und Mittelunternehmen. In: Internationalisierung europäischer Klein- und Mittelunternehmen – INTERSTRATOS (=Internationales Gewerbearchiv, Sonderheft 5). Berlin / St. Gallen, S. 9 – 19.

HANTSCH, GEROLD B. (2005): Innovation als Marketinginstrument für das Handwerk. In: Bertelsmann-Stiftung / ZDH [Zentralverband des Deutschen Handwerks] (Hrsg.): Strategien für ein zukunftsfähiges Handwerk. Bielefeld, S. 34 – 37.

HEINEN, EDMUND (1985): Entscheidungsorientierte Betriebswirtschaftslehre und Unternehmenskultur. In: Zeitschrift für Betriebswirtschaft. 55. Jg., Nr. 10, S. 980 – 991.

HEINEN, EWALD (2003): Entwicklung eines Betreibermodells für regionale, gewerkeübergreifende handwerkliche Kooperationen – GeWerk. In: ZDH [Zentralverband des Deutschen Handwerks] / BMBF [Bundesministerium für Bildung und Forschung] (Hrsg.): Fertigung im Netzwerk – Handwerk als Hersteller kundenindividueller Produkte. Hamburg, S. 32 – 37.

HEINEN, EWALD / RITTER, ALBERT / SCHULTE, ACHIM / ZÜHLKE-ROBINET, KLAUS (2005): Erfolgreich gestaltete Innovationen in Handwerksbetrieben. Praxisbeispiele vorbildlicher Lösungen. Karlsruhe.

HEINEN, EWALD / SURAC, VJEKA (1997): Die wirtschaftliche Bedeutung des Handwerks in Deutschland. Stand – Chancen – Prognosen. Gifhorn.

HENKE, MICHAEL (2002): Strategische Kooperationen kleiner und mittlerer Unternehmen (KMU) unter besonderer Berücksichtigung des Coopetition-Ansatzes. München.

HENTZE, JOACHIM / KAMMEL, ANDREAS (2000): Erfolgs- und Misserfolgsfaktoren mittelständischer Unternehmen in Osteuropa. In: Gutmann, Joachim / Kabst, Rüdiger (Hrsg.): Internationalisierung im Mittelstand. Chancen – Risiken – Erfolgsfaktoren. Wiesbaden, S. 209 – 226.

HERDZINA, KLAUS / BLESSIN, BERND (1996): Strategische Unternehmensführung als Erfolgsfaktor im Wettbewerb – Kleine und mittlere Unternehmen der Region Neckar-Alb im Strukturwandel. Stuttgart-Hohenheim.

HERRSCHAFT, ROLF A. (2000): Neue Märkte für das Handwerk durch Outsourcing? In: Seminar für Handwerkswesen an der Universität Göttingen (Hrsg.): Das Handwerk im Zeichen der Globalisierung. Duderstadt, S. 131 – 148.

HEUSS, ERNST (1965): Allgemeine Markttheorie. Tübingen / Zürich.

HIEKE, HUBERT (2000): Mittelstand und Globalisierung – Die Exportstruktur des deutschen Handwerks. In: Internationales Gewerbearchiv. 48. Jg., Nr. 1, S. 46 – 60.

HOFSTEDE, GEERT (2001): Lokales Denken, globales Handeln. Interkulturelle Zusammenarbeit und globales Management. 2. Auflage. München.

HOGEFORSTER, JÜRGEN (1995): Forschung und Qualifizierung im Handwerk – Entwicklungsbedarf und -chancen. In: Deitmer, Ludger / Rauner, Felix (Hrsg.): Zukunft Handwerk. Das Handwerk als regionaler Innovationsträger. Bremen, S. 23 – 29.

HOPF, CHRISTEL (1991): Qualitative Interviews in der Sozialforschung. Ein Überblick. In: Flick, Uwe / Kardorff, Ernst von / Keupp, Heiner / Rosenstiel, Lutz von / Wolff, Stephan (Hrsg.): Handbuch qualitative Sozialforschung. Grundlagen, Konzepte, Methoden und Anwendungen. München, S. 177 – 182.

HORNADAY, ROBERT W. (1990): Dropping the E-Words from Small Business Research: An Alternative Typology. In: Journal of Small Business Management. Vol. 28, No. 4, S. 22 – 33.

HUANG, XUELI / BROWN, ALAN (1999): An Analysis and Classification of Problems in Small Business. In: International Small Business Journal. Vol. 18, No. 1, S. 73 – 85.

HUBER, THOMAS (2005): Die Zukunft des Handwerks vor dem Hintergrund des gesellschaftlichen und demographischen Wandels – Das Handwerk aus der Perspektive der Zukunfts- und Trendforschung. In: Seminar für Handwerkswesen an der Universität Göttingen (Hrsg.): Demographischer Wandel – Auswirkungen auf das Handwerk. Duderstadt, S. 53 – 91.

HWK FÜR OBERFRANKEN [Hrsg.] (2004a): Der Lebensmittelmarkt für Bäcker in Tschechien (unveröffentlichter Foliensatz). Marktredwitz.

HWK FÜR OBERFRANKEN [Hrsg.] (2004b): Die Fleischwirtschaft in der Tschechischen Republik (unveröffentlichter Foliensatz). Marktredwitz.

HWK FÜR OBERFRANKEN [Hrsg.] (2005): Wirtschaftliche Lage des oberfränkischen Handwerks im I. Quartal 2005. Bayreuth.

HWK FÜR OBERFRANKEN [Hrsg.] (2006a): Betriebe, Beschäftigte, Umsätze und Lehrlinge im oberfränkischen Handwerk. Die Entwicklung seit 1956. URL: http://www.hwk-oberfranken.de/article.php?sid=782&mode=thread&order=0. Abrufdatum: 11.09.2006.

HWK FÜR OBERFRANKEN [Hrsg.] (2006b): Wirtschaftliche Lage des oberfränkischen Handwerks im II. Quartal 2006. Bayreuth.

HWK NIEDERBAYERN / OBERPFALZ [Hrsg.] (2005): Konjunkturbericht. Die wirtschaftliche Lage des ostbayerischen Handwerks, 1. Quartal 2005. Regensburg.

HWK NIEDERBAYERN / OBERPFALZ [Hrsg.] (2006a): Handwerksdaten in Niederbayern-Oberpfalz ab 1974. Interne Auswertung (unveröffentlicht). Regensburg.

HWK NIEDERBAYERN / OBERPFALZ [Hrsg.] (2006b): Strukturdaten des Handwerks 2005. URL: http://www.hwkno.de/start?m=artikel.detail&id=2216. Abrufdatum: 11.09.2006.

HWK NIEDERBAYERN / OBERPFALZ [Hrsg.] (2006c): Konjunkturbericht. Die wirtschaftliche Lage des ostbayerischen Handwerks, 2. Quartal 2006. Regensburg.

IHK DRESDEN [Hrsg.] (2000): Chancen und Risiken der EU-Osterweiterung für die Wirtschaft im Kammerbezirk Dresden. Dresden.

IHK DRESDEN [Hrsg.] (2001): Die EU-Osterweiterung aus der Sicht der grenznahen Wirtschaft. Dresden.

IHK DRESDEN [Hrsg.] (2003): Die EU-Erweiterung 2004 aus Sicht der Wirtschaft im Kammerbezirk Dresden, in Nordböhmen (Tschechien) und Niederschlesien (Polen). Dresden.

JENNINGS, PETER / BEAVER, GRAHAM (1997): The Performance and Competitive Advantage of Small Firms: A Management Perspective. In: International Small Business Journal. Vol. 15, No. 2, S. 63 – 75.

JENTSCH, DANIEL (2001): Die geplante EU-Osterweiterung und mögliche Auswirkungen – Erwartungen und auch Ängste der Handwerksmeister im Landkreis Wunsiedel im Fichtelgebirge (=Arbeitsmaterialien zur Raumordnung und Raumplanung, Heft 203). Bayreuth.

KAURANEN, ILKKA (1994): Charakterzüge der Unternehmerpersönlichkeit im alltäglichen persönlichen Verhalten. In: Internationales Gewerbearchiv. 42. Jg., Nr. 4, S. 217 – 231.

KAYSER, GUNTER / WALLAU, FRANK (2005): Die Belastung des Handwerks mit Bürokratiekosten. Bonn.

KEIL, ALBERT (1995): Kooperation zwischen Unternehmern und Arbeitnehmern im Handwerk. In: Deitmer, Ludger / Rauner, Felix (Hrsg.): Zukunft Handwerk. Das Handwerk als regionaler Innovationsträger. Bremen, S. 20 – 22.

KELLE, UDO / ERZBERGER, CHRISTIAN (2000): Qualitative und quantitative Methoden: kein Gegensatz. In: Flick, Uwe / Kardorff, Ernst von / Steinke, Ines (Hrsg.): Qualitative Forschung. Ein Handbuch. Reinbek, S. 299 – 309.

KERKA, FRIEDRICH / THOMZIK, MARKUS (2001): Kooperation als Antwort des Handwerks auf neue Herausforderungen im Markt für Facility Management. In: Seminar für Handwerkswesen an der Universität Göttingen (Hrsg.): Kooperation im Handwerk als Antwort auf neue Anbieter auf handwerksrelevanten Märkten. Duderstadt, S. 27 – 76.

KfW [Kreditanstalt für Wiederaufbau] (2001): Expertenworkshop zur Situation im Handwerk. In: KfW (Hrsg.): Mittelstands- und Strukturpolitik. Band 20, S. 5 – 9.

KIRSCH, WERNER (1983): Fingerspitzengefühl und Hemdsärmeligkeit bei der Planung im Mittelstand. In: Gabele, Eduard (Hrsg.): Erfolgreiche Führung kleiner und mittlerer Unternehmen. Bamberg, S. 150 – 174.

KIRSCH, WERNER / RINGLSTETTER, MAX (1997): Varianten einer Differenzierungsstrategie. In: Kirsch, Werner (Hrsg.): Strategisches Management: Die geplante Evolution von Unternehmen. München, S. 469 – 484.

KIRSCH, WERNER / ROVENTA, PETER / TRUX, WALTER (1983): Wider den Haarschneideautomaten – Ein Plädoyer für mehr „Individualität" bei der Strategischen Unternehmensführung. In: Kirsch, Werner / Roventa, Peter (Hrsg.): Bausteine eines strategischen Managements. Dialoge zwischen Wissenschaft und Praxis. Berlin / New York, S. 17 – 42.

KNUTZEN, SÖNKE (2002): Steigerung der Innovationskompetenz des Handwerks (=Reihe Berufsbildung, Arbeit und Innovation, Band 10). Bielefeld.

KOCH, PATRICIA M. / GRETSCH, KORNELIA (1994): Qualitative Methodik in der Sozialgeographie. In: Standort – Zeitschrift für Angewandte Geographie. 18. Jg., Nr. 2, S. 26 – 32.

KOLLER, THOMAS (2000): Osterweiterung der EU – Auswirkungen aus Sicht des Handwerks. In: Maier, Jörg (Hrsg.): Mögliche Auswirkungen der EU-Osterweiterung auf Bayern und Böhmen unter besonderer Berücksichtigung des Grenzraums (=Arbeitsmaterialien zur Raumordnung und Raumplanung, Heft 194). Bayreuth, S. 57 – 63.

KOLLER, THOMAS (2003): EU-Erweiterung: Vorwärtsstrategien des Handwerks in den Grenzregionen. In: Maier, Jörg (Hrsg.): Die EU-Osterweiterung auf die Tschechische Republik und ihre möglichen Auswirkungen auf das bayerische Grenzland. Hannover, S. 29 – 37.

KÖNIG, WOLFGANG (1998): Ist das Handwerk auf das 21. Jahrhundert vorbereitet? In: Senatsverwaltung für Wirtschaft und Betriebe / Investitionsbank Berlin (Hrsg.): Hat das Handwerk noch Goldenen Boden? Berlin, S. 14 – 23.

KÖNIG, WOLFGANG (2000): Einführung in die Wirkungsanalyse der Globalisierung. In: Seminar für Handwerkswesen an der Universität Göttingen (Hrsg.): Das Handwerk im Zeichen der Globalisierung. Duderstadt, S. 1 – 11.

KÖNIG, WOLFGANG (2003): Die Handwerksordnung – Relikt vergangener Jahre oder notwendiges Instrument für einen starken Mittelstand in einem fairen Wettbewerb der Kräfte? In: Handwerkskammer Potsdam (Hrsg.): Handwerk – Aspekte aus Geschichte und Gegenwart. Potsdam, S. 147 – 167.

KORNHARDT, ULLRICH / KUCERA, GUSTAV (2003): Investitionsverhalten im Handwerk – Ursachen für die Investitionsschwäche im Handwerk seit Mitte der 90er Jahre (=Göttinger Handwerkswirtschaftliche Studien, Nr. 68). Duderstadt.

KOTTHOFF, HERRMANN / REINDL, JOSEF (1990): Die soziale Welt kleiner Betriebe. Wirtschaften, Arbeiten und Leben im mittelständischen Betrieb. Göttingen.

KRAIMER, KLAUS (2002): Einzelfallstudien. In: König, Eckard / Zedler, Peter (Hrsg.): Qualitative Forschung. Grundlagen und Methoden. 2. Auflage. Weinheim / Basel, S. 213 – 232.

KREIKEBAUM, HARTMUT (1997): Strategische Unternehmensplanung. 6. Auflage. Stuttgart / Berlin / Köln.

KROPFBERGER, DIETRICH (1986): Erfolgsmanagement statt Krisenmanagement. Strategisches Management in Mittelbetrieben. Linz.

KUCERA, GUSTAV (2001): Kooperation, Konkurrenz, Coopetition – Strategiefelder für das Handwerk. In: Seminar für Handwerkswesen an der Universität Göttingen (Hrsg.): Kooperation im Handwerk als Antwort auf neue Anbieter auf handwerksrelevanten Märkten. Duderstadt, S. 1 – 25.

KÜPPER, HANS-ULRICH / BRONNER, TILLMANN (1995): Strategische Ausrichtung mittelständischer Unternehmen – Ergebnisse einer empirischen Erhebung. In: Internationales Gewerbearchiv. 43. Jg., Nr. 2, S. 73 – 87.

KÜPPER, HANS-ULRICH / DASCHMANN, HANS-ACHIM (1993): Erfolgs- und Misserfolgsfaktoren mittelständischer Unternehmen. Ergebnisse einer empirischen Untersuchung zur Strategischen Unternehmensführung. In: Steuern und Gewerbe. Nr. 3, S. 7 – 12.

KUTSCHKER, MICHAEL / SCHMID, STEFAN (2002): Internationales Management. 2. Auflage. München / Wien.

LAGEMAN, BERNHARD (2001): Marktstrukturen im Wandel – Zukünftige Unternehmensstrategien im Handwerk. In: KfW [Kreditanstalt für Wiederaufbau; Hrsg.]: Mittelstands- und Strukturpolitik. Band 20, S. 15 – 23.

LAHNER, JÖRG (2004): Innovationsprozesse im Handwerk (=Göttinger Handwerkswirtschaftliche Studien, Nr. 69). Duderstadt.

LAHNER, JÖRG / MÜLLER, KLAUS (2004): Innovationen im Handwerk (=Göttinger Handwerkswirtschaftliche Arbeitshefte, Nr. 54). Göttingen.

LAMMERS, KONRAD (2004): Effekte der Osterweiterung für die alten Mitgliedsländer. In: Wirtschaftsdienst – Zeitschrift für Wirtschaftspolitik. 84. Jg., Nr. 5, S. 275 – 278.

LAMNEK, SIEGFRIED (1995): Qualitative Sozialforschung, Band 2: Methoden und Techniken. 3. Auflage. München / Weinheim.

LAMNEK, SIEGFRIED (2002): Qualitative Interviews. In: König, Eckard / Zedler, Peter (Hrsg.): Qualitative Forschung. Grundlagen und Methoden. 2. Auflage. Weinheim / Basel, S. 157 – 194.

LAU, JÜRGEN-JOHANNES (2005): Systematischer Einsatz von Instrumenten der Mitarbeitermotivation und Mitarbeiteridentifikation. In: Bertelsmann-Stiftung / ZDH [Zentralverband des Deutschen Handwerks] (Hrsg.): Strategien für ein zukunftsfähiges Handwerk. Bielefeld, S. 60 – 65.

MAIER, JÖRG / SCHLÄGER-ZIRLIK, PATRICIA (2006): Grenzüberschreitende Unternehmensaktivitäten in den Grenzregionen Bayerns und der Tschechischen Republik. Status quo – Potentiale – Barrieren. Bayreuth.

MAYERHOFER, PETER / GELDNER, NORBERT / PALME, GERHARD / SCHNEIDER, MATHIAS (1998): Ökonomische Wirkungen einer EU-Osterweiterung auf die niederösterreichische Wirtschaft. Wien.

MAYERHOFER, PETER / PALME, GERHARD (2001): Sachgüterproduktion und Dienstleistungen: Sektorale Wettbewerbsfähigkeit und regionale Integrationsfolgen. Teilstudie der Studie des Österreichischen Instituts für Wirtschaftsforschung im Rahmen der Gemeinschaftsinitiative INTERREG II C. Wien.

MAYRING, PHILIPP (1991): Qualitative Inhaltsanalyse. In: Flick, Uwe / Kardorff, Ernst von / Keupp, Heiner / Rosenstiel, Lutz von / Wolff, Stephan (Hrsg.): Handbuch qualitative Sozialforschung. Grundlagen, Konzepte, Methoden und Anwendungen. München, S. 209 – 213.

MAYRING, PHILIPP (1995): Qualitative Inhaltsanalyse. Grundlagen und Techniken. 5. Auflage. Weinheim.

MAYRING, PHILIPP (2000): Qualitative Inhaltsanalyse. In: Flick, Uwe / Kardorff, Ernst von / Steinke, Ines (Hrsg.): Qualitative Forschung. Ein Handbuch. Reinbek, S. 468 – 475.

MECKE, INGO (1999): Das Handwerk im dienstleistungsgeprägten Strukturwandel (=Göttinger Handwerkswirtschaftliche Studien, Nr. 60). Duderstadt.

MEFFERT, HERIBERT (1997): Handwerk – ein Thema für die wirtschaftswissenschaftliche Forschung? In: Handwerkskammer Münster / Westfälische Wilhelms-Universität Münster (Hrsg.): Handwerk und Wissenschaft – Partner auf dem Weg ins nächste Jahrtausend. Münster / New York / München / Berlin, S. 17 – 35.

MEFFERT, HERIBERT (1998): Grundlagen marktorientierter Unternehmensführung: Konzepte – Instrumente – Praxisbeispiele. 8. Auflage. Wiesbaden.

MEFFERT, HERIBERT (2005): Erfolgreiche Führung in stagnierenden und schrumpfenden Märkten. In: Bertelsmann-Stiftung / ZDH [Zentralverband des Deutschen Handwerks] (Hrsg.): Strategien für ein zukunftsfähiges Handwerk. Bielefeld, S. 20 – 25.

MEINEFELD, WERNER (2000): Hypothesen und Vorwissen in der qualitativen Sozialforschung. In: Flick, Uwe / Kardorff, Ernst von / Steinke, Ines (Hrsg.): Qualitative Forschung. Ein Handbuch. Reinbek, S. 265 – 275.

MIESENBÖCK, KURT (1989): Der Weg zum Export. Chancen für Klein- und Mittelbetriebe (=Schriftenreihe des Instituts für Betriebswirtschaftslehre der Klein- und Mittelbetriebe an der Wirtschaftsuniversität Wien, Nr. 8). Wien.

MILES, RAYMOND E. / SNOW, CHARLES C. (1978): Organizational Strategy, Structure, and Process. New York / London / Paris / Sydney / Tokyo.

MINER, JOHN B. / SMITH, NORMAN R. / BRACKER, JEFFREY S. (1992): Defining the Inventor-Entrepreneur in the Context of Established Typologies. In: Journal of Business Venturing. Vol. 7, No. 2, S. 103 – 113.

MINTZBERG, HENRY (1978): Patterns in Strategy Formation. In: Management Science. Vol. 24, No. 9, S. 934 – 948.

MINTZBERG, HENRY (1987): The Strategy Concept 1: Five P's for Strategy. In: California Management Review. Vol. 30, No. 1, S. 11 – 24.

MINTZBERG, HENRY / AHLSTRAND, BRUCE / LAMPEL, JOSEPH (1999): Strategy Safari – Eine Reise durch die Wildnis des strategischen Managements. Frankfurt am Main / Wien.

MUGLER, JOSEF (1993): Betriebswirtschaftslehre der Klein- und Mittelbetriebe. Wien / New York.

MUGLER, JOSEF (1998): Die Entwicklung von Klein- und Mittelbetrieben – Wichtige Theoriebeiträge im Überblick. In: Kailer, Norbert / Mugler, Josef (Hrsg.): Entwicklung von kleinen und mittleren Unternehmen – Konzepte, Praxiserfahrungen, Entwicklungsperspektiven. Wien, S. 15 – 66.

MÜLLER, KLAUS (1995): Das deutsche Handwerk im östlichen Grenzgebiet am Beispiel der Wettbewerbssituation der Steinmetze. In: Seminar für Handwerkswesen an der Universität Göttingen (Hrsg.): Perspektiven des deutschen Handwerks im Zeichen der Öffnung östlicher Nachbarstaaten. Göttingen, S. 165 – 171.

MÜLLER, KLAUS (1997): Neuere Erkenntnisse über das Auslandsengagement im Handwerk (=Göttinger Handwerkswirtschaftliche Arbeitshefte, Nr. 37). Göttingen.

MÜLLER, KLAUS (2000a): Kundenstruktur im Handwerk (=Göttinger Handwerkswirtschaftliche Studien, Nr. 61). Duderstadt.

MÜLLER, KLAUS (2000b): Auswirkungen der Globalisierung auf das deutsche Handwerk. In: Seminar für Handwerkswesen an der Universität Göttingen (Hrsg.): Das Handwerk im Zeichen der Globalisierung. Duderstadt, S. 173 – 221.

MÜLLER, KLAUS (2002): Grundsatzfragen der EU-Erweiterung aus Sicht des deutschen Handwerks. In: Seminar für Handwerkswesen an der Universität Göttingen (Hrsg.): Perspektiven der EU-Osterweiterung für das deutsche Handwerk. Duderstadt, S. 1 – 29.

MÜLLER, KLAUS (2003a): Das Handwerk in der amtlichen Statistik – Bestandsaufnahme und Verbesserungsmöglichkeiten (=Göttinger Handwerkswirtschaftliche Arbeitshefte, Nr. 48). Duderstadt.

MÜLLER, KLAUS (2003b): Der Generationswechsel im Handwerk im Zeichen von Existenzgründungsprognosen (=Göttinger Handwerkswirtschaftliche Arbeitshefte, Nr. 52). Duderstadt.

MÜLLER, KLAUS (2004): Außenwirtschaftsförderung im Handwerk (=Göttinger Handwerkswirtschaftliche Studien, Nr. 70). Duderstadt.

MÜLLER, KLAUS (2005): Beschäftigung im Handwerk (=Göttinger Handwerkswirtschaftliche Studien, Nr. 72). Duderstadt.

MÜLLER, KLAUS (2006): Das Messeverhalten von Handwerksbetrieben (=Göttinger Handwerkswirtschaftliche Studien, Nr. 73). Duderstadt.

MÜLLER, KLAUS / BANG, KATHLEEN (2002): Die Auswirkungen der EU-Osterweiterung auf die niedersächsischen Klein- und Mittelunternehmen am Beispiel des Handwerks (=Göttinger Handwerkswirtschaftliche Studien, Nr. 66). Duderstadt.

MÜLLER, KLAUS / BANG, KATHLEEN (2003): Die Auswirkungen der EU-Osterweiterung auf das Handwerk der grenznahen Regionen am Beispiel der Euroregion Spree-Neiße-Bober (=Göttinger Handwerkswirtschaftliche Studien, Nr. 67). Duderstadt.

MÜLLER, STEFAN / KÖGLMAYR, HANS-GEORG (1986): Die psychische Distanz zu Auslandsmärkten – Ein verkanntes Exporthemmnis. In: Zeitschrift für betriebswirtschaftliche Forschung. 38. Jg., Nr. 9, S. 788 – 804.

MÜLLER, WERNER M. / HURTER, MARTIN (1999): Führung als Schlüssel zur organisationalen Lernfähigkeit. In: Schreyögg, Georg / Sydow, Jörg (Hrsg.): Managementforschung 9 – Führung neu gesehen. Berlin / New York, S. 1 – 54.

MULLINGS, BEVERLEY (1999): Insider or outsider, both or neither: some dilemmas of interviewing in a cross-cultural setting. In: Geoforum. Vol. 30, No. 4, S. 337 – 350.

NAGEL, KURT (1998): Top im Handwerk: Managementwissen für Meisterbetriebe. Landsberg am Lech.

NERB, GERNOT / SCHMALHOLZ, HEINZ / DISCHINGER, MATTHIAS / EGGERT, WOLFGANG / FESTER, THOMAS / HILD, REINHARD / KIESSL, THOMAS / LACHNER, JOSEF / POHL, CARSTEN / REINHARD, MICHAEL / FRANK, BJÖRN / BELITZ, HEIKE / GORNIG, MARTIN / KRÄMER, HAGEN (2006): Chancen und Risiken veränderter Rahmenbedingungen für die Dienstleistungsunternehmen durch die EU-Dienstleistungsrichtlinie (=ifo Forschungsberichte, Nr. 29). München.

NEULINGER, GERTRUDE (1992): Das Informationsverhalten von Klein- und Mittelbetrieben im Internationalisierungsprozess (=Schriftenreihe des Instituts für Betriebswirtschaftslehre der Klein- und Mittelbetriebe an der Wirtschaftsuniversität Wien, Nr. 12). Wien.

NIEBUHR, ANNEKATRIN (2004): Spatial Effects of European Integration: Do Border Regions Benefit Above Average? (=HWWA Discussion Paper, Nr. 307). Hamburg.

NIEBUHR, ANNEKATRIN (2005): The Impact of Enlargement on European Border Regions (=HWWA Discussion Paper, Nr. 330). Hamburg.

NODA, TOMO / BOWER, JOSEPH L. (1996): Strategy Making as Iterated Process of Resource Allocation. In: Strategic Management Journal. Vol. 17, Summer Special Issue, S. 159 – 192.

OBERHOLZNER, THOMAS (2002): EU-Erweiterung: Betroffenheit und Anpassungsstrategien der österreichischen Klein- und Mittelbetriebe. In: Seminar für Handwerkswesen an der Universität Göttingen (Hrsg.): Perspektiven der EU-Osterweiterung für das deutsche Handwerk. Duderstadt, S. 31 – 56.

OCASIO, WILLIAM (1997): Towards an Attention-Based View of the Firm. In: Strategic Management Journal. Vol. 18, Summer Special Issue, S. 187 – 206.

OSTENDORF, THOMAS (1997): Das Internationalisierungsverhalten von Handwerksbetrieben – Entscheidungsprozesse und Strategien (=Göttinger Handwerkswirtschaftliche Studien, Nr. 54). Duderstadt.

OSTENDORF, THOMAS (2000): Global Business – Eine Möglichkeit für Handwerksbetriebe? In: Seminar für Handwerkswesen an der Universität Göttingen (Hrsg.): Das Handwerk im Zeichen der Globalisierung. Duderstadt, S. 79 – 107.

PETERSON, ROBERT A. / ALBAUM, GERALD / KOZMETSKY, GEORG (1986): The Public's Definition of Small Business. In: Journal of Small Business Management. Vol. 24, No. 3, S. 64 – 68.

PICHLER, J. HANNS (2001): Werte und Werthaltungen als Synergiepotential im Klein- und Mittelbetrieb – Zur „Typik" unternehmerischer Verhaltensmuster. In: MER Journal für Management und Entwicklung. 3. Jg., S. 79 – 87.

PICHLER, J. HANNS / PLEITNER, HANS J. (2002): Unternehmertum und Human Ressource Management in Klein- und Mittelunternehmen. In: Internationalisierung europäischer Klein- und Mittelunternehmen – INTERSTRATOS (=Internationales Gewerbearchiv, Sonderheft 5). Berlin / St. Gallen, S. 56 – 71.

PISECKY, JOSEF (2002): Aktivitäten und Serviceangebot der Regionalen Wirtschaftskammer Egerland. In: Seminar für Handwerkswesen an der Universität Göttingen (Hrsg.): Perspektiven der EU-Osterweiterung für das deutsche Handwerk. Duderstadt, S. 77 – 83.

PLEITNER, HANS J. (1984): Beobachtungen und Überlegungen zur Person des mittelständischen Unternehmers. In: Albach, Horst / Held, Thomas (Hrsg.): Betriebswirtschaftslehre mittelständischer Unternehmen. Stuttgart, S. 511 – 522.

PLEITNER, HANS J. (1995a): Unternehmensführung im Mittelstand. In: Mugler, Josef / Schmidt, Karl-Heinz (Hrsg.): Klein- und Mittelunternehmen in einer dynamischen Wirtschaft. Berlin / München / St. Gallen, S. 117 – 132.

PLEITNER, HANS J. (1995b): Strategisches Verhalten mittelständischer Unternehmen. In: Mugler, Josef / Schmidt, Karl-Heinz (Hrsg.): Klein- und Mittelunternehmen in einer dynamischen Wirtschaft. Berlin / München / St. Gallen, S. 144 – 156.

PLEITNER, HANS J. (1996): Unternehmerpersönlichkeit und Unternehmensentwicklung. In: Mugler, Josef / Belak, Janko / Kajzer, Stefan (Hrsg.): Theorie und Praxis der Unternehmensentwicklung mit Besonderheiten der Klein- und Mittelbetriebe. Maribor, S. 258 – 260.

PLESCHAK, FRANZ / SABISCH, HELMUT (1996): Innovationsmanagement. Stuttgart.

POHL, CARSTEN (2004): Makroökonomische Auswirkungen der EU-Osterweiterung (=ifo Discussion Paper, Nr. 87). München.

PORTER, MICHAEL E. (1986): Wettbewerbsvorteile – Spitzenleistungen erreichen und behaupten. Frankfurt am Main / New York.

POWER, DANIEL J. / GANNON, MARTIN J. / MCGINNIS, MICHAEL A. / SCHWEIGER, DAVID M. (1986): Strategic Management Skills. Reading.

PRED, ALLAN (1967): Behavior and Location. Foundations for a Geographic and Dynamic Location Theory. Part I (=Lund Studies in Geography. Series B, No. 27). Lund.

PRED, ALLAN (1969): Behavior and Location. Foundations for a Geographic and Dynamic Location Theory. Part II (=Lund Studies in Geography. Series B, No. 28). Lund.

PÜMPIN, CUNO / PRANGE, JÜRGEN (1991): Management der Unternehmensentwicklung. Phasengerechte Führung und der Umgang mit Krisen (=St. Gallener Management-Konzept, Band 2). Frankfurt am Main / New York.

RAFFÉE, HANS (1989): Gegenstand, Methoden und Konzepte der Betriebswirtschaftslehre. In: Vahlens Kompendium der Betriebswirtschaftlehre, Band 1. 2. Auflage. München, S. 1 – 46.

RAGNITZ, JOACHIM (2004): Beschleunigter Strukturwandel durch EU-Osterweiterung. In: Wirtschaftsdienst – Zeitschrift für Wirtschaftspolitik. 84. Jg., Nr. 5, S. 283 – 286.

RAUNER, FELIX (1995): Ganzheitliche Innovation im Handwerk – eine Herausforderung für Forschung und Entwicklung. In: Deitmer, Ludger / Rauner, Felix (Hrsg.): Zukunft Handwerk. Das Handwerk als regionaler Innovationsträger. Bremen, S. 6 – 9.

RAUNER, FELIX / RIEDEL, MARION (2000): Berufsbildung für den Strukturwandel im Handwerk (=Arbeitsmarktpolitische Schriftenreihe der Senatsverwaltung für Arbeit, Soziales und Frauen Berlin, Band 42). Berlin.

RECHENMACHER, LUDWIG (2002): Ausführen von Werkverträgen in Deutschland. In: Seminar für Handwerkswesen an der Universität Göttingen (Hrsg.): Perspektiven der EU-Osterweiterung für das deutsche Handwerk. Duderstadt, S. 113 – 119.

REGGE, STEFANIE (2000): Genossenschaften im Handwerk (=Handwerkswirtschaftliche Reihe, Nr. 113). München.

REHNER, JOHANNES (2003): Netzwerke und Kultur. Unternehmerisches Handeln deutscher Manager in Mexiko (=Wirtschaft und Raum, Band 11). München.

REHNER, JOHANNES (2006): Grundlagen des interkulturellen Managements. In: Haas, Hans-Dieter (Hrsg.): Internationale Wirtschaft – Rahmenbedingungen, Akteure, räumliche Prozesse. München / Wien, S. 749 – 784.

REITH, HEINZ-KONRAD (1995): Bericht zum Workshop „Neue Produkte – Neue Märkte". In: Deitmer, Ludger / Rauner, Felix (Hrsg.): Zukunft Handwerk. Das Handwerk als regionaler Innovationsträger. Bremen, S. 55 – 58.

REUM-MÜHLING, PETRA (1991): Auf der Suche nach Erfolgspotentialen und Entwicklung von Strategien am Beispiel eines Zulieferanten. In: Zahn, Erich (Hrsg.): Auf der Suche nach Erfolgspotentialen. Strategische Optionen in turbulenter Zeit. Stuttgart, S. 155 – 163.

RÖDIGER, KARL-HEINZ (2003): Perspektiven technologieorientierter Kooperationsprojekte. In: ZDH [Zentralverband des Deutschen Handwerks] / BMBF [Bundesministerium für Bildung und Forschung] (Hrsg.): Fertigung im Netzwerk – Handwerk als Hersteller kundenindividueller Produkte. Hamburg, S. 52 – 61.

RÖSSL, DIETMAR (1991): Zur Marketingrelevanz der Produktionstechnologie in Klein- und Mittelbetrieben. In: Wirtschaftspolitische Blätter. 38. Jg., Nr. 5/6, S. 657 – 664.

ROUTAMAA, VESA / VESALAINEN, JUKKA (1987): Types of Entrepreneur and Strategic Level Goal Setting. In: International Small Business Journal. Vol. 5, No. 3, S. 19 – 29.

RUDOLPH, ANNETTE (1997): Die Bedeutung von Handwerk und Kleinunternehmen für die Regionalpolitik (=Göttinger Handwerkswirtschaftliche Studien, Nr. 51). Duderstadt.

SAUER, JÖRG D. (1991): Das Exportverhalten von Handwerksbetrieben – Erkenntnisse aus empirischen Untersuchungen in Niedersachsen (=Göttinger Handwerkswirtschaftliche Studien, Nr. 44). Göttingen.

SCHÄTZL, LUDWIG (2000): Wirtschaftsgeographie 2 – Empirie. 3. Auflage. Paderborn / München / Wien / Zürich.

SCHAMP, EIKE W. (1981): Persistenz der Industrie im Mittelgebirge am Beispiel des märkischen Sauerlandes (=Kölner Forschungen zur Wirtschafts- und Sozialgeographie, Nr. 29). Köln.

SCHAMP, EIKE W. (1983): Grundansätze der zeitgenössischen Wirtschaftsgeographie. In: Geographische Rundschau. 35. Jg., Nr. 2, S. 74 – 80.

SCHAMP, EIKE W. (2003): Raum, Interaktion und Institution – Anmerkungen zu drei Grundperspektiven der deutschen Wirtschaftsgeographie. In: Zeitschrift für Wirtschaftsgeographie. 47. Jg., Nr. 3/4, S. 145 – 158.

SCHANZ, GÜNTHER (1990): Der verhaltenstheoretische Ansatz in der Betriebswirtschaftslehre. In: Wirtschaftswissenschaftliches Studium. 19. Jg., Nr. 5, S. 229 – 234.

SCHARR, FRANK / AUMÜLLER, ANDREAS / BARCZYK, RYSZARD / RIEDEL, JÜRGEN / UNTIEDT, GERHARD (2001): Grenzüberschreitende Unternehmensaktivitäten in der sächsisch-polnischen Grenzregion (=ifo Dresden Studien, Nr. 29). Dresden.

SCHARR, FRANK / UNTIEDT, GERHARD (2001): Sektorale Wettbewerbsfähigkeit ausgewählter Branchen in den deutschen Grenzregionen. In: Riedel, Jürgen / Untiedt, Gerhard (Hrsg.): EU-Osterweiterung und deutsche Grenzregionen – Strukturpolitik und Raumplanung in den Regionen an der mitteleuropäischen EU-Außengrenze zur Vorbereitung auf die EU-Osterweiterung. Dresden, S. 179 – 243.

SCHARRER, JOCHEN (2000): Internationalisierung und Länderselektion – Eine empirische Analyse mittelständischer Unternehmen in Bayern (=Wirtschaft und Raum, Band 7). München.

SCHLEEF, ANDREAS (2001): Die Osterweiterung der Europäischen Union aus unternehmerischer Perspektive. In: Donges, Juergen B. / Schleef, Andreas (Hrsg.): Die

EU-Osterweiterung – gesamtwirtschaftliche und unternehmerische Aspekte. Berlin, S. 35 – 57.

SCHMALHOLZ, HEINZ / VÖGTLE, CAROLA (1999): Innovationsverhalten des Handwerks im Freistaat Thüringen (=ifo Dresden Studien, Nr. 23). Dresden.

SCHMIDBERGER, HERMANN (2002): Das Außenwirtschaftsbüro des bayerischen Handwerks in Pilsen. In: Seminar für Handwerkswesen an der Universität Göttingen (Hrsg.): Perspektiven der EU-Osterweiterung für das deutsche Handwerk. Duderstadt, S. 69 – 76.

SCHMIDBERGER, HERMANN (2004): Wirtschaftspartner Tschechien. Marktpotentiale ausgewählter Handwerke. Regensburg.

SCHMIDT, CHRISTIANE (2000): Analyse von Leitfadeninterviews. In: Flick, Uwe / Kardorff, Ernst von / Steinke, Ines (Hrsg.): Qualitative Forschung. Ein Handbuch. Reinbek, S. 447 – 456.

SCHMIDT, JOSEF (1983): Planung im Mittelstand als Führungsinstrument. In: Gabele, Eduard (Hrsg.): Erfolgreiche Führung kleiner und mittlerer Unternehmen. Bamberg, S. 177 – 186.

SCHMIDT-BEHLING, PETRA (1995): Konzepte zur Erschließung neuer Marktfelder im Handwerk. In: Deitmer, Ludger / Rauner, Felix (Hrsg.): Zukunft Handwerk. Das Handwerk als regionaler Innovationsträger. Bremen, S. 59 – 63.

SCHMITT, ECKART (1997): Strategien mittelständischer Welt- und Europamarktführer (=Neue betriebswirtschaftliche Forschung, Nr. 224). Wiesbaden.

SCHNEIDER, FRIEDRICH (2006): Nur noch leicht sinkende Schattenwirtschaft in Deutschland: Fluch oder Segen? Linz.

SCHÖNBERGER, KARSTEN (2001): Bluetrust – Virtuelle Netzwerke des Bauhandwerks. In: Seminar für Handwerkswesen an der Universität Göttingen (Hrsg.): Kooperation im Handwerk als Antwort auf neue Anbieter auf handwerksrelevanten Märkten. Duderstadt, S. 77 – 129.

SCHRETTENBRUNNER, HELMUT (1974): Methoden und Konzepte einer verhaltenswissenschaftlich orientierten Geographie. In: Fichtinger, Rudolf / Geipel, Robert / Schrettenbrunner, Helmut (Hrsg.): Studien zu einer Geographie der Wahrnehmung. Stuttgart, S. 64 – 86.

SCHUBERT, VERA (2002): EU-Osterweiterung – Chance oder Bedrohung für den deutschen Mittelstand? In: KfW [Kreditanstalt für Wiederaufbau; Hrsg.]: Mittelstands- und Strukturpolitik. Band 20, S. 39 – 48.

SCHULT, HEINZ-WERNER (1995): Neue Technologien erfordern neue Antworten im Handwerk. In: Deitmer, Ludger / Rauner, Felix (Hrsg.): Zukunft Handwerk. Das Handwerk als regionaler Innovationsträger. Bremen, S. 13 – 19.

SCHUMPETER, JOSEPH A. (1928): Unternehmer. In: Elster, Ludwig / Weber, Adolf / Wieser, Friedrich (Hrsg.): Handwörterbuch der Staatswissenschaften. 8. Band, 4. Auflage. Jena, S. 476 – 487.

SCHWARZ, WOLFGANG (1998): Strategische Unternehmensführung im Handwerk – Konzeption und empirische Ergebnisse im Bau- und Ausbaugewerbe (=Handwerkswirtschaftliche Reihe, Nr. 112). München.

SEDLACEK, PETER (1998): Kulturgeographie als normative Handlungswissenschaft. In: Sedlacek, Peter / Werlen, Benno (Hrsg.): Texte zur handlungstheoretischen Geographie (=Jenaer Geographische Manuskripte, Band 18). Jena, S. 63 – 84.

SEIBERT, SIEGFRIED (1987): Strategische Erfolgsfaktoren in mittleren Unternehmen: untersucht am Beispiel der Fördertechnikindustrie (=Europäische Hochschulschriften, Reihe 5 / Volks- und Betriebswirtschaft, Nr. 764). Frankfurt am Main / Bern / New York.

SELZNICK, PHILIP (1957): Leadership in Administration. A Sociological Interpretation. New York / Evanston / London.

SIMON, HERMANN (1996): Die heimlichen Gewinner. „Hidden Champions" – Die Erfolgsstrategien unbekannter Weltmarktführer. München.

SPANIOL, ADOLF (2002): Der Weg zum Meisterbrief – Meisterwissen für Existenzgründer. 2. Auflage. Bad Wörishofen.

STAEHLE, WOLFGANG H. (1999): Management: Eine verhaltenswissenschaftliche Perspektive. 8. Auflage. München.

STATISTISCHE ÄMTER DER LÄNDER [Hrsg.] (2006): Volkswirtschaftliche Gesamtrechnungen der Länder – Bruttoinlandsprodukt, Bruttowertschöpfung in den kreisfreien Städten und Landkreisen Deutschlands 1992 und 1994 bis 2004. Stuttgart.

STATISTISCHES BUNDESAMT [Hrsg.] (1996): Produzierendes Gewerbe – Handwerkszählung vom 31. März 1995. Fachserie 4, Heft 1. Wiesbaden.

STATISTISCHES BUNDESAMT [Hrsg.] (1998): Unternehmen und Arbeitsstätten – Kostenstruktur im Handwerk 1998. Fachserie 2, Reihe 1.1. Wiesbaden.

STATISTISCHES BUNDESAMT [Hrsg.] (2006): EDS Europäischer Datenbankservice – Datenbank neue EU-Mitgliedsstaaten. Daten im europäischen Vergleich: Tschechische Republik 2005. URL: http://www.eds-destatis.de/de/database/nms_czeu05.php?th=3. Abrufdatum: 21.08.2006.

STEEGER, GUDRUN (1999): Zukünftiger Weiterbildungsbedarf im Handwerk (=Berufsbildung im Handwerk – Reihe B, Nr. 53). Köln.

STEINKE, INES (2000): Gütekriterien qualitativer Forschung. In: Flick, Uwe / Kardorff, Ernst von / Steinke, Ines (Hrsg.): Qualitative Forschung. Ein Handbuch. Reinbek, S. 319 – 331.

STEPHAN, ACHIM (1999): Emergenz: Von der Unvorhersagbarkeit zur Selbstorganisation. Dresden / München.

StMWIVT [Bayerisches Staatsministerium für Wirtschaft, Infrastruktur, Verkehr und Technologie; Hrsg.] (2004): Bayern und die EU-Osterweiterung. München.

StMWVT [Bayerisches Staatsministerium für Wirtschaft, Verkehr und Technologie; Hrsg.] (1999): Im Umbruch – Das ehemalige bayerische Grenzland. München.

SUDBRINCK, HEINZ-DIETER (2001): Erfahrungsberichte aus Handwerkskooperationen: Kooperationsbeispiel „Bau-Centrum Bremen". In: Seminar für Handwerkswesen an der Universität Göttingen (Hrsg.): Kooperation im Handwerk als Antwort auf neue Anbieter auf handwerksrelevanten Märkten. Duderstadt, S. 169 – 197.

SÜDDEUTSCHE ZEITUNG [HRSG.] (2004): Semmelkrieg in Ostbayern. In: Süddeutsche Zeitung vom 12.07.2004, S. 46.

TAUBE, MARKUS (1997): Ökonomische Integration zwischen Hongkong und der Provinz Guangdong, VR China. Der chinesische Transformationsprozess als Triebkraft grenzüberschreitender Arbeitsteilung (=ifo-Studien zur Entwicklungsforschung, Nr. 31). München / Köln / London.

THOMALE, ECKHARD (1974): Geographische Verhaltensforschung. In: Schott, Carl (Hrsg.): Studenten in Marburg – Sozialgeographische Beiträge zum Wohn- und Migrationsverhalten in einer mittelgroßen Universitätsstadt (=Marburger Geographische Schriften, Nr. 61). Marburg, S. 9 – 30.

TSCHECHISCHES STATISTIKAMT [Hrsg.] (2006a): Czech Republic: Key Macroeconomic Indicators. URL: http://www2.czso.cz/eng/redakce.nsf/i/macroeconomic_ indicators. Abrufdatum: 20.09.2006.

TSCHECHISCHES STATISTIKAMT [Hrsg.] (2006b): Average Gross Monthly Wage per Actual Person. URL: http://www.czso.cz/eng/redakce.nsf/i/pmz_ts. Abrufdatum: 21.08.2006.

TSCHECHISCHES STATISTIKAMT [Hrsg.] (2006c): Selected Indicators by Region in 2002. URL: http://www.czso.cz/eng/redakce.nsf/i/selected_indicators_by_ region_in_2003. Abrufdatum: 21.08.2006.

VAN DEN BUSCH, UWE (2001): Das Handwerk im Wandel – Hat das Handwerk eine Zukunft? In: KfW [Kreditanstalt für Wiederaufbau; Hrsg.]: Mittelstands- und Strukturpolitik. Band 22, S. 28 – 40.

VENABLES, ANTHONY J. (2006) : Economic Geography. In: Weingast, Barry R. / Wittman, Donald A. (Hrsg.): The Oxford Handbook of Political Economy. Oxford / New York.

VENKATRAMAN, N. / CAMILLUS, JOHN C. (1984): Exploring the Concept of "Fit" in Strategic Management. In: Academy of Management Review. Vol. 9, No. 3, S. 513 – 525.

WAGNER, HORST-GÜNTER (1998): Wirtschaftsgeographie. 3. Auflage. Braunschweig.

WARKOTSCH, NICOLAS (2004): Einflussgrößen und Wirkungen des Innovationsverhaltens von Handwerksunternehmen. Modell und empirische Ergebnisse (=Handwerkswirtschaftliche Reihe, Nr. 117). München.

WEICHHART, PETER (1986): Das Erkenntnisobjekt der Sozialgeographie aus handlungstheoretischer Sicht. In: Geographica Helvetica. 41. Jg., Nr. 2, S. 84 – 90.

WELTER, FRIEDERIKE (2003a): Strategien, KMU und Umfeld. Handlungsmuster und Strategiegenese in kleinen und mittleren Unternehmen (=RWI Schriften, Nr. 69). Berlin.

WELTER, FRIEDERIKE (2003b): Strategien und strategisches Verhalten von KMU. In: Bouncken, Ricarda B. (Hrsg.): Management von KMU und Gründungsunternehmen. Festschrift für Egbert Kahle zum 60. Geburtstag. Wiesbaden, S. 27 – 48.

WERLEN, BENNO (1986): Thesen zur handlungstheoretischen Neuorientierung sozialgeographischer Forschung. In: Geographica Helvetica. 41. Jg., Nr. 2, S. 67 – 76.

WERLEN, BENNO (1997): Gesellschaft, Handlung und Raum – Grundlagen handlungstheoretischer Sozialgeographie. Stuttgart.

WERLEN, BENNO (2000): Sozialgeographie: eine Einführung. Bern / Stuttgart / Wien.

WIESSNER, REINHARD (1978): Verhaltensorientierte Geographie. In: Geographische Rundschau. 30. Jg., Nr. 11, S. 420 – 426.

WILKENS, UTE / BRUSSIG, MARTIN (2003): Strategieentwicklung von KMU im Globalisierungsprozess, theoretisch fundiert und empirisch untersucht. In: Schreyögg, Georg / Sydow, Jörg (Hrsg.): Managementforschung 13 – Strategische Prozesse und Pfade. Berlin / New York, S. 35 – 91.

WITZEL, ANDREAS (1982): Verfahren der qualitativen Sozialforschung. Überblick und Alternativen (=Campus Forschung, Nr. 322). Frankfurt am Main / New York.

WÖHE, GÜNTER / DÖRING, ULRICH (2002): Einführung in die Allgemeine Betriebswirtschaftslehre. 21. Auflage. München.

YIN, ROBERT K. (1981): The Case Study Crisis: Some Answers. In: Administrative Science Quarterly. Vol. 26, No. 1, S. 58 – 65.

YIN, ROBERT K. (1994): Case Study Research – Design and Methods. Thousand Oaks / London / New Delhi.

ZAHN, ERICH (1991): Innovation als Strategie in turbulenter Zeit. In: Zahn, Erich (Hrsg.): Auf der Suche nach Erfolgspotentialen. Strategische Optionen in turbulenter Zeit. Stuttgart, S. 31 – 53.

ZANGER, CORNELIA / WENISCH, MICHAEL (2002): Unternehmertypus und strategische Orientierung – Empirische Untersuchung zu Markterfolg, Informationsaufnahme und Kooperationsverhalten. In: Internationalisierung europäischer Klein- und Mittelunternehmen – INTERSTRATOS (=Internationales Gewerbearchiv, Sonderheft 5). Berlin / St. Gallen, S. 136 – 152.

ZDH [Zentralverband des Deutschen Handwerks; Hrsg.] (1998): Künftige Entwicklungstendenzen im Handwerk. Bonn.

ZDH [Zentralverband des Deutschen Handwerks; Hrsg.] (2000): Kooperationen. Ein Weg zur Steigerung der Wettbewerbsfähigkeit des Handwerks (=Schriftenreihe des Zentralverbands des Deutschen Handwerks, Nr. 56). Berlin.

ZDH [Zentralverband des Deutschen Handwerks; Hrsg.] (2006a): Das Handwerk – Daten & Fakten 2006. Berlin.

ZDH [Zentralverband des Deutschen Handwerks; Hrsg.] (2006b): Handwerk 2005. Berlin.

ZDH [Zentralverband des Deutschen Handwerks; Hrsg.] (2006c): Zahl der Handwerksbetriebe nach Gewerbegruppen – Stichtag 31. Dezember 2005. Interne Auswertung (unveröffentlicht). Berlin.

ZDH [Zentralverband des Deutschen Handwerks; Hrsg.] (2006d): Zahl der Handwerksbetriebe nach Handwerksgruppen – Stichtag 31. Dezember 2005. Interne Auswertung (unveröffentlicht). Berlin.

ZDROWOMYSLAW, NORBERT / DÜRIG, WOLFGANG (1999): Managementwissen für Klein- und Mittelbetriebe. Handwerk und Unternehmensführung. München / Wien.

ANHANG

Anpassungsdruck und Anpassungsstrategien des grenznahen Handwerks angesichts veränderter Wettbewerbsbedingungen im Zuge der EU-Erweiterung 2004

Anhang 1: Leitfaden der Experteninterviews

Leitfaden Experteninterview

(1) Beurteilung der derzeitigen Situation und des Anpassungsdrucks

- ➢ Inwieweit wird die derzeitige Wettbewerbssituation des ostbayerischen Handwerks durch die Konkurrenz tschechischer Betriebe beeinflusst?

- ➢ In welchem Umfang sind tschechische Unternehmen trotz der eingeschränkten Dienstleistungsfreiheit und Arbeitnehmerfreizügigkeit bereits in Ostbayern aktiv?

- ➢ In welchen Bereichen ist für das ostbayerische Handwerk künftig eine besondere Konkurrenz durch tschechische Betriebe zu erwarten?

(2) Räumliche Differenzierung des Anpassungsdrucks

- ➢ Konzentriert sich der Anpassungsdruck im unmittelbaren Grenzraum oder betrifft er auch Betriebe in den grenzferneren Gebieten (Ost-)Bayerns?

- ➢ Welche Handwerksbereiche sind v.a. im unmittelbaren Grenzraum betroffen?

- ➢ Welche Handwerksbereiche sind tendenziell im gesamten (Ost-)Bayern von der Konkurrenz tschechischer Betriebe betroffen?

(3) Beurteilung der tschechischen Konkurrenzbetriebe

- ➢ Wie ist das grenznahe tschechische Handwerk strukturiert (Betriebsgröße, Produktivität, Fähigkeit zu qualitativ hochwertiger Leistung, Geschäftsentwicklung)? Wie ist insbesondere das derzeit noch von Übergangsfristen betroffene tschechische Bau- und Ausbauhandwerk strukturiert? Besteht mittelfristig für bayerische Bau- und Ausbaubetriebe auch Konkurrenz durch weniger grenznahe tschechische Betriebe?

- ➢ Sehen Sie für das werkstattgebundene ostbayerische Handwerk eine verschärfte Wettbewerbssituation durch den zunehmenden Markteintritt tschechischer Betriebe? Welche Rolle spielt dabei die Grenznähe des Betriebs?

- ➢ Wo sehen die grenzüberschreitend tätigen tschechischen Betriebe ihren Absatzraum in Bayern (Grenzraum vs. Metropolen)?

(4) Auslandstätigkeit ostbayerischer Handwerksbetriebe

- Inwieweit sind umgekehrt ostbayerische Betriebe in Tschechien tätig? Welche Branchen bzw. Handwerksbereiche sind dabei am aktivsten? Überwiegen kosten- oder absatzorientierte Motive?
- Konzentriert sich die Geschäftstätigkeit ostbayerischer Betriebe in Tschechien auf den Grenzraum?
- Welche betrieblichen Voraussetzungen sind für eine grenzüberschreitende Geschäftstätigkeit nötig? In welchen Bereichen haben bayerische Betriebe Vorteile gegenüber der Konkurrenz in Tschechien?

(5) Abschätzung der Befristung der Übergangsregelungen

- Welche konkrete zeitliche Befristung der „2+3+2"-Übergangsregelungen zu Dienstleistungsfreiheit und Arbeitnehmerfreizügigkeit halten Sie für sinnvoll?
- Wie schätzen Sie die Vor- und Nachteile einer früheren bzw. späteren Umsetzung von Dienstleistungsfreiheit und Arbeitnehmerfreizügigkeit für das ostbayerische Handwerk ein?

Anhang 2: Leitfaden der Handwerkerinterviews

Leitfaden Handwerkerinterview

Gliederung:

(0) Angaben zum Interview
(1) Unternehmensprofil
(2) Personal und Organisation
(3) Markt- und Wettbewerbssituation
(4) Entwicklung im Hinblick auf die EU-Erweiterung
(5) Tätigkeit in den MOEL
(6) Unternehmerpersönlichkeit

(Hinweis: Fett gedruckte Fragen sind „Pflichtfragen", die in jedem Fall gestellt werden sollten; nicht fett gedruckte Fragen sind „Ergänzungsfragen")

(0) Angaben zum Interview

- **Name des Handwerksbetriebs**
- **PLZ/Ort**
- **Gesprächspartner**
- **Datum und Uhrzeit**
- **Dauer des Gesprächs**

(1) Unternehmensprofil

- **Branche bzw. Handwerkszweig gemäß Handwerksrolleneintragung**
- **Gründungsjahr des Betriebs**
- **Rechtsform**
- **Mitarbeiterzahl**
- **Anzahl der Standorte**
- **Hauptgeschäftsfelder und Tätigkeitsbereiche**

(2) Personal und Organisation

- Wie verlief die Geschichte Ihres Betriebs seit der Gründung? Wann sind wichtige betriebliche Entscheidungen / Weichenstellungen getroffen worden? Was waren die wichtigsten Veränderungen der letzten Jahre?

- Wie viele Mitarbeiter beschäftigen Sie?
  Wie ist die Verantwortlichkeit für die unterschiedlichen Aufgabenbereiche in Ihrem Betrieb verteilt?
  Wird die konkrete Arbeitsverteilung durch die Beschäftigten selbständig geregelt?

- Wie wichtig ist in Ihrem Unternehmen der <u>Bereich Vertrieb / Absatz</u>, also der enge Kontakt zu bisherigen und potentiellen Kunden?
  Wer kümmert sich bei Ihnen um den Vertrieb?

- Versuchen Sie aktiv, neue Kunden zu gewinnen? Wie?

- Wie flexibel reagieren Sie auf spezielle Kundenwünsche?

- Wie wichtig sind für Sie <u>Fort- und Weiterbildungsbildungsmaßnahmen</u> zur Qualifizierung Ihrer Mitarbeiter?

(3) Markt- und Wettbewerbssituation

- Wie beurteilen Sie Ihre gegenwärtige **Geschäftslage**?

- Wie sehen Sie die **Perspektiven** Ihres Unternehmens?
  Wie werden sich nach Ihrer Einschätzung Umsatz und Gewinn in den nächsten Jahren entwickeln?

- Wie teilt sich aktuell ihr Umsatz nach **Absatzregionen** prozentual auf?

- Wie teilt sich aktuell ihr Umsatz nach **Kundengruppen** prozentual auf?

- Wie versuchen Sie sich **gegenüber Ihren Konkurrenten zu positionieren**?

- Hat sich Ihre diesbezügliche **Strategie in den letzten Jahren geändert**?
  Nehmen Sie inzwischen größere Entfernungen in Kauf, um an entsprechende Aufträge zu kommen?

- Welche **Maßnahmen** ergreifen Sie zur Erhaltung bzw. zum Ausbau ihrer Wettbewerbsvorteile und Marktanteile?
  Steht für Sie eher die Entwicklung neuer Produkte und Leistungen oder die Erschließung neuer Kundengruppen im Vordergrund?

- Worin sehen Sie die derzeit **bedeutendsten Probleme** für Ihr Unternehmen?

- Sind Sie zufrieden mit der Unterstützung durch Ihre Hausbank? Bestehen **finanzielle Einschränkungen**, die das Wachstum ihres Unternehmens erschweren?

- Hat sich die **Wettbewerbsintensität** in den letzten Jahren in der Branche und speziell für Ihr Unternehmen **verändert**? Wie?

(4) Entwicklung im Hinblick auf die EU-Erweiterung

- Inwiefern wurden die (ggf. aufgeführten) Probleme und der Wettbewerb durch die <u>EU-Erweiterung</u> nochmals verschärft?
  Ist auch Ihre Branche vom Preiswettbewerb mit Konkurrenz aus den MOEL betroffen?

- Worin bestehen in Ihrer Branche die <u>Wettbewerbsvorteile</u> der Betriebe aus den <u>MOEL</u>? In welchen Bereichen sehen Sie für die bayerischen Betriebe Vorteile gegenüber Betrieben aus den MOEL?

- Inwiefern sehen Sie auch <u>Chancen</u> im Rahmen der EU-Erweiterung?
  Glauben Sie, dass es für die bayerischen Handwerksleistungen einen Markt in den MOEL gibt?
  Haben Sie sich bereits konkret mit den Märkten der MOEL beschäftigt? Wenn ja: Seit wann?

- Sehen Sie für Ihr Unternehmen durch den Beitritt der MOEL zur EU mittelfristig <u>größere Chancen oder größere Risiken</u>?
  Wie schätzen Sie die künftige Entwicklung des Wettbewerbsumfelds vor dem Hintergrund der spätestens 2011 <u>auslaufenden Übergangsfristen</u> ein?

- **Welche Informations- und <u>Unterstützungsmöglichkeiten</u> nutzen Sie?**
  Sehen Sie Möglichkeiten, diese Informations- und Unterstützungsmöglichkeiten zu verbessern bzw. effizienter zu gestalten?

- **Haben Sie schon über <u>Kooperationen</u> nachgedacht?**
  Wenn ja: Welche Vorteile einer Kooperation wären für Sie im Vordergrund bzw. welche Erfahrungen haben sie gemacht?

- **Haben Sie schon <u>Geschäftsbeziehungen in die MOEL</u> aufgebaut?**
  Falls nicht - warum nicht?
  Falls ja – siehe (5)

(5) Tätigkeit in den MOEL

- Falls Sie bereits <u>Geschäftsbeziehungen in die MOEL</u> aufgebaut haben – seit wann? In welcher Form?

- Was war der <u>Auslöser</u> dafür, dass Sie Geschäftsbeziehungen in die MOEL aufgebaut haben?
  Auf welche Art haben Sie den <u>Markteintritt</u> vollzogen?

- Wie haben Sie sich im Vorfeld über die Märkte der MOEL <u>informiert</u>?
  Tun Sie dies auch weiterhin regelmäßig? Welche Quellen nutzen Sie dabei?

- Wie sehen sie die <u>künftige Entwicklung</u> Ihrer Geschäftstätigkeit in den MOEL? Werden MOE-Länder als Absatzmärkte für ihre Produkte und Leistungen künftig noch wichtiger?

- Passen Sie Ihre Produkte und Leistungen an die spezifischen Anforderungen der Kunden in den MOEL an?

- Haben sich <u>Schwierigkeiten</u> bei Aufbau und Vertiefung Ihrer Geschäftsbeziehungen in die MOEL ergeben? Welche?

- Wer entlastet bzw. unterstützt Sie unternehmensintern bei Ihrem <u>Auslandsgeschäft</u>?

(6) Unternehmerpersönlichkeit

- Warum haben Sie sich **selbständig** gemacht bzw. den Betrieb übernommen?

- Arbeiten Sie **selbst aktiv in der Produktion** bzw. Leistungserstellung mit? Wie sieht ihr „typischer" Tagesablauf als handwerklicher Betriebsinhaber aus?

- Worin sehen Sie Ihre wichtigsten **Aufgaben als Unternehmer?** Wo liegen Ihre unternehmerischen Stärken und Schwächen?

- Worin sehen Sie die **langfristigen Ziele** Ihres Unternehmens?

- Über welchen Zeitraum hinweg planen Sie?
  Haben Sie eine kontinuierliche Finanz- und Geschäftsplanung?
  Auf welche Informationen und Hilfsmittel stützen Sie sich?
  Werten Sie auch Kundendaten gezielt aus?

- Welche **Ausbildung** haben Sie?

- Verfügen Sie über Sprachkenntnisse bzw. **Auslandserfahrung?**
  Haben Sie spezielle Kurse zur kaufmännischen bzw. betriebswirtschaftlichen **Weiterbildung** absolviert?

- Wie stehen Sie Neuerungen und **Veränderungen** in Ihrem Unternehmen gegenüber?

- **Stimmen Sie sich bei wichtigen Entscheidungen mit Ihren Mitarbeitern ab?** Informieren Sie Ihre Mitarbeiter über aktuelle Probleme und Schwierigkeiten im Betrieb?

- **Holen Sie bei wichtigen Entscheidungen Meinungen von außen ein? Warum (bzw. warum nicht)?**

- **Welchen Rat würden Sie aufgrund ihrer langjährigen Erfahrung einem jungen Meister geben, der sich in Ihrem Gewerk hier in der Region selbständig macht?**

Wirtschaft und Raum

Eine Reihe der Münchener Universitätsschriften

herausgegeben von

Prof. Dr. Hans-Dieter Haas
Universität München

Band 14: Dieter Matthew Schlesinger: **Unternehmerische Motive eines umweltgerechten Verhaltens**
2006 · 204 Seiten · ISBN 3-8316-0644-7

Band 13: Michael Oechsle: **Erweiterung von Geschäftsfeldern im Non-Aviation-Bereich an europäischen Flughäfen unter besonderer Berücksichtigung des Standorts München**
2005 · 400 Seiten · ISBN 3-8316-0544-0

Band 12: Hans-Martin Zademach: **Spatial Dynamics in the Markets of M&A** · Essays on the Geographical Determination and Implications of Corporate Takeovers and Mergers in Germany and Europe
2005 · 150 Seiten · ISBN 3-8316-0478-9

Band 11: Johannes Rehner: **Netzwerke und Kultur** · Unternehmerisches Handeln deutscher Manager in Mexiko
2004 · 268 Seiten · ISBN 3-8316-0352-9

Band 10: Norbert Schultes: **Deutsche Außenwirtschaftsförderung** · Ökonomische Analyse unter Berücksichtigung der Aktivitäten und Programme in Japan · 2., unveränderte Auflage
2006 · 304 Seiten · ISBN 3-8316-0646-3

Band 9: Petra Oexler: **Citylogistik-Dienste** · Präferenzanalysen bei Citylogistik-Akteuren und Bewertung eines Pilotbetriebs dargestellt am Beispiel der dienstleistungsorientierten Citylogistik Regensburg (RegLog(r))
2002 · 418 Seiten · ISBN 3-89481-450-0
vergriffen − kein Nachdruck geplant

Band 8: Eckhard Störmer: **Ökologieorientierte Unternehmensnetzwerke** · Regionale umweltinformationsorientierte Unternehmensnetzwerke als Ansatz für eine ökologisch nachhaltige Wirtschaftsentwicklung
2001 · 410 Seiten · ISBN 3-8316-8410-3

Band 7: Jochen Scharrer: **Internationalisierung und Länderselektion** · Eine empirische Analyse mittelständischer Unternehmen in Bayern
2001 · 231 Seiten · ISBN 3-8316-8407-3

Band 6: Romed Kelp: **Strategische Entscheidungen der europäischen LKW-Hersteller im internationalen Wettbewerb**
2000 · 231 Seiten · ISBN 3-8316-8390-5

Band 5: Mathias von Tucher: **Die Rolle der Auslandsmontage in den internationalen Wertschöpfungsnetzwerken der Automobilhersteller**
1999 · 270 Seiten · ISBN 3-8316-8369-7

Band 4: Claudia Lübbert: **Qualitätsorientiertes Umweltschutzmanagement im Tourismus**
1999 · 275 Seiten · ISBN 3-89481-359-8
vergriffen − kein Nachdruck geplant

Band 3: Christian Michael Schwald: **Religionsgeprägte Weltkulturen in ökonomischen Theorien**
1999 · 228 Seiten · ISBN 3-8316-8355-7

Band 2: Martin Heß: **Glokalisierung, industrieller Wandel und Standortstruktur – das Beispiel der EU-Schienenfahrzeugindustrie**
1998 · 218 Seiten · ISBN 3-8316-8335-2

Band 1: Till Werneck: **Deutsche Direktinvestitionen in den USA – Determinanten und Wirkungen am Beispiel der Bundesstaaten Georgia, North Carolina und South Carolina**
1998 · 298 Seiten · ISBN 3-8316-8334-4

Erhältlich im Buchhandel oder direkt beim Verlag:
Herbert Utz Verlag GmbH, München
089-277791-00 · info@utz.de

Gesamtverzeichnis mit mehr als 2500 lieferbaren Titeln: www.utz.de